读懂深圳
——四十年四十个视点

吴俊忠 编著

DUDONG SHENZHEN　　SISHI NIAN SISHI GE SHIDIAN

 中山大學出版社
SUN YAT-SEN UNIVERSITY PRESS

·广州·

版权所有　翻印必究

图书在版编目（CIP）数据

读懂深圳：四十年四十个视点/吴俊忠编著. —广州：中山大学出版社，2020.8
ISBN 978 - 7 - 306 - 06918 - 4

Ⅰ. ①读… Ⅱ. ①吴… Ⅲ. ①改革开放—成就—深圳 Ⅳ. ①D619.653

中国版本图书馆 CIP 数据核字（2020）第 142930 号

出 版 人：王天琪
责任编辑：高　洵
封面设计：曾　斌
责任校对：林梅清
责任技编：何雅涛
出版发行：中山大学出版社
电　　话：编辑部 020 - 84110771，84110283，84113349，84110779
　　　　　发行部 020 - 84111998，84111981，84111160
地　　址：广州市新港西路 135 号
邮　　编：510275　　　传　真：020 - 84036565
网　　址：http：//www.zsup.com.cn　　E-mail：zdcbs@mail.sysu.edu.cn
印 刷 者：佛山市浩文彩色印刷有限公司
规　　格：787mm×1092mm　1/16　18 印张　259 千字
版次印次：2020 年 8 月第 1 版　2020 年 8 月第 1 次印刷
定　　价：78.00 元

如发现本书因印装质量影响阅读，请与出版社发行部联系调换

谨以此书
纪念深圳经济特区成立 40 周年
（1980—2020）

序 言

今年是深圳经济特区成立40周年。40年在历史的长河中只是短暂的一瞬,而深圳40年却书写了改革开放传奇,创造了令世人瞩目的"世界奇迹",成为中国改革开放的一个精彩缩影。

吴俊忠教授20世纪80年代中期到深圳大学任教,长期关注并研究深圳文化,出版《深圳文化三十年——民间视野中的深圳文化读本》《深圳文化十论》等多本专著。在深圳经济特区成立40周年之际,他不失时机地推出这本《读懂深圳——四十年四十个视点》,从40个不同的视点,对深圳改革创新和经济社会文化发展进行了系统梳理和理论阐述,内容涉及文化创新、产业体系、高教发展、智慧城市建设等多个方面,堪称一部关于深圳的"小百科"。作者提出的"邓小平塑像是深圳的文化象征""敢闯敢试是深圳宝贵的精神资源""深圳奇迹因改革创新而成""改革创新是深圳的一面旗帜"等观点,思想深刻,表述准确,给人留下深刻的印象。

吴俊忠教授本是俄罗斯文学研究专家,对中俄文学关系和文学影响有深入研究,出版过《俄苏文学通观》《跨界与超越:文化研究的三维呈现》等专著。但他始终认为,一个真正意义上的专家学者,应当关注现实问题,担当为社会服务的使命,"超越学科和专业的界限,拓宽文化视野,优化知识结构,使自己成为广义上的文化学者"。因此,他来深圳后,除了继续进行俄罗斯文学研究外,还十分重视深圳文化研究。他创建深圳大学城市文化研究所,出专著,发文章,做演讲,搞研讨,为深

圳文化创新鼓与呼，风生水起，颇有影响。这本《读懂深圳——四十年四十个视点》正是他长期从事深圳文化研究的一个自然结果，是他担当学者使命的一个生动体现，也是深圳大学人文学者为深圳经济特区创建40周年献上的一份真诚的礼物。

是为序。

刘洪一

2020 年 4 月 8 日

（刘洪一，著名学者，教授，深圳大学党委书记、饶宗颐文化研究院院长）

前 言

深圳奇迹是怎样产生的？

1980年，深圳经济特区宣告成立。

2020年，深圳经济特区走过了40年的改革发展历程。

40年，斗转星移；40年，沧桑巨变。40年，深圳由边陲小镇发展成为充满活力、创新力和影响力的现代化国际化创新型城市，走出了一条波澜壮阔的改革开放路，书写了一部可歌可泣的改革开放史，"创造了世界工业化、现代化、城市化发展史上的奇迹"[①]，成为展示当代中国改革开放成果和海外友人观察中国的重要窗口。

城市可以解读。著名学者易中天曾写过《读城记》。读懂深圳，就能够把握深圳改革发展的脉搏，就可以揭示深圳创造奇迹之谜。读懂深圳，必须选好视点，找准看点。深圳经济特区走过40年，本书梳理出40个观察透析的视点。这可以视为有心归类，也可以说是机缘巧合。

40个视点有核心、有灵魂，那就是改革创新。改革创新是深圳的一面旗帜。改革创新是深圳的根、深圳的魂。深圳经济特区因改革开放而建，深圳奇迹因改革创新而成。不改革、不创新，那就不是深圳；不改革、不创新，深圳奇迹也就无从谈起。深圳之所以能够创造奇迹，就在于深圳一马当先、持续不断地改革创新。

深圳的改革创新，理路清晰，特色鲜明，7个关键词可以概述整体。

---

① 胡锦涛：《在深圳经济特区建立30周年庆祝大会上的讲话》，人民出版社2010年版，第3页。

（1）敢闯。"深圳的重要经验就是敢闯。"敢闯的前提是思想解放，冲破旧观念、旧体制的束缚，先行先试，敢为天下先。深圳的改革举措数以百计，国内率先，国际闻名。有的改革促成了国家宪法的修改，有的改革促进了文化市场的形成，有的改革填补了国家法治体系的空缺，有的改革推进和完善了社会主义民主进程……所有这一系列改革，都是以大无畏的政治勇气和强烈的使命担当，一步一步闯出来的。不怕失败，敢于试验，没有偶然，只有必然。

（2）开放。深圳是对外开放的窗口，开放是其最鲜明的特色。因为开放，深圳走向世界，融入世界，与世界没有距离，发展成为现代化、国际化城市；因为开放，深圳"排污不排外"，吸收先进的思想文化观念和人类文明的优秀成果，将其转化成全新的现代思想文化观念，使之成为改革发展的强大精神动力；因为开放，深圳市民形成了创新、包容的文化心态，鼓励创新，宽容失败，社会文化氛围焕然一新。

（3）市场。深圳经济特区创办伊始，就确立了以市场为导向的经济发展模式，尊重市场，把握市场，政府既不缺位，也不越位。市场意识使政府的视野面向世界，瞄准国际市场，支持企业"引进来""走出去"，做大做强；市场意识也使政府清醒地预见未来，做出优先发展高新技术产业的重大决策，推进发展新兴产业和未来产业，优化产业结构，建设现代产业体系，率先建成比较完善的社会主义市场经济体制，率先实现现代化经济体系。这是深圳改革创新、快速发展的关键所在。

（4）人才。深圳把人才作为改革发展的第一资源。尊重人才，吸引人才，制定保障人才安居创业的优惠政策。为特殊人才提供政策保障房和科研启动资金；建设深圳特有的以人才命名的主题公园"人才公园"，园内竖立有特殊贡献的人才塑像，营造尊重人才的良好氛围；创建深圳市人才研修院，充分发挥人才的潜能和创造力。著名院士、海归博士等高层次人才闻讯而来，大展身手。优秀人才成为深圳文化创新和科技创新的主力，成为深圳改革创新、快速发展的重要因素。

（5）创新。深圳是经济特区，创新与改革相辅相随，始终是突出的亮点。在深圳，以创新推动改革发展，已成为不争的共识。40年来，文化创新、科技创新、经济体制创新、社会管理创新、营商环境创新、公共服务创新等一系列创新已成为深圳改革发展的重要标志。创新的精神动力是现代新型文化。现代文化观念激发改革创新所必需的创新意识和创新自觉，培育崇尚有为、拒绝平庸的创新群体，营造鼓励创新、宽容失败的文化氛围。创新促进改革，文化驱动创新，是深圳改革发展的重要路径和成功经验。

（6）使命。40年来，深圳在不同的历史阶段有着不同的使命和担当。20世纪80年代，经济特区初创时，深圳先行先试，成为改革开放的排头兵、窗口和试验场；20世纪90年代，深圳冲破禁锢，为建设和完善社会主义市场经济体制探索新路；进入21世纪，深圳深化改革，率先示范，努力建设"一区四市"；走进新时代，深圳走上新征程，再创新辉煌，建设中国特色社会主义先行示范区，努力成为社会主义现代化强国的城市范例。这些使命和担当，激发出强烈的历史责任感和强大的改革创新动力，持续不断地推动着深圳的改革发展。

（7）流动。深圳是移民城市，又是对外开放的前沿阵地，文化流动是一种常态。深圳能够成为改革创新的主场，根本原因在于文化的流动。人是文化流动的载体，文化观念是文化流动的要素。五湖四海的人来到深圳奋斗创业，带来了各地的文化因素。对外开放汲取了先进文化观念和人类文明成果。各种文化观念和文化要素的融合，形成了全新的观念文化体系，激发出强大的精神动力，推动着深圳在改革发展的道路上高歌奋进，创造奇迹。

历史说明过去，目标指向未来。天降大任于深圳，深圳的改革创新任重道远，永远在路上。党的十九大宣告中国特色社会主义进入新时代，明确"从全面建成小康社会到基本实现现代化，再到全面建成社会主义现代化强国，是新时代中国特色社会主义发展的战略安排"。这就意味着，深圳作为"先行示范区"，在从2020年到21世纪中叶这30年左右的时间里，必将始终发挥先行示范的创新引领作用，必须展现新作为，

再创新奇迹；绝不能骄傲自满，停滞不前，更不能有丝毫的懈怠。我们相信，未来的深圳必将更上一层楼，成为中国特色社会主义的一面旗帜。

深圳改革创新的历史已经表明，深圳奇迹不是经济层面的单一体现，而是崛起了一座政治方向正确、经济快速发展、文化驱动创新、社会文明进步、人民精神奋发的现代化国际化创新型城市。创造奇迹的源动力来自改革创新的伟大实践。

深圳的未来发展将会证明，深圳创造奇迹只有进行时，没有完成时。在新时代，深圳将向成为有卓越影响力的全球标杆城市的目标迈进，创造出令世界刮目相看的新的奇迹。

目 录

1. 创办初衷——"杀出一条血路来" / 1
2. 小平题词——关键在于"证明"二字 / 6
3. "蛇口模式"——中央决策与袁庚的大手笔 / 10
4. 立国强国——一体两面决不偏废 / 17
5. 开放有度——难能可贵的政治智慧 / 23
6. 统一语言——超凡的远见卓识 / 29
7. "一街两制"——开放前沿的独特风景 / 35
8. 文化设施——塑造深圳文化形象 / 40
9. 概念之变——从"特区文化"到"深圳文化" / 45
10. 小平画像——深圳特有的文化标志 / 50
11. 小平塑像——深圳的文化象征 / 54
12. 重在敢闯——邓小平"南方谈话"的高度评价 / 59
13. 雕塑移位——"以民为本"细微可见 / 66
14. 文稿拍卖——推动文化产品走向市场 / 71
15. "文化沙漠"——一个不切实际的错误概念 / 81
16. 高教发展——从应急办学到高端布局 / 88
17. 荔园风云——"高校长子"书写改革创新传奇 / 97
18. 文化名城——不甘寂寞的自我宣示 / 107

⑲ 文化立市——城市文化发展的战略思维 / 113

⑳ "两城一都"——特色鲜明的城市文化名片 / 120

㉑ "十大观念"——改革开放的生动注脚 / 125

㉒ 特区精神——深圳城市精神的高度凝练 / 133

㉓ 文化创新——文化自觉与城市亮色 / 137

㉔ "文化流动"——给深圳文化一个说法 / 143

㉕ "三个不变"——中央重申创办经济特区的战略意图 / 148

㉖ "抛弃之问"——并非多余的忧患意识 / 154

㉗ "深圳学派"——不无浪漫的学术追求 / 160

㉘ 文化讲堂——慰藉市民的精神大餐 / 166

㉙ "关爱行动"——城市文明以爱见证 / 171

㉚ 产业体系——现代化经济体系的强力支撑 / 175

㉛ 前海新区——深圳的"曼哈顿" / 180

㉜ 智慧城市——深圳试点的前沿探索 / 186

㉝ 学术天空——群星闪耀，蔚为大观 / 192

㉞ 国学之光——传统文化的当下传承 / 199

㉟ 主题公园——华侨城的一个神话 / 205

㊱ 文化菜单——公共文化服务的特色品牌 / 212

㊲ 深港双城——彼此依存的"核心引擎" / 217

㊳ 深圳三赋——文学视野中的深圳巨变 / 225

㊴ 文化愿景——建构彰显现代文明的"理想城" / 234

㊵ 先行示范——社会主义现代化强国的城市范例 / 240

参考文献 / 246

1992年邓小平"南方谈话"（摘录）/247

江泽民在深圳特区建立二十周年庆祝大会上的讲话/249

胡锦涛在深圳特区建立30周年庆祝大会上的讲话/254

习近平关于深圳的重要讲话和指示批示/261

中共中央　国务院关于支持深圳建设中国特色社会主义先行示范区的意见/263

后记 /270

1 创办初衷
——"杀出一条血路来"

"杀出一条血路"是军事术语,是部队陷入重围后决定不惜一切代价突围的悲壮呐喊。邓小平把创办经济特区比作"杀出一条血路",可见这一关键抉择关系到国家的前途和命运。

习近平同志在《在庆祝改革开放40周年大会上的讲话》中指出:"改革开放是我们党的一次伟大觉醒,正是这个伟大觉醒孕育了我们党从理论到实践的伟大创造。"① 创办经济特区在很大程度上是"伟大觉醒"和"伟大创造"的重要标志。

创办经济特区是"杀出一条血路"的突破口

"'文化大革命'十年内乱导致我国经济濒临崩溃的边缘,人民温饱都成问题,国家建设百业待兴。"②

1976年"文革"宣告结束之际,媒体对我国国民经济状况的报道,破天荒地运用了"崩溃""开除球籍"等极端化词语。有人甚至出馊主意:卖掉半个故宫渡过难关。

---

① 习近平:《在庆祝改革开放40周年大会上的讲话》,人民出版社2018年版,第4页。
② 习近平:《在庆祝改革开放40周年大会上的讲话》,人民出版社2018年版,第2页。

邓小平一针见血地指出:"贫穷不是社会主义。"① 实践证明,"苏联模式"的社会主义不能再搞下去了。应该建设什么样的社会主义、社会主义向何处去,成为关系中国前途命运的根本问题。当时的国务院副总理谷牧在回忆录中感慨地说:"经历十年浩劫,国民经济已是千疮百孔,重整河山,任务艰巨。"②

为了走出困境,必须借鉴"他山之石"。1978年5月,中共中央向西方国家派出新中国成立后的第一个政府经济代表团。由时任国务院副总理谷牧任团长,成员包括国家部委和部分省市的负责同志,其中大部分以前都没有出过国。代表团出发前,邓小平一再嘱咐,要广泛接触,详细调查,深入研究一些问题。从1978年5月2日到6月6日,代表团先后访问了法国、德国、瑞士、丹麦、比利时欧洲五国,考察了这些国家的工厂、农场、城市建设、港口码头、市场、学校、科研单位、居民点,回来后,写了一个很长的考察报告——《关于访问欧洲五国的情况报告》。报告中写道:"我们现在达到的经济技术水平,同发达的资本主义国家比较,差距还很大,大体上落后二十年,从按人口平均的生产水平讲,差距就更大。"③

尤为有趣且耐人寻味的是,在人民大会堂召开的代表团向中央高层汇报情况的汇报会,从下午三点半一直开到晚上11点,听者无不动容,大呼"石破天惊"。谷牧在回忆录中写道,到会的领导同志都做了讲话或插话,强调要加快社会主义建设的速度,要扩大开放,发展对外经济合作。聂荣臻元帅更是态度十分坚决地说,过去我们对西方的宣传有片面和虚伪之处,这反过来又束缚了我们自己。与会的领导同志都认为,我国要老老实实承认落后了,与世界先进国家存在很大的差距。必须解放思想,多想点子,开拓路子,绝不能自我封闭、自我禁锢,贻误时机。对此,邓小平在另外一个场合则讲得更加果断和明确:"不改革开放,不

---

① 邓小平:《邓小平文选》第3卷,人民出版社1993年版,第64页。
② 谷牧:《谷牧回忆录》,中央文献出版社2009年版,第293页。
③ 谷牧:《谷牧回忆录》,中央文献出版社2009年版,第298页。

发展经济，不改善人民生活，只能是死路一条。"①

然而，偌大的一个国家，改革开放怎么搞，既无前人经验可借鉴，又没有现成模式可参照，必须"摸着石头过河"，探出一条新路来。创办经济特区的思路逐渐孕育成熟。

从出口加工区到经济特区

1978 年 11 月，时任中共广东省委书记习仲勋在中央工作会议上做了题为《广东的建设如何大干快上》的发言，提出"希望中央能给广东更大的支持……允许我们吸收港澳、华侨资金，从香港引进一批先进设备和技术……凡是来料加工、补偿贸易等方面的经济业务，授权广东决断处理，以减少不必要的层次和手续"②。习仲勋的发言明确表达了广东的开放设想。

1979 年 1 月，一封关于香港厂商要求回广州开设工厂的来信摘报送到了邓小平的办公室。邓小平阅后，当即批示："这种事，我看广东可以放手干。"显然，邓小平同志决心支持广东开放改革先走一步。

1979 年 4 月，习仲勋在中央工作会议上的汇报中提出"希望中央下放若干权力，让广东在对外经济活动中有必要的自主权；允许在毗邻港澳的深圳、珠海和重要侨乡汕头市举办出口加工区"③。

就这样，广东历史性地走到了改革开放的前沿，出口加工区的设想呼唤着经济特区破空而出。

邓小平对中共广东省委习仲勋等领导同志关于创办出口加工区的创新构思表示赞同。关于名称问题，李岚清在回忆录中写道，邓小平明确说："还是叫特区好，陕甘宁开始就叫特区嘛！""邓小平同志在不同场合

---

① 邓小平：《邓小平文选》第 3 卷，人民出版社 1993 年版，第 370 页。
② 李岚清：《突围——国门初开的岁月》，中央文献出版社 2008 年版，第 85 页。
③ 李岚清：《突围——国门初开的岁月》，中央文献出版社 2008 年版，第 87 页。

还说：中央没有钱，可以给些政策，你们自己去搞，杀出一条血路来。这是邓小平第一次提出'特区'这个概念，它是以后正式名称'经济特区'的由来和简称，也是我国对外开放的'突围'，杀出一条'血路'的突破口。"①

"杀出一条血路"，这是一个军事术语，是军队在陷入重围后决定不惜一切代价突围的悲壮呐喊。邓小平把创办经济特区称为"杀出一条血路来"，其意蕴十分耐人寻味。对应"文革"后我国国民经济陷入崩溃边缘的困境，对应邓小平自己所说的，不改革开放，"只能是死路一条"，可见创办经济特区绝不仅仅是引进资金和技术那么简单，而是为了寻找突出重围的突破口，彻底摆脱苏联模式的社会主义，让中国特色社会主义道路越走越宽广。

战略思想一确定，决策就趋于明朗，操作就可循序进行。

1979年7月15日，中共中央以中发〔1979〕50号文件发出《中共中央、国务院批转广东省委、福建省委关于对外经济活动实行特殊政策和灵活措施的两个报告》。文件指出，出口特区可先在深圳、珠海两市试办，待取得经验后，再考虑在汕头、厦门设置。

1979年10月31日，在广东省召开的特区工作座谈会上，决定把"出口特区"改为内涵更加丰富的"经济特区"，既彰显特区在经济领域的改革试验，又有别于回归祖国后的香港、澳门地区，它的社会主义基本性质不能也不会改变。

1980年5月16日，中共中央以中发〔1980〕41号文件批转了《广东、福建两省工作会议纪要》。中央批示指出，决定在广东省的深圳市、珠海市、汕头市和福建省的厦门市各划出一定范围的区域，试办经济特区。

1980年8月26日，第五届全国人大常务委员会第十五次会议批准通过了《广东省经济特区条例》，并于当天公布实施，宣告在广东省的深

---

① 李岚清：《突围——国门初开的岁月》，中央文献出版社2008年版，第88页。

1 创办初衷——"杀出一条血路来"

圳、珠海、汕头3个市分别划出一定的区域成立经济特区,完成了立法程序。

谷牧在回忆录中写道:"在我们社会主义国家里举办经济特区,马列主义经典里找不到,是史无前例开创性的社会经济实验。"① 其实,如果放在中国现代化的历史进程中来考察,创办经济特区就是"文革"后的劫后重生,是苏联模式的社会主义走入困境后的悲壮突围,更是中国改革开放的关键一招。

· 深圳蛇口改革开放博物馆(胡鹏摄)

---

① 谷牧:《谷牧回忆录》,中央文献出版社2009年版,第325页。

2 小平题词
——关键在于"证明"二字

邓小平给深圳的题词富有深意,耐人寻味。提出了3个发人深思的问题:为什么要证明?证明什么?用什么证明?

· "改革开放总设计师邓小平大型展览"在深圳老博物馆举行(胡鹏摄)

1984年1月24日至26日,时任中共中央政治局常委、中央顾问委员会主任、中央军委主席的邓小平,在时任中共中央政治局委员王震、

2 小平题词——关键在于"证明"二字

时任中共中央政治局委员、中央军委常务副主席杨尚昆的陪同下,到广东深圳视察。邓小平说:"办经济特区是我倡议的,中央定的,是不是能够成功,我要来看一看。"[1]

邓小平慎重题词

在深圳考察期间,邓小平参观了深圳市容,登上了国际商业大厦的天台,俯瞰建设中的罗湖新城区,参观中国航空技术进出口公司深圳工贸中心,访问渔民村,视察招商局蛇口工业区,参观即将开业的明华轮游乐中心,并题写"海上世界"4个大字。邓小平看到深圳快速发展、欣欣向荣的景象,十分高兴,但此时他并没有给深圳题词。

接下来,邓小平到珠海视察,并欣然题写"珠海经济特区好"7个大字。珠海的干部群众很高兴,但深圳的领导们则感到不安了。为什么邓小平不给深圳题词?难道老人家以为深圳搞得不如珠海好?其实,邓小平同志有着更深层的考虑和安排。珠海考察结束到达广州后,邓小平下榻广州珠岛宾馆。在这里,邓小平非常郑重地给深圳题词:"深圳的发展和经验证明,我们建立经济特区的政策是正确的。"[2] 而且在落款时,特意把题写时间写为在深圳考察时的1月26日。

邓小平的题词富有深意

邓小平给深圳的这段题词就不像"珠海经济特区好"7个字那么简单了,而是富有深意,关键在于"证明"二字。

这个题词引出3个问题:为什么要证明?证明什么?用什么证明?

---

[1] 李岚清:《突围——国门初开的岁月》,中央文献出版社2008年版,第148页。

[2] 深圳市史志办公室编著:《深圳改革开放纪事 1978—2009》,海天出版社2009年版,第63页。

为什么要证明?这得从当时的政治形势谈起。前文谈到,创办经济特区是邓小平的主张,是党中央的决定。但是,对于创办经济特区,在以往遗留的"左"的思想影响下,中央高层是有不同的意见和争论的。社会上对经济特区甚至还有"除了国旗是红的,其他的都变了颜色"这一类的非议和指责。因此,迫切需要用经济特区的发展经验和发展成就来证明,创办经济特区是非常必要、非常正确的。

证明什么?邓小平在题词中写得非常清楚,证明"建立经济特区的政策是正确的"。创办经济特区是党中央的决策,但能否办好,当时的决策者心里也不是很有底,只能下决心试一试。成功了,取得经验面上推广;失败了,也没有什么了不起。在中国的辽阔版图上,深圳只是弹丸之地,不会产生全局性的影响。因此,在经济特区办了4年后,邓小平作为主张办经济特区的决策者,自然想到深圳看一看,到底是否成功,希望能够得到证明。正因为如此,邓小平给深圳的题词字斟句酌,重心直接落在"证明"二字上。

用什么证明?当时创办的深圳、珠海、汕头、厦门等经济特区,珠海规模小,发展成就并不十分显著;汕头虽是侨乡,但地处偏远,没有毗邻港澳地区的优势,发展速度也不快;厦门是一座老城,难免有旧观念、旧思想的束缚,"小城春秋,悠然生活"已成传统,创新的锐气不足。相比之下,深圳是从一个边陲小镇发展起来的第一个经济特区,全新的观念、全新的气象、快速的发展、显著的成就,使深圳成为唯一一个能够证明建立经济特区政策正确性的新兴城市。所以,邓小平看好深圳,用深圳来证明,事出有因,并非偶然。

邓小平的这次深圳之行,不仅对深圳留下深刻的好印象,用深圳来证明建立经济特区的政策是正确的,而且深入思考深圳的作用和意义,进一步推进改革开放。

同年2月24日,邓小平回京后,同几位中央负责人谈话时说:"我们建立经济特区,实行开放政策,有个指导思想要明确,就是不是收,而是放。这次我到深圳一看,给我的印象是一片兴旺发达。……特区是个窗口,是技术的窗口,管理的窗口,知识的窗口,也是对外政策的窗口。"① 此外,在中央召开的座谈会上,邓小平根据深圳的实践,以超凡的胆识和勇气,做出进一步开放沿海 14 个城市的英明决策,大大推进了我国的改革开放。

---

① 李岚清:《突围——国门初开的岁月》,中央文献出版社 2008 年版,第 155～156 页。

3 "蛇口模式"
——中央决策与袁庚的大手笔

"蛇口模式"是改革开放的先行先试。袁庚是改革开放的功臣,更是改革开放的一个象征,是中国改革开放具有标志性的探索者和先行者。

蛇口是中国经济特区的发轫地,当年曾流传"全国看特区,特区看深圳,深圳看蛇口"的说法。20世纪80年代到深圳的人都对蛇口印象极深。许多新观念、新举措都源自蛇口。久而久之,蛇口就成了深圳改革开放的一种独特现象,有人称之为"蛇口模式"。而"蛇口模式"又与袁庚这位改革开放先行者密切关联在一起。

新中国的一个特例

蛇口是一个工业区,隶属于香港招商局,既地处深圳,又相对独立,这是新中国的一个特例。招商局是清末大臣李鸿章奏请清廷核准创立的,在洋务运动中发挥着独一无二的作用。从辛亥革命到新中国成立以后,招商局的功能多次变化,但招商局这块招牌始终保留着。后来,上海的招商局改称为"中国人民轮船总公司",而总公司属下的香港分公司则继续保留"招商局"的名称。香港招商局隶属于国家交通部。1978年,交通部派袁庚到香港担任招商局第29届常务副董事长,这就为后来的蛇口改革埋下了伏笔。

3 "蛇口模式"——中央决策与袁庚的大手笔

袁庚有了新想法

袁庚到香港招商局履职后,在调查研究中发现了一个奇特的现象——招商局的船不经过任何检查,也不用办任何手续,就可以直接进出香港码头,在内地与香港之间往来非常方便。因此,他产生了一个在内地沿海建立一个出口加工基地的想法,初步打算建在广东宝安的蛇口。他的这一想法很快得到广东省和交通部有关领导的大力支持。1979年1月6日,广东省和交通部联合向李先念副总理和国务院上报了《关于我驻香港招商局在广东宝安建立工业区的报告》。李先念收到报告后,请交通部副部长彭德清和招商局的袁庚一起到他那儿当面汇报。1月31日,彭德清和袁庚来到了中南海。当袁庚谈到在蛇口办工业区可以把香港充足的资金、先进的技术和内地廉价的土地和劳动力结合起来时,李先念十分赞成,明确表示,就是要把香港和内地的优势结合起来,充分利用外资来搞建设。李先念说:"我不想给你们钱买船、建港,你们自己去解决,生死存亡你们自己管,你们自己去奋斗。"他仔细审视袁庚拿出来的一张香港地图,用铅笔在毗邻香港的内陆南头半岛的根部用力画了两条线,指着这个区域说:"给你们一块地也可以,就给你这个半岛吧。"袁庚一看,南头半岛有几十平方千米,他当时还没有胆量要这么大的地方,所以只要了半岛尖上的一块名为"蛇口"的两平方千米的地方。李先念当天就在广东省和交通部的报告上批示:"拟同意。请谷牧同志召集有关同志议一下,就照此办理。"[①]

就这样,袁庚的想法得到了国务院的批准,开始成为现实。后来,袁庚在谷牧同志召集的国家有关部委领导参加的座谈会上,详细地介绍了办蛇口工业区的具体设想:"利用广东毗邻港澳的土地和劳动力,吸收香港的资金和技术。如果这样做,香港任何财团都无法和我们竞争。"

---

① 李岚清:《突围——国门初开的岁月》,中央文献出版社2008年版,第72～74页。

"这个工业区的建设不用财政部一分钱,只要求财政部免税10年到15年,以后全部交给国家。"① 与会的财政部、外贸部等领导当即表示支持。创办蛇口工业区这件事就这么定了下来。

蛇口有了许多 "第一"

1979年7月20日,蛇口工业区响起开山第一炮,基础工程破土动工。用了一年左右的时间,基本完成了基础设施建设。两年后的1981年12月,港督麦里浩访问蛇口,十分惊叹蛇口的建设速度。他说:"这个工业区搞了两年四个月,能搞到这样的程度,是值得祝贺的。在香港,我估计要花四年半的时间。"

蛇口工业区诞生后,袁庚以全新的思想观念,在这块两平方千米的土地上,展现出他改革创新的大手笔,短短数年间,蛇口涌现出中国内地的许多个"第一":第一个开始吸引外资;第一个向境外举债;第一个获得审批项目的自主权;第一个实行企业自主经营、自负盈亏;第一个试行干部、职工招聘制,竞争上岗;第一个经过民主测评推选干部;办起了全国第一份思想观念最开放、最前沿的《蛇口通讯报》。

1984年1月,邓小平视察蛇口,袁庚意气风发、如数家珍地向邓小平汇报:

1979年,蛇口一片荒滩,路面坑坑洼洼,连厕所和洗脸水都没有。如今,道路四通八达,厂房林立,一个现代化工业区已初具规模……

党中央的对外开放政策在蛇口工业区两平方公里的土地上发挥了巨大的威力,建设这样一个工业区,却没有花国家一分钱……

---

① 李岚清:《突围——国门初开的岁月》,中央文献出版社2008年版,第74页。

工业区的首项最大工程就是建设码头，花了一年时间建成了600米顺岸码头，可停泊3000吨至6000吨的货轮，与香港通航已有两年时间了。

邓小平面露微笑，听得很认真，目光中透露出满意和赞赏。

"时间就是金钱，效率就是生命"的口号影响全国

蛇口最突出的亮点就是提出了"时间就是金钱，效率就是生命"的新观念。这一新观念后来成为影响深远的"深圳十大观念"之首，被誉为"冲破思想禁锢的第一声春雷""划破长空的第一道闪电""深圳精神的逻辑起点"，在全国产生了广泛的影响。

作家涂俏在其《袁庚传·改革现场》中，生动地记叙了这一新观念的产生、争议和认同的过程。袁庚在繁忙的工作中，"始终没有忘却精神层面上的东西，总是在寻找、思考、发现最能体现当下蛇口人精神风貌的警句或者格言，捕捉蛇口改革开放的精魂，或者说在归纳、总结、提炼最能表达领导意愿和客观规律的口号一类的东西"。1981年3月下旬的某一天，袁庚在乘船从香港返回蛇口的途中，忽然思绪开动，灵感闪现，他摸出一张白纸，掏出圆珠笔，在纸上写下了"时间就是金钱，效率就是生命。顾客就是皇帝，安全就是法律"这几句口号。与他同行的两位同事都认为这几句话归纳得好，但是担心一旦提出来会不会有什么政治风险。后来，袁庚在工业区的领导班子会上把这几句口号提出来，大家基本都赞同，但有人提出把后面的两句去掉，只保留"时间就是金钱，效率就是生命"。再后来，争议就出现了。赞同者认为"这就是蛇口精神，是特区建设的写照"；反对者则斥之为"蛇口人宣扬拜金主义"，是搞资本主义那一套。袁庚看在眼里，听在耳中，心里琢磨着"什么时候中央最高层领导视察蛇口，让他点个头，表个态"。①

---

① 参见涂俏《袁庚传：改革现场》，海天出版社2016年版，第155～159页。

· 蛇口改革开放博物馆东广场的袁庚塑像(胡鹏摄)

1984年1月,邓小平视察蛇口。袁庚得知邓小平要来的消息,马上安排工人连夜赶制了一个大广告牌,上面写上"时间就是金钱,效率就是生命",然后就把广告牌竖立在邓小平专车必经的路口,确保邓小平经过时能够看到。他在向邓小平同志汇报工作时,抛开一切顾忌,抛出了分量最重的一个问题:"小平同志,我们提出了一个口号,叫做:时间就是金钱,效率就是生命。不知这提法对不对?"邓小平肯定地回答:"对!"语气短促有力。"袁庚终于吁了口气。这个在当时颇具争议性的口号,获得了邓小平的肯定,让人欣慰。"①

邓小平视察结束回到北京后,和中央领导同志讲:"深圳的建设速度

---

① 参见涂俏《袁庚传:改革现场》,海天出版社2016年版,第390页。

3 "蛇口模式"——中央决策与袁庚的大手笔

相当快……深圳的蛇口工业区更快……他们的口号是'时间就是金钱，效率就是生命'。"① 自此，这一口号在中央最高层获得积极的评价和认可。

1984年10月1日，在国庆35周年的阅兵式和游行队伍中，深圳的彩车上悬挂着醒目的标语："时间就是金钱，效率就是生命。"通过电视屏幕，这一口号传遍了全中国。这在很大程度上改变了人们谈钱色变、不珍惜时间、忽视效率的传统观念，为推行社会主义市场经济发挥了重要的思想启蒙作用，也进一步刷新了蛇口的改革创新形象。

袁庚是改革开放的一个象征

有一篇题为《解读袁庚》的文章，对袁庚有这样一段描述：

1979年，袁庚主持下的招商局蛇口工业区正式成立。荆棘丛生的蛇口，第一个打开国门，对外开放。在执掌蛇口的十几年里，袁庚披荆斩棘，突破了僵化的计划经济体制，打碎了"大锅饭"，引入了市场经济。超产奖励制度、工程招标制度、住房商品化、干部聘任制、工资改革等一系列改革举措在国内首开先河；"时间就是金钱，效率就是生命"这句口号，更是在短时间内传遍大江南北，被誉为"冲破思想禁锢的第一声春雷"；袁庚引领的民主直选、民主监督、言论自由，对于"文革"后沉寂的中国社会犹如一声惊雷。

如果说以上这段描述已经比较全面地概述了袁庚对中国改革开放所做出的贡献，那么，另一段关于袁庚的评价则更加贴切。蛇口的改革开放博物馆东门前，矗立着一座袁庚塑像。塑像前的石碑上铭刻着袁庚的生平介绍，对袁庚的一生做了准确的评价："袁庚缔造了中国经济特区的

---

① 李岚清：《突围——国门初开的岁月》，中央文献出版社2008年版，第155～156页。

雏形，是招商局蛇口工业区的灵魂"，"是中国改革开放具有标志性的先行者和探索者之一"。

其实，如果往深里看，袁庚更称得上是中国改革开放的一个象征。谈改革开放，不能不谈深圳蛇口；谈深圳蛇口，不能不谈袁庚。反之，谈袁庚，也必然和改革开放、经济特区、"蛇口模式"联系在一起。换言之，中国的改革开放史不能不写袁庚，深圳的改革创新史也不能不写袁庚。袁庚的历史地位和象征意义就在于此。

4 立国强国
——一体两面决不偏废

四项基本原则与改革开放,是相互依存的一体两面。背离四项基本原则就会立国无本,不搞改革开放只能是"死路一条"。

中共深圳市委大院的大门两侧,竖立着两块巨幅标语牌,上面分别写着"四项基本原则是立国之本""改革开放是强国之路"。多年来,中共深圳市委主要领导换了好几位,但这两块标语牌始终屹立不变。政治意识稍强的人一眼就可看出,这是深圳改革发展坚定不变的信念,也是改革创新必须遵循的基本原则。

把握一体两面,凸显政治智慧

纵观我国42年的改革开放历史进程,"四项基本原则"和"改革开放"一直是彼此依存的一体两面。深圳是率先改革开放的经济特区,又毗邻实行资本主义制度的港澳地区,政治上比较敏感,不乏姓"社"姓"资"的争论。因此,深圳把"坚持四项基本原则"和"坚持改革开放"明确地写在自己的旗帜上,既是坚定信念、明确原则,也是要堵住妄议经济特区的悠悠之口。这是深圳改革者的大智慧,更是经济特区的突出亮点。

深圳是经济特区,是改革开放的"试验场",有别于实行资本主义制度的香港和澳门地区。四项基本原则是立国之本,也是深圳经济特区的

立区之本。背离四项基本原则，就会迷失方向，走上邪路，就会犯政治错误；改革开放是强国之路，更是强区之路。不搞改革开放，就是"不务正业"、放弃使命，必将无所作为。因此，深圳始终把四项基本原则和改革开放视为改革发展的一体两面，将其有机地统一在一起，决不偏废。40年改革发展的实践证明，无论改革的面有多宽、度有多深，深圳始终是社会主义的经济特区、共产党的天下。颜色不变，方向不变，道路不变，指导思想不变。

邓小平明确四项基本原则

早在1979年，我国改革开放的大幕刚掀开不久，邓小平就在党的理论工作务虚会上明确指出："我们要在中国实现四个现代化，必须在思想政治上坚持四项基本原则。"①"必须坚持社会主义道路，坚持无产阶级专政，坚持共产党的领导，坚持马列主义、毛泽东思想。……每个共产党员，更不必说每个党的思想理论工作者，决不允许在这个根本立场上有丝毫动摇。"②邓小平当时强调这一点，一方面是因为"社会上有极少数人正在散布怀疑或反对这四项基本原则的思潮，而党内也有个别同志不但不承认这种思潮的危险，甚至直接间接地加以某种程度的支持"③，另一方面也反映了邓小平作为政治家和改革开放总设计师的远见卓识。

国门打开以后，中国向何处去？还要不要走社会主义道路？要不要中国共产党的领导？这是必须回答、不可含糊的问题。因此，邓小平非常坚定地指出："我们必须坚持社会主义道路……只有社会主义才能救中国。""社会主义的中国在经济、技术、文化等方面现在还不如发达的资本主义国家，这是事实。但是这不是社会主义制度造成的。""我们要有计划、有选择地引进资本主义国家的先进技术和其他对我们有益的东西，

---

① 邓小平：《邓小平文选》第2卷，人民出版社1994年第2版，第164页。
② 邓小平：《邓小平文选》第2卷，人民出版社1994年第2版，第173页。
③ 邓小平：《邓小平文选》第2卷，人民出版社1994年第2版，第166页。

4 立国强国——一体两面决不偏废

但是我们决不学习和引进资本主义制度,决不学习和引进各种丑陋颓废的东西。""没有中国共产党,就没有社会主义的新中国。""我们坚持的和要当作行动指南的是马列主义、毛泽东思想的基本原理,或者说是由这些基本原理构成的科学体系。"① 现在重温邓小平同志当年的论述,联系改革开放以来中国社会的巨大变化,更加感到亲切和深刻。

· 深圳市委大院门前两侧的大幅标语(胡鹏摄)

深圳为探索中国特色社会主义道路做出重要贡献

40年来,深圳不仅把坚持四项基本原则写在标语上,而且创造性地贯穿在改革发展的具体实践中,为探索中国特色社会主义道路做出了重要贡献。

深圳经济特区是对外开放的窗口,创办伊始,就面临对外开放涉及面广、外资企业比重大的客观现实。在深圳坚持社会主义道路,决不能固守社会主义的苏联模式那一套,而是要摆脱计划经济体制的束缚,把探索以市场为导向的中国特色社会主义发展道路作为自己的使命和担当。因此,在我国尚未提出社会主义市场经济的20世纪80年代,深圳实际上已经实施社会主义市场经济体制的运作方式。这也是深圳能够快速发展的重要原因之一。1992年,中国共产党第十四次全国代表大会"确定我

---

① 邓小平:《邓小平文选》第2卷,人民出版社1994年第2版,第166~171页。

国经济体制改革的目标是建立社会主义市场经济体制"。此后不久,深圳就在原有基础上率先建立了社会主义市场经济十大体系,在全国产生了很大的影响,为我国社会主义市场经济体制的建立和完善发挥了实验探索作用,《人民日报》对此进行了专题报道。由此可见,深圳不仅没有背离社会主义,而且为探索中国特色社会主义道路做出了重要贡献,成为中国特色社会主义制度优越性的生动注脚。

中国共产党的领导,是深圳创造奇迹的根本原因

中国特色社会主义最本质的特征是中国共产党的领导,中国特色社会主义的最大优势是中国共产党的领导。深圳改革发展的历史证明,中国共产党的领导是深圳取得巨大成就、创造罕见奇迹的根本原因。

胡锦涛同志在深圳经济特区建立30周年庆祝大会上的讲话中指出,"深圳创造了世界工业化、现代化、城市化发展史上的奇迹"。深圳之所以能创造这样的奇迹,其根本原因在于党的领导。中国共产党是领航经济特区快速发展的中流砥柱。建立经济特区以来,深圳牢记党中央关于"东西南北中,党是领导一切的"的指导思想,坚持和加强党的领导,在领导体制、运作机制、领导方法等方面,不断创新完善,形成了党领导一切的严密科学体系。

在深圳,党的组织体系十分健全。机关企事业、党政军民学,都有党的组织和党员干部配备。外资企业、民营企业、外来劳务工、个体工商户等群体,都建立了党的基层组织。"两新组织"(新经济组织和新社会组织)建设严格规范,党的领导全面覆盖,党员先锋模范作用的发挥无处不在。

在深圳,党的领导明方向、定决策、接地气、惠民生。进入新时代,深圳不忘初心,牢记使命,坚定不移地推进全面从严治党,认真贯彻新时代党的建设总要求,努力把抓好党建作为根本任务,坚持把政治建设摆在首位,建设高素质、专业化的干部队伍,持之以恒地正风肃纪,不

4 立国强国——一体两面决不偏废

断巩固反腐败斗争的压倒性态势,全面增强党的政治领导力、思想引领力、群众组织力、社会号召力。

马克思主义中国化的最新成果,是深圳始终坚持的指导思想

改革开放极大地推进了马克思主义中国化的历史进程。深圳作为改革开放的试验场和前沿阵地,坚持马列主义、毛泽东思想,就是坚持用马克思主义中国化的最新成果解放思想、指导实践。邓小平理论、"三个代表"重要思想、科学发展观、习近平新时代中国特色社会主义思想,是改革开放以来马克思主义中国化最新成果的集中体现,也是深圳改革发展的指导思想和理论指引。

邓小平理论催动深圳经济特区的诞生,引导深圳经济特区的改革和发展。反之,深圳改革创新的伟大实践又充实和丰富了邓小平理论。

"三个代表"重要思想让深圳"增创新优势,更上一层楼","努力形成和发展经济特区的中国特色、中国风格、中国气派"。

科学发展观使深圳充分认识经济特区和沿海地区率先加快发展,引领全国发展大局的战略部署,在万马奔腾的大背景下,继续一马当先,"加快发展,率先发展,协调发展,继续走在全国的前列"。

习近平新时代中国特色社会主义思想激励和指导深圳建设中国特色社会主义先行示范区,努力成为我国建设社会主义现代化强国的城市范例。

深圳创造的世界奇迹和未来发展的光辉前景充分地说明,深圳对马列主义、毛泽东思想的坚持具有与时俱进的创造性和发人深思的启迪性,历史将铭记和证明这一点。

深圳坚持四项基本原则,不仅贯彻在改革开放的具体实践中,而且在思想理论上进行深入的探讨,不断增强理论的自觉性和实践的主动性。1990年,由中共深圳市委宣传部主持摄制的电视政论片《世纪行——四项基本原则纵横谈》轰动全国,受到党中央的充分肯定,中央领导同志还为该片题词。江泽民的题词是"人民创造历史的颂歌,社会主义优越

性的明证",李鹏的题词是"光辉的历程,时代的强音"。① 此外,李先念、王震、胡乔木等也分别题词。中共中央宣传部、组织部发文件,把《世纪行——四项基本原则纵横谈》列为全党全民的思想政治教材。

改革开放是深圳的根、深圳的魂

深圳经济特区是在改革开放的大潮中诞生的。改革开放是深圳的根和魂。没有改革开放,就没有深圳经济特区;不改革创新,就不是深圳经济特区。深圳因改革而生,以改革而兴。

回顾改革开放的历史进程,深圳在全国率先改革的项目数不胜数。其中最有代表性的是体制改革方面的7个"率先":率先改革基建体制,实行招投标和施工承包制度;率先改革劳动用工制度和工资制度,推行合同工和浮动工资制度;率先推行计划管理体制和物价改革,减少指令性计划,放开价格;率先改革干部调配制度,通过招聘等方式选拔人才;率先推行企业产权和国有土地使用权有偿转让,加快生产要素商品化和市场化步伐;率先进行住房、养老保险和医疗保险制度改革,建立比较完善的社会保障制度;率先进行国有企业股份制改革,不断完善现代企业制度。

2010年,深圳最有影响力的"十大观念"在一片叫好和赞誉声中诞生。"改革创新是深圳的根、深圳的魂"作为十大观念之一,得到社会和学界的广泛认同。专家们在解读这一新观念时,给予这样的解说:"深圳之出场,为改革创新而来。""深圳之地位,因改革创新而立。""深圳之未来,由改革创新而定。"② 换言之,"改革创新"这4个字已经融入深圳的血脉,既是她与生俱来的使命,也是她安身立命的根基。改革创新已成为深圳的形象标志和鲜明特色。

---

① 参见深圳市史志办公室编著《深圳改革开放纪事 1978—2009》,海天出版社2009年版。

② 梁英平、谢春红等:《深圳十大观念解读:历史背景·文化内涵·时代价值》,中山大学出版社2012年版,第87～91页。

5 开放有度
——难能可贵的政治智慧

"排污不排外"是充满政治智慧的一个新提法。"排污"是对中央要求的政治表态和积极回应,"不排外"是对外开放的坚定立场。两者相统一,才能明确方向,开放有度。

1982年,在落实中央召开的广东、福建两省主要领导同志座谈会精神期间,时任中共广东省委第一书记的任仲夷在接受《世界经济导报》记者采访时,就如何坚持对外开放提出了"排污不排外"的新观点。这个新提法后来写进了深圳市的有关文件,成为深圳对外开放和精神文明建设的指导思想,彰显出深圳"特事特办、开放有度"的政治智慧。

这个提法有故事

1981年第四季度,即在经济特区建立后不久,我国曾出现沿海地区走私贩私泛滥、否定经济特区众说纷纭的情况,引起了中央的高度重视,并花大力气解决问题。谷牧副总理在回忆录中把这种状况称为"艰苦的推进"。他形象而又生动地写道:"20世纪70年代末、80年代初国内市场商品匮乏,供应紧张,什么电视机、录音机、计算器、优质布料等等,都是可望而不可及[即]的商品。在这种情况下,国门一开,相应的防范措施跟不上,久已存在的走私贩私活动的泛滥是必然的。记得最严重的广东、福建的几个沿海渔港、渔镇,成了走私贩私的大据点,私货蜂

拥而进，贩私络绎于途。""由于那次走私贩私的泛滥主要是在开放地区发生的，有些人就对开放划问号了，特别对举办特区的这件事摇头了。"①这时候，一些思想糊涂或别有用心的人，就跳出来从许多方面攻击经济特区。有的把经济特区说成了给外国资本家搞的"飞地"，说是"除了五星红旗以外，全都变了"。这样一来，不少干部产生了各种畏难情绪，顾虑重重。"本来应当进入草木芳菲阳春季节的经济特区，却很有点风雨萧瑟的味道。"②

党中央审时度势，及时召集广东、福建两省的主要领导，座谈讨论开展打击走私贩私违法活动的问题，商谈如何坚持对外开放，总结经验，办好经济特区。要求两省的主要领导"一定要在反对资本主义思想腐蚀的斗争中做坚定的、清醒的、有作为的马克思主义者"③。

任仲夷作为参加这次座谈会的中共广东省委第一书记，在贯彻落实会议精神时，没有把目光只停留在经济领域打击走私贩私这一点上，而是站得高，看得远，创造性地提出了"排污不排外"这个凸显政治智慧的全新观点，为广东和深圳经济特区应对各种非议、坚持对外开放提供了一个进退有度、游刃有余的思想主张。

任仲夷的 "后知先觉"

关于如何坚持对外开放、如何办好经济特区这些问题，中央高层一直有比较明确的意见和要求。

1981年4月14日，时任国务院副总理万里视察深圳经济特区。他在听取广东省和深圳市的有关领导汇报后明确指出："办特区，允许你们创新，允许你们犯错误。办特区的目的，就是要用特殊的政策、特殊的办法，促进经济的发展。"

---

① 谷牧：《谷牧回忆录》，中央文献出版社2009年版，第360～361页。
② 谷牧：《谷牧回忆录》，中央文献出版社2009年版，第362页。
③ 谷牧：《谷牧回忆录》，中央文献出版社2009年版，第361页。

5 开放有度——难能可贵的政治智慧

1981年7月19日,中共中央、国务院批转《广东、福建两省和经济特区工作会议纪要》,明确指出:"试办经济特区,是一项重大的改革,必然会遇到大量复杂的新情况,需要解决许多新的问题。在这种情况下,要把工作做好,必须具有敢于试验、敢于创新的革命精神。"

1983年2月7—9日,时任中共中央总书记胡耀邦视察深圳时,欣然为深圳经济特区题词:"特事特办,立场不变;新事新办,方法全新。"①

············

任仲夷是1980年10月从辽宁调入广东担任省委第一书记的。他是一位思想开放、富有现代观念意识的高级干部。从某种意义上说,对于办经济特区,他是一个起初"不在现场"的"后知者",但他对党中央的决策和中央领导同志关于解放思想、敢于创新的思想精神,领会得非常深刻、非常到位,甚至由此激发出自己的创新思维,敢于在邓小平同志视察深圳之前就提出"排污不排外"的新观点。这就使他成为一个在对外开放特定形势下率先解放思想、有所作为的"先觉者"。他的难能可贵和思想高度也正在于此。

"排污"是政治表态,"不排外"是坚持开放

邓小平1984年视察深圳回到北京后,在与中央领导同志的讲话中明确讲道:"我们建立经济特区,实行开放政策,有个指导思想要明确,就是不是收,而是放。"② 我们可以设想一下,如果在打击走私贩私犯罪活动中,对外开放收紧政策,缩小开放渠道,"把脏水和婴儿一起倒掉",那会是一个什么样的情景?刚刚起步的经济特区岂不是要夭折?

但是社会是复杂的,政治斗争需要勇气,也需要智慧。在那种流言四起、非议纷传的情况下,无论广东还是深圳经济特区,如果没有打击

---

① 以上引文均参见深圳市史志办公室编著《深圳改革开放纪事 1978—2009》,海天出版社2009年版,第53、第59页。

② 李岚清:《突围——国门初开的岁月》,中央文献出版社2008年版,第155页。

走私犯罪活动、遏制错误思潮的明确表态和有力行动,显然是不行的。但如果因此关闭大门,不敢开放,那就要辜负党中央对经济特区的希望,削弱经济特区的窗口和试验场作用,成为阻挠对外开放的历史罪人。在这种左右两难的情况下,提出"排污不排外",就是亮出了一个响亮的政治口号,等于是向世人宣告:不管形势怎样变,议论有多少,排污决不含糊,开放决不停止,吸收外来先进技术、吸取人类文明成果的指导思想决不会变。这无疑给外商吃了一颗定心丸,给经济特区打了一支强心针,其政治影响和经济效应不可估量。

· 国贸大厦基建三天一层楼,被誉为"深圳速度"(胡鹏摄)

"排污不排外"作为一个完整的提法,在思想方法上是辩证思维的体现,在理论内涵上是开放观念的创新和拓展。而落实到行动上,则需要大无畏的政治勇气和高超的政治智慧。有一个真实的故事,充分例证了这一点。

对外开放之初,广东深圳等沿海地区的家庭,只需用一根鱼骨形状的天线竖在楼顶,就可以直接收看香港的电视节目。很快,"鱼骨天线"就像蜘蛛网一样布满了珠三角的楼顶。这种现象引来了内地的声讨。有的领导说:"鱼骨天线上天,五星红旗就要落地。"后来,省里有关方面发出指令,组织人员强拆"鱼骨天线",搞得老百姓怨声载道,情绪激烈。在珠三角投资经商的外商反应更大。他们质问:香港电视不让看,还算什么开放?信息不明,还怎么做生意?任仲夷从北京开会回来知道这一情况后,认为这样处理不妥,不利于扩大对外开放。他召集省委宣传部的有关负责人开会,再次强调了"排污不排外",指出排污是必要的,但绝不能因噎废食,笼统地反对一切外来的思想文化。碰巧,时过不久,胡耀邦到广东深圳视察,下榻广州珠岛宾馆。宾馆工作人员请示,要不要把珠岛宾馆的"鱼骨天线"拆掉。任仲夷明确表示,不要拆,看看首长什么反应。胡耀邦住了一晚后,没有提出任何意见,实际上是默认了"鱼骨天线"的存在。从此以后,在任仲夷任期内,看香港电视再也没有受到干扰,"鱼骨天线"也就成了南粤大地的一道独特的风景线。

综上所述,亮出"排污"的旗号,是在特定形势下对中央要求与社会舆论的政治表态和积极回应,也是对否定对外开放、否定经济特区的错误言论的有力回驳;高调宣示"不排外",既坚持了对外开放的坚定立场,又进一步明确了办好经济特区是放而不是收。"排污不排外"的完整统一不仅给广东和深圳经济特区指明了改革开放的正确路径,而且把对外开放条件下思想意识形态的建设提升到一个新的高度。

尤为可贵的是,任仲夷对"排污不排外"还有他自己的独特解读。他在接受记者采访时说:"我们不排外,排外是不对的,但是我们要排污,实行开放政策,也带来一些新问题。'近水楼台先得月',但也会先

污染。盲目排外是错误的、愚蠢的；自觉排污是必要的、明智的。排污要分清界限，要排真正的污，要做具体分析，要总结经验，吸取教训，统一认识。"① 这一番话充分显示了一个高级干部的思想水平、开放意识和政治智慧。改革开放初期的广东有这样一位省委书记，创办不久的深圳经济特区有这样一位上级领导，必定会在改革开放的道路上一往无前，越走越好。

---

① 参见《南方都市报》2005年11月16日。

6 统一语言
——超凡的远见卓识

城市有两个基本表象：建筑和语言。看得见的是建筑，听得见的是语言。深圳用普通话统一语言，彰显移民城市的开放和包容，树立了粤语区独一无二的城市形象，既有利于社会交往和人际沟通，又增强了市民对城市的亲切感和认同感。

深圳地处南粤，属于粤语语系地区，却是广东省唯一一个以普通话作为第一沟通语言的城市，也是唯一一个要求用普通话统一语言的经济特区。如今的深圳，八方共一语，交谈无阻隔，外来移民在这里有一种很自然的亲切感和认同感。海内外来深圳探亲访友、观光旅游或公干办事的人也没有丝毫的语言障碍，不会因听不懂或讲不好粤语而苦恼，更不会因不讲方言而受到歧视和排斥。这与毗邻的香港地区和早已是国际大都会的上海有很大的不同。深圳用统一的语言将每一个来自南方或北方，操着不同乡音，经济、文化背景千差万别的人熔铸在一起。仅此一点，就树立了深圳独一无二的开放形象，也让"来了，就是深圳人"由一句口号、一种观念成为令人欣慰的现实，更显示出决策者超凡的远见卓识。

统一语言，势在必行

深圳是边陲小镇，办经济特区前属于宝安县。宝安地处粤语方言区，除了粤语，还有客家话、大鹏话等。20 世纪 80 年代初，深圳经济特区刚

建立时，全国各地人才汇集于此，更是南腔北调，奏起了各地方言的"交响乐"，北方话、粤语、客家话、闽南话、湖南话、江西话、上海话等都在社会交流中使用，时常闹出一些"鸡同鸭讲"、不知所云的笑话。时任深圳市推广普通话办公室主任唐骏在口述史中回忆："那时候外国人到深圳来洽谈生意，至少要找两三个翻译，讲话要转几道弯才能搞清楚。"翻译要把外语先译成普通话，再从普通话译成方言，既麻烦，又影响效率。内陆地区的人到深圳来经商，在语言交流上也多有不便。唐骏在回忆中谈到的当时发生在西丽湖度假村的一个笑话，堪称这种现象的典型例证：

一个外地顾客想找大堂部长，那位部长是宝安本地人，见了顾客说："我就是不讲（把'部长'读音说成'不讲'）。"顾客又奇怪又恼火："我找部长，你为什么不讲，是不是故意和我作对？"部长更是着急："我就是不讲（部长），你为什么不跟我讲？"语言原因，既影响了顾客的情绪，又损害了度假村的声誉。

事实说明，深圳经济特区建立后，作为一个新兴的移民城市，统一语言已经势在必行。经济特区发展经济，一要外引，二要内联，需要加强内外联系，进行广泛交流，假如语言不统一，势必给外引内联工作和市民的日常生活造成困难，阻碍经济特区的发展，甚至会影响到经济特区的整体形象。

任仲夷一锤定音

任仲夷作为一位具有现代观念意识和文化视野的省委书记，敏锐地察觉到深圳经济特区的语言文化现象，果断地做出决定，明确要求"用普通话统一深圳语言"。

1984 年 8 月 6—9 日，任仲夷到深圳视察、检查工作。他指出，深圳

6 统一语言——超凡的远见卓识

应成为广东全省普通话推广区,而不要成为方言区,应用普通话统一深圳的语言。

1984年11月,任仲夷在深圳视察工作期间,在深圳中学现场题词:"希望深圳中学全体师生努力学好普通话。"

1985年5月15日,任仲夷给《深圳特区报》写来一封关于用普通话统一深圳语言的信。信上写道:"我们党和国家,现在实行对外开放、对内搞活政策,我们决不可用方言来'封锁'自己,希望深圳在推广普通话工作上,不仅能推动全省,而且能影响港澳。"《深圳特区报》于5月25日头条刊登了这封信,产生了强烈的社会反响。

中共深圳市委、市政府深刻理解任仲夷的指示精神,雷厉风行地贯彻落实。

1984年8月13日,即在任仲夷讲话4天之后,就召开全市处级以上干部会议,明确今后市委、市政府召开会议一律用普通话发言,同时决定成立市推广普通话委员会,负责日常推普工作。

· 深圳文博会上的苏州评弹表演(胡鹏摄)

1984年9月中旬，决定成立市推广普通话领导小组；9月27日，市编制委员会发文，批准成立推广普通话办公室。

1984年9月底，市委要求学校在推普中起带头作用，做到上课、开会使用普通话，招聘教师考核普通话；劳动部门招工要把会讲普通话作为条件之一，不会讲普通话的不招；宾馆酒楼及服务行业，要定出有关奖罚的办法，使推广普通话与其他工作密切挂钩。市政府率先制定普通话三级标准，开展普通话水平测试，并成立普通话培训中心。

从1985年开始，连续举办5届全市普通话大赛。

1986年5月10日，深圳在幼儿园大班开设汉语拼音课，落实市政府提出的"推广普通话要从幼儿园抓起"的倡议。

从1988年开始，举办一年一度的穗、深、珠、港、澳五地普通话交流活动。

正是因为有了以上一系列扎实有效的举措，任仲夷"用普通话统一深圳语言"的思想观念和果断决策才在深圳落到了实处，深圳因此成为一个名副其实的对外开放的先锋城市。

语言是城市形象的文化载体，是市民认同的文化基础

语言是文化的载体。统一的语言是开放型移民城市应有的城市表象和文化形象。从城市外观和文化感受而言，城市有两个基本表象，那就是建筑和语言。看得见的是建筑，听得见的是语言，而建筑和语言是一座城市融入人的意识的第一印象。

深圳的城市建筑宏伟大气，充满现代气息，展现出与众不同的城市表象。无论是市民中心的"大鹏展翅"，还是平安金融大厦的"一柱擎天"，或者是京基100的"傲视群雄"，都是深圳可见可感的文化标识，让人们很快联想到深圳的鲜明特色，内心形成一个清晰的概念：这才是深圳，这才是人们向往的现代化国际化大都市。

普通话作为深圳的统一语言，同样显示出与众不同的城市表象，既

6 统一语言——超凡的远见卓识

让来自五湖四海的移民有一种发自内心的亲切感，也呈现出现代化新兴移民城市的开放和包容。2100多万的深圳人，无论来自何地，也无论原来用何种方言，到了深圳，大家都讲普通话，都是这座城市的主人。在潜意识中没有"外来者"的自卑，也没有"本地人"的自傲。普通话在无形中强化了人与人之间的平等、尊重和包容。不会像以前在上海那样，因不会讲上海话而被视为"乡下人"；也不会像在香港那样，因不会讲粤语而被看作"北佬"。这就是深圳的与众不同，让每一个在深圳生活或来深圳观光的人都感到轻松和自在。

用普通话统一语言，不仅让深圳有了特色鲜明的城市表象，同时也建构了独具一格的城市文化形象，表现为文化的和谐和包容。语言是城市文化的一种存在状态，也是城市人际关系的一种彰显。大家都讲普通话，既是对通用语言的选择和认同，也是对地区优越感和方言优越感的自觉抛弃，客观上让地处广东的深圳显得"很深圳"，而不是"很广东"，从而形象地证明：特区是全国的特区，深圳是全国的深圳。

移民城市文化建设的一个重要方面，就是要强化市民对城市的文化认同。也正因为此，"来了，就是深圳人"才成为深圳十大观念之一。"来了，就是深圳人"包含3层基本意思：一是"来了，你应该是深圳人"，不能把深圳当成淘金的驿站，把自己看作过客；二是"来了，你必须是深圳人"，要具有深圳人应有的改革创新精神，敢闯敢试，有所作为；三是"来了，你自然是深圳人"，深圳是一个改革创新的大舞台，只要你做出成绩、做出贡献，深圳就会给你鼓励和奖赏。你不仅可以把户口迁来深圳，还可以获得更大的发展平台。这3层基本意思都与语言有关。只有在语言上没有障碍，才能对这座城市有认同感和归属感，才能激发出改革创新的精神，才能干出成绩、做出贡献。由此可见，用普通话统一语言，可以产生强大的文化力量，有利于强化市民对深圳的文化认同，消除心理上的"封锁"和自闭，走出狭隘的地方意识，更好地融入这座城市。

普通话在香港被称为"国语"。这是一个耐人寻味的称谓。"国语"

在本质上就是全国通用的语言，普通话也就是中国的一个文化象征。深圳通用普通话，又有改革发展的巨大成就，当之无愧是当代中国的窗口。从这个意义上可以看出，当年任仲夷果断决策，要求市委、市政府用普通话统一语言，确实体现出不同凡响的远见卓识。这是深圳经济特区之幸，也是深圳人民之幸。

7 "一街两制"
——开放前沿的独特风景

"一街两制"的中英街是深圳的一道独特风景线。它承载着中华民族的荣辱兴衰，见证了中国改革开放的沧桑巨变，具有丰富的文化蕴涵和深刻的象征意义。

南国深圳有一道独特的风景线，那就是闻名遐迩的中英街。这条位于深圳市盐田区沙头角镇的小街虽然长仅250米，宽不足4米，却承载着中华民族近代史上的荣辱兴衰，见证着深圳乃至中国的沧桑巨变。小街之所以称为"中英街"，是因为香港回归祖国前，街的一边属港英政府管理，另一边由中方管理，"一街两制"，世人皆知。根据相关史料和媒体的相关报道，大致可以梳理出中英街历史变迁的概貌。

中英街的由来

中英街原名"鹭鹚径"，由梧桐山流向大鹏湾的小河河床淤积而成。据史料记载，1898年，英国用武力逼迫清政府签订《展拓香港界址专条》。1899年3月16—18日，中英两国代表来到沙头角勘界后，沿河床设立的木头界桩（后来改为石制界碑），将沙头角一分为二（分界处正好是小河床）。界桩的一边属港英政府管理，另一边由中方管理。随着岁月的流逝，小河床两边的本地乡民自发地开始在干涸的小河床上摆摊做生意，在河床两边搭建房屋，形成了中英街的雏形。

中华人民共和国成立以后，从1952年开始，中英街由港英政府边防警察和广东省边防部队分别管理，形成了"一街两制"的格局，一直延续到1997年香港回归祖国。

曾经的"购物天堂"

1951年2月，中英街所在的沙头角被列为边防禁区。由于香港那边经济相对繁荣，隔街相望，一目了然，因此出现了居民逃港现象，先后有2000多人逃往香港。1978年，当时主政广东的习仲勋来沙头角调研时，对陪同的中共宝安县委书记方苞说："一条小街，两个世界，他们那边很繁荣，我们这边很荒凉，怎么体现社会主义制度的优越性呢？一定要想办法把沙头角发展起来。"此后，沙头角的面貌逐渐发生转变，20世纪80年代，沙头角借改革开放的春风，利用"一街两制"的地缘优势，促进中英街的商贸活动。中英街两边商店林立，商品物美价廉，吸引了来自全国各地的游客。凡是内地来深圳公干或观光旅游的人，都会到公安机关办个边防通行证，专程到中英街参观购物。一时间，中英街上人来人往，熙熙攘攘，成为世人皆知的"购物天堂"。

据说，最兴旺的时期，中英街上销售黄金的店铺就有近90家，成为中国最早的"黄金一条街"。此外，箱包、衣服、常用药品等商品应有尽有。游客最多的时候，一天超过10万人。笔者1987年刚到深圳时，也慕名去过中英街，深为那儿的景象所惊叹。记得曾在那儿买了一包膨化食品虾条（那时内地买不到），回家喝茶品尝，感到无比美味。据香港那边的店铺老板说，改革开放几十年来，他们那一边的店铺基本保持原样，变化不大，而内地这边的变化很大，店铺总量增加，商品种类增多，与早些年已不可比了。

打造深港国际旅游消费合作区

在改革开放的历史进程中，随着国际旅游的开放和香港自由行的开通，深圳人和来深圳旅游观光的内地游客有了更多的购物渠道，选择面更广了，中英街曾经以卖港货、洋货而一枝独秀的景象逐渐地平淡下去，游客不再蜂拥而来，中英街的商贸业出现衰退现象。

面对这种状况，中共深圳市盐田区委、区政府对中英街进行重新定位，由原来单一的购物扩充为"旅游、观光、购物、爱国主义教育"，举办了一系列与中英街文化蕴涵相关的活动，如"中英街3·18警示日"、中英街文化节等。把中英街历史博物馆打造成爱国主义教育基地，使其成为文化品牌，供游人参观。笔者曾在几年前到中英街历史博物馆参观，虽然对这段历史并不陌生，但参观后仍有很大的感触，深受教育。于是，笔者组织学生去参观，给来深的亲朋好友提出参观建议，很受他们的欢迎。相信参观中英街后，有笔者这种感受和举动的人不在少数。这就是中英街当下的魅力所在。

随着《粤港澳大湾区发展规划纲要》的推出，沙头角（包括中英街）成为深港合作的重点发展片区。盐田区及时提出新的发展思路，决定把沙头角打造成"深港合作国际旅游消费区"，加快融入粤港澳大湾区的发展格局。重点加强公共基础设施和商业设施配套建设，让中英街焕发新的活力，促进中英街向高端化、国际化转型，增强对国际、国内游客的吸引力。同时，采取提高免税限额、放宽进出和停留时限等政策措施，推进中英街再创辉煌。

中英街的象征意义

中英街的"一街两制"是一种罕见的现象，具有独特的象征意义。它表明，一个国家、一个民族，落后就要挨打，落后就要割地赔偿；同时，它也证明，改革开放是强国之路，只有改革开放，才能发展社会主义中国。到中英街观光或购物，当你站在那块石头界碑前，就会情不自禁地感慨和激动。小小中英街，见证大历史。中华民族从贫困屈辱中走来，经历了从站起来、富起来到强起来的历史转变，为实现中华民族伟大复兴的中国梦而不懈奋斗，仅中英街这方寸之地，就足以见证。

早些年，深圳一位名叫李宜高的作者出版了《中英街情结》一书，其中有两首诗特别准确地反映了中英街的沧桑巨变和人们的文化感受。

一首叫《中英街上观升旗》。诗中写道：

企盼了三万六千五百个日子，
忘不了那一场刻骨铭心的分离，
日不落的旗帜无可奈何终落下，
中英街又升起了一面鲜艳的五星红旗。
…………
历史的这一刻多么神圣，
…………
历史的这一刻多么庄严，
…………
鲜花和信念化作道道彩虹，
彩虹把国旗映照得更新更美。

诗人用充满激情的诗句，把中英街的变迁与爱国情怀的抒发合为一体，意象鲜明，发人深思。

另一首名为《南国小镇沙头角》，写有这样的诗句：

界碑记着旧岁月，
春风送来新气象。
两边的高楼一样辉煌，
两边的灯光一样明亮，
…………
两边同胞来相会，
榕荫席上叙家常，
家门相对开，情深谊长，
携手街上走，共祝兴旺。

7 "一街两制"——开放前沿的独特风景

读完这首诗,香港回归祖国后中英街两边共同发展,居民和谐相处、其乐融融的景象顿时出现在我们眼前,让我们情不自禁地为"一国两制"的英明决策而感到欣慰,为改革开放的伟大成就而自豪。中英街不愧是名副其实的爱国主义教育基地。

・江泽民同志题写碑名的"香港回归祖国纪念碑"(胡鹏摄)

❽ 文化设施
——塑造深圳文化形象

文化设施是城市文化的形象标志。深圳精心规划和逐步增加的现代文化设施，塑造了现代化国际化城市的文化形象，为构建区域文化中心城市，成为现代化强国的城市范例，打造了必不可少的硬件基础。

深圳是从一个边陲小镇快速发展起来的新兴城市。1979年建市，1980年成立经济特区。城市规模由小到大，城市人口不断增加。城市文化形象经历了精心打造和逐步提升的过程，其中文化设施建设最为突出。

文化设施是城市文化建设的硬件，承载着构建城市文化形象、满足市民文化需求、提升城市文化品位、营造城市人文环境等功能。20世纪80年代以来，深圳各个阶段的城市文化设施建设都是特色鲜明、广受赞誉，为塑造经济特区城市的文化形象、发挥城市文化功能，起到了十分重要的作用。

20世纪80年代："八大文化设施" 构建城市新形象

1980年，深圳经济特区刚成立时，文化设施严重不足，除了原宝安县的一家戏院、一家小型影院、一间百来平方米的新华书店和一个展览馆外，几乎没有其他文化设施。全国各地的人才汇聚深圳，面对的是深圳文化的"三无"状态——无像样的文化设施，无本土主流媒体（看的电视和报纸都是香港办的），无高层次文化艺术人才，文化娱乐活动十分

8 文化设施——塑造深圳文化形象

匮乏。港澳地区和海外著名人士慕名来深圳参观时,深圳也没有条件高规格接待,十分尴尬。市民节假日无处可去,教育深造无门可投。整座城市缺乏应有的文化风貌。为了尽快改变这种现象,1983年中共深圳市委、市政府决定规划兴建深圳图书馆、深圳博物馆、深圳科学馆、深圳体育馆、深圳大剧院、深圳电视台、深圳新闻中心、深圳大学这8项重点文化设施(通称"八大文化设施")。资金不够怎么办?向银行贷款。时任中共深圳市委书记梁湘在干部大会上说:"我们就是勒紧裤带,也要把'八大文化设施'建设搞上去,并确保这些设施50年后不落后,留给后人一个艺术精品。"

"八大文化设施"全部在20世纪80年代动工兴建,80年代中后期绝大部分投入使用,至20世纪90年代初,全部投入使用,较好地构建了经济特区城市的新形象,改善了市民的文化生活和文化教育条件。以新办的深圳电视台、深圳图书馆和深圳大学为例。深圳电视台让深圳市民收看到以普通话为通用语言的电视新闻和电视剧,内地来深圳的人也不再有看香港电视听不懂粤语、看不到本地新闻的遗憾;图书馆让深圳市民多了一个休闲读书的好去处;深圳大学不仅为经济特区的早期建设培养了一大批急需的应用型人才,而且给深圳增添了一个接待外国政要和文化名流不可替代的文化场所。笔者清楚地记得,20世纪80年代中后期,日本前首相海部俊树曾在深圳大学的讲台上发表演讲,著名科学家杨振宁也曾在深圳大学做过学术讲座,全国第一次比较文学国际学术会议在深圳大学召开,海内外学术名家汇集深圳。由此可见,"八大文化设施"彻底改变了深圳早期城市文化的"三无"状态,初步构建了深圳的城市文化形象,可谓建得及时,功不可没。

20世纪90年代:"新八大文化设施"提升深圳文化品位

20世纪90年代,深圳进入增创新优势的发展阶段。1992年,邓小平再次视察深圳,并发表重要的"南方谈话";1993年,时任中共中央总书

记江泽民同志视察深圳,并为深圳题词:"增创新优势,更上一层楼。"深圳掀起新一轮改革创新热潮,产业结构进一步优化,对外开放进一步扩大。随着经济的高速增长和人口的急剧膨胀,文化基础设施不足与人民群众文化需求日益增长的矛盾又凸显出来。原有的"八大文化设施"不仅难以满足市民群众不断提升的精神文化需求,而且与城市的形象和地位也不相适应。因此,中共深圳市委、市政府决定将公共文化设施建设纳入城市发展总体规划,拟在"九五"期间乃至21世纪的头10年,分期兴建一批面向未来、具有较高文化科技含量的标志性文化设施,以提高城市的文化品位。至1997年年底,计划新建的关山月艺术馆、深圳画院、深圳书城、深圳特区报业大厦、深圳商报大厦、深圳有线电视台、华夏艺术中心、何香凝艺术馆等文化设施全部进入或立项招标,或主体完工,或建成竣工的阶段。这些文化设施后来被称为"新八大文化设施"。投入使用后的"新八大文化设施"显著增强了深圳的艺术文化氛围,推进了深圳新闻文化事业的高质量发展,强化了深圳的城市文化标志(深圳特区报业大厦一度成为央视播放天气预报节目时深圳的形象标志)。一些全国性的大型文化艺术活动也开始落地深圳举办,这在很大程度上提升了深圳的城市文化品位。如1996年深圳书城承办的第七届全国书市产生了轰动效应,使深圳一度成为全国图书市场的热点。

21世纪:"新六大文化设施" 增强现代化国际化城市的显示度

进入21世纪后,深圳进一步加快城市的现代化进程,决定实施"文化立市"的战略,努力建设"钢琴之城""图书馆之城""设计之都",使深圳真正成为在国际城市竞争中有较强竞争力的现代化国际化城市。这就需要增建一批高档次、高品位、现代感较强的文化设施,增强城市的文化显示度。

中共深圳市委、市政府决定在原有文化设施的基础上,既补缺又提升,规划建设市民中心、深圳少年宫、深圳图书馆新馆、中心书城、深圳音乐厅、深圳电视中心这6个大型文化设施（俗称"新六大文化设施"）。"新六大文化设施"建成后，深圳城市面貌焕然一新，文化品位显著提升，在很大程度上彰显出现代化国际化城市的宏伟大气。大鹏展翅造型的市民中心成为深圳的新地标，圆球造型的少年宫提供了一座现代化城市应有的儿童乐园，图书馆新馆、中心书城使"图书馆之城"名副其实，音乐厅让"钢琴之城"有了必不可少的硬件，电视中心使深圳的新闻传播在硬件上赶上了国际先进水平。这些文化设施不仅是市民休闲"充电"的必去之地，更是深受海内外人士赞誉的重要标志。时任联合国教科文组织总干事博科娃参观深圳中心书城后赞不绝口，这也成为深圳后来被评为"全球全民阅读典范城市"的重要因素之一。

新时代："新十大文化设施" 打造区域文化中心城市

2018年，习近平总书记在党的十九大报告中庄严宣告，中国特色社会主义进入新时代。新时代，深圳经济特区要承担新的历史使命。《中共中央 国务院关于支持深圳建设中国特色社会主义先行示范区的意见》要求深圳建设成为社会主义现代化强国的城市范例，成为区域文化中心城市。新的历史使命和新的发展目标对深圳城市文化设施建设提出了新的更高的要求。中共深圳市委、市政府决定高标准规划、高质量建设"新十大文化设施"，分期分批推进实施。

前面所述的"老八大""新八大"和"新六大"只是对大型文化设施的一个概述。其实，40年来，深圳建设的各类文化设施并不仅限于此。如20世纪80年代建成的深圳特区报业大厦、90年代建成的深圳会展中心，还有前几年刚刚建成的目前全球最大的国际会展中心，以及企业建造的华·美术馆、华侨城当代艺术中心等。尤其是90年代以来各区陆续建成的图书馆、书城、文体中心等，更是深圳公共文化服务不可缺少的文化设施。据不完全统计，深圳现有大型文化设施约50个，大型体育场馆21个。但是，与国内外先进城市相比、与区域文化中心城市的发展目

标相对照，仍有很大的差距。因此，深圳在新时代规划建设"新十大文化设施"势在必行，时不我待。

"新十大文化设施"包括深圳歌剧院、深圳改革开放展览馆、深圳创意设计馆、中国国家博物馆·深圳馆、深圳科学技术馆、深圳海洋博物馆、深圳自然博物馆、深圳美术馆新馆、深圳创新创意设计学院、深圳音乐学院。这些文化设施在建设运营上将由政府主导、对标一流，在布局上将相对集中，打造新的现代化国际化城市文化核心区。其中，深圳歌剧院将被打造成城市文化新地标；中国国家博物馆·深圳馆与深圳改革开放展览馆、深圳美术馆新馆等将引进不同主题的高水平展览；深圳创意设计馆、深圳创新创意设计学院、深圳科学技术馆等则彰显深圳"设计之都"，以及科技创新的特点。

"新十大文化设施"中大多数为文化场馆，有两所院校。深圳创新创意设计学院的办学定位为建设国际化、高水平、创新性、实践型的世界一流设计学院，将聚集一批国际顶尖设计大师，培养创新型设计人才，打造成创意设计产业人才培养基地、创新创意设计成果转化基地、粤港澳大湾区创意产业发展高端智库。深圳音乐学院则将充分利用深圳市现有的音乐艺术教育资源，引进国内外知名音乐学院的优质资源及管理经验，建设成为与深圳城市地位相匹配的高水平创新型国际化音乐艺术高等学府。

在规划建设"新十大文化设施"的同时，深圳还规划建设31个市级及51个区级大型文体设施，共计有超过100个文体设施将在未来分期分批投入建设。

可以想象，上述文化设施的建成和投入使用将极大地改变和提升深圳的文化形象和文化品位，也必将成为区域文化中心城市的突出亮点和鲜明标志。

9 概念之变
——从"特区文化"到"深圳文化"

"特区文化"概念的提出,反映出深圳本土专家学者对经济特区早期文化现象的敏锐感知和理论自觉。"深圳文化"概念更科学、更准确地表述了20世纪90年代以后深圳地域文化和城市文化的内涵、特色和功能。概念之变是理论自觉和文化自觉的充分体现。

深圳经济特区建立40年来,文化创新持续不断,文化研究逐步深入。20世纪80年代中期,深圳本土的专家学者针对当时的文化现象,提出了"特区文化"概念,形成了经济特区文化研究的热潮。20世纪90年代以后,随着深圳城市地位的提升和文化影响的扩大,专家学者们敏锐地感觉到"在一个经济的深圳之外,一个文化的深圳正展示亮丽的风景"(王京生语)。"特区文化"概念客观存在着区域边界的模糊性,已不能准确地概述深圳这座城市特有的文化内涵和文化特色,于是有人提出了"深圳文化"的科学概念。从"特区文化"到"深圳文化"的概念之变,反映出深圳文化研究的理论自觉和文化自觉,为中国特色社会主义先进文化的建设和研究做出了重要的理论贡献。

"特区文化"概念应时而生

深圳经济特区建立后,很快就出现了新的社会文化现象。对外开放程度高,市场经济气氛浓,思想活跃、敢想敢做的年轻人占了常住人口

的绝大多数，人们的思想观念和行为方式都与其他城市和地区明显不同。专家学者们敏锐地察觉到这种独特的区域文化现象，产生了对这种现象进行理论研究的学术冲动，创造性地提出了"特区文化"这个理论概念。

1986年11月，全国文化事业发展战略研讨会在厦门鼓浪屿召开。与会深圳代表王效文、杨宏海提交的论文——《深圳，呼唤特区文化"特"起来》在会上引起了强烈的反响。文章指出，"特区文化要不要'特'，已是一个亟待回答的问题"，"由于特区文化没有'特'起来，以致特区文化发展'步履蹒跚'"。论文作者认为，从深圳的经济特区定位来看，如果特区文化不"特"，其目前已经具备的文化优势必将逐步消失，而窗口与辐射的作用也无从谈起。这篇文章标新求特的呼声引起了与会的时任文化部常务副部长高占祥的注意，他深表赞同。他认为，特区文化"特"起来，也是海内外文化界的期待。就深圳自身而言，深圳经济特区要铸造"特区意识"，"特区人自身需要有与其生活方式、工作方式相适应的'特区文化'"，这就"需要特区文化'特'起来"。①

深圳文化学者尹昌龙博士在他的一篇论文中说道："当深圳代表提出特区文化'特'起来的时候，这实际上是深圳文化瞩望自身中的最初的呼唤。而特区文化一旦成为专门术语，就表明一种在中国改革的前沿地带所涌现出来的文化类型，已浮出海面。""深圳文化人这种求特求异的战略眼光，就预示着文化思想的闪电已经开始照亮这块曾经一穷二白的文化沙漠。"② 应该说，尹博士的分析比较到位，既富有理性认知，又饱含文学抒情。

必须指出的是，无论是王效文、杨宏海的呼唤，还是高占祥的赞赏和认同，或者是尹昌龙的分析，着眼的都是深圳经济特区的文化，而没有强调"特区文化"是当时中国五大经济特区共同的文化形态。后来，

---

① 参见尹昌龙《风雨不归路：深圳的文化梦寻》，见吴俊忠主编《深圳文化三十年——民间视野中的深圳文化读本》，商务印书馆2010年版，第350～351页。
② 尹昌龙：《风雨不归路：深圳的文化梦寻》，见吴俊忠主编《深圳文化三十年——民间视野中的深圳文化读本》，商务印书馆2010年版，第351页。

9 概念之变——从"特区文化"到"深圳文化"

1993年在深圳召开的第二次全国特区文化研讨会上，对此有了更明确的理论表述。时任文化部部长刘忠德在给大会的贺信中明确指出："随着特区经济的腾飞，特区文化事业也有很大发展和繁荣。""特区文化究竟怎么搞，对我们来说仍是一个新课题。""近来有人提出能不能建立'文化特区'的问题，我认为在文化上是不应该有'特区'的。""我们是搞'特区文化'，而不能搞'文化特区'，这里虽然只是两个字的顺序颠倒，其实质却大不相同。在这个问题上我们必须有个明确的认识。""然而，特区文化毕竟是有特点的，它的优势和意义也正在于此。"[①] 我们注意到，刘忠德部长的表述非常准确。他所讲的特区文化是所有特区的文化，而不仅仅是深圳特区文化，也正因为此，才有必要召开全国特区文化研讨会。刘部长还明确了特区文化研究的政治原则：可以搞"特区文化"，但不能搞"文化特区"。

上述可见，"特区文化"概念的提出，起初存在着区域边界的模糊性，是确指深圳特区文化，还是泛指所有特区文化，在一开始并没有明确的界定。但是，这并不影响深圳和其他特区对特区文化的研究。

"特区文化"概念提出后，特区文化研究掀起了热潮。笔者也于1988年11月8日在《深圳特区报》上发表了自己研究特区文化的第一篇文章——《社会大文化与深圳特区文化》，论述了深圳特区文化的内涵与特色。1993年，深圳成立了专门研究机构"特区文化研究中心"。20世纪80年代提出特区文化概念的杨宏海先生担任"特区文化研究中心"的首任主任。此后，办刊物、定课题、开研讨会、出文集等一系列研究活动相继进行，深圳的特区文化研究呈现出如火如荼的繁荣景象。

"深圳文化"概念关乎深圳的文化功能和使命担当

20世纪90年代，深圳不仅以经济的快速增长令世人瞩目，文化创新和文化发展也引起了普遍关注。作为经济特区的深圳，衍生出文化创新

[①] 刘忠德：《特区文化研究责任重大》，见吴俊忠主编《深圳文化三十年——民间视野中的深圳文化读本》，商务印书馆2010年版，第589页。

功能，文化形象和文化地位显著提升，"几乎是在一夜之间就活跃地站在了广东乃至全国的前台"（王京生语）。学者们把深圳文化的影响力和辐射力形象地称为"文化北伐"。此时此刻，如果仍然沿用广义的区域边界模糊的"特区文化"概念，就不能彰显深圳的文化影响和文化魅力，也不利于对深圳的文化现象和文化功能进行深入的理论研究。因此，"深圳文化"概念水到渠成地脱颖而出，成为表述一个特区、一座城市文化形态的专有名词。

深圳是经济特区，创办时的基本功能定位是探索对外开放条件下经济发展和经济体制改革的新路径，为发展社会主义市场经济提供成功经验。但是，从20世纪90年代起，我国改革开放的整体态势已由早年经济特区先试先改的"一马当先"，发展成为全国普遍改革开放的"万马奔腾"。与此同时，国家发展和改革委员会对深圳有了"一区四市"的新定位，即全国综合配套改革试验区、全国经济中心城市、国家创新型城市、国际化城市、中国特色社会主义示范市。深圳城市定位的变化和提升，势必促进深圳经济特区基本功能的扩展和延伸。为了建设与城市定位相匹配的新型城市文化，就必然衍生和生成文化创新功能。深圳不仅要提供经济快速发展的成功经验，而且要产生文化不断创新的示范效应，做出应有的文化贡献。在这个意义上，"深圳文化"不仅是改革创新的精神动力，更是深圳城市地位和城市影响力的文化显现。因此，适时提出与深圳城市地位和文化功能相适应的"深圳文化"概念，也就势在必行了。

尤为可贵的是，深圳的专家学者在提出"深圳文化"概念后，展现出高度的理论自觉，随即对深圳文化的现有状况、特色内涵、发展目标、研究手段等进行深入的理论探讨，致力于建构深圳文化的理论形态。有的学者把深圳文化的发展目标设定为"建设创新型、智慧型、力量型、包容型的新型文化"，有的专家把深圳文化的特色归纳为"创新求异、务实致用、宽容大度、兼收并蓄、大众为先"。[①] 所有这一切，都给"深圳文化"概念赋予有血有肉的丰富内涵。

---

① 参见吴忠《论深圳文化的特色与定位》，载《经济前沿》2004年第1期，第43页。

9 概念之变——从"特区文化"到"深圳文化"

・深圳文化研究的先行者(剑华摄)

10 小平画像
——深圳特有的文化标志[①]

深南大道和红岭路交叉路口的邓小平画像,是深圳经济特区特有的文化标志,也是来深游客必到的合影留念胜地。这幅画像所经历的4个版本的修改更新,反映出深圳人对邓小平作为改革开放总设计师的思想认知和情感寄托。

· 深南中路北侧的邓小平画像(胡鹏摄)

① 本文根据深圳《晶报》记者邓妍的采访记录改写,在此特向邓妍致谢。

10 小平画像——深圳特有的文化标志

深圳是邓小平主张创办的第一个经济特区,深圳人对邓小平有一种集感恩和敬佩于一体的特殊感情。1992年,邓小平第二次视察深圳,发表重要的"南方谈话",肯定"深圳的重要经验就是敢闯",深圳人备受鼓舞。中共深圳市委宣传部指示深圳美术广告公司画一幅宣传改革开放的大型宣传画,基本内容是展现深圳欣欣向荣的面貌。这幅画将要立在红岭路和深南大道交叉路口,让来往行人都能看到,使之成为深圳经济特区特有的文化标志。

第一版多次易稿

邓小平画像的画面长30米、高10米,气势恢宏。第一版的创作开始于1992年6月。深圳美术广告公司接到任务后,立即召集大家商讨设计方案。初步设计出来的草图中只写着"不坚持社会主义,不改革开放,不发展经济,不改善人民生活,只能是死路一条"的字样,整个画面的线条不清晰。于是,设计者们向中共深圳市委宣传部请示,能否将邓小平头像画入其中。得到市委宣传部同意后,立即开始新的构思和设计。当画完的草图由公司交给市委宣传部审批时,宣传部充分肯定这幅画体现了邓小平视察深圳的深刻内涵,但邓小平的头像应重新做一些调整,让邓小平右手指向前方,头像更正一点,象征着指点江山。

定稿之后,接下来就是绘制工作。当时,深圳还没有喷绘技术,更谈不上电脑合成技术,只有通过油画绘制才能完成。这幅宣传画以镀锌铁皮为底版,30米长、10米高,面积达300平方米。当时,这样巨幅的油画该是国内最大的了。由于画面太大,只能化整为零,一块一块地画,然后再运到现场拼起来。画师们苦战了十几个昼夜,才把画完成。

1992年6月28日,邓小平画像终于矗立在深圳街头。画面中,身着米黄色夹克衫的邓小平同志目光睿智、神采奕奕,他右手指向前方,尽显指点江山的伟人英姿。下方是深圳的高楼群,背后是云蒸霞蔚的天空。画面右上角选用了邓小平同志在深圳讲过的一句话:"不坚持社会主义,

不改革开放，不发展经济，不改善人民生活，只能是死路一条。"

据画像创作者之一陈炳林同志回忆，邓小平画像甫一面世，就有很多市民和游客前来拍照合影。当时，邓小平画像前还有一堵围墙，拍照不太方便，都要跑到路对面去，拍到的景观也比较小，但是前来拍照的人仍然络绎不绝。也就是从那时起，邓小平画像成为深圳一个标志性景点。陈炳林满怀深情地说："没有小平，就没有我们今天的幸福生活。我们都很感谢小平！这幅画在很大程度上寄托了我们的情感。"

第二版修改背景和文字

第二版邓小平画像的画面是1994年5月修改的。画面中的邓小平同志身着浅灰色中山装，慈祥、端庄地注视前方，底下是深圳的景色和透迤起伏的青山、长城，背景是蓝天白云，寓意深圳经济特区和我国改革开放事业的广阔前景。上面的字改为"坚持党的基本路线一百年不动摇"。

第一版和第二版邓小平画像矗立街头后，由于是油画，在日晒雨淋中，画像比较容易受损，需要定期维护和添色。陈炳林说，从1992年至1996年，每年都要给画像添两次色，保证颜色鲜艳、线条清晰。添色前，都要像建房那样搭很高的台，由于宣传画太大，每次添色都是大工程，需要10多天才能完成。

第三、第四版改为电脑喷绘

1997年，绘制邓小平画像的第三个版本时，开始采用电脑喷绘技术，结束了原来的人工添色。

1997年6月，第三版邓小平画像竖立街头。第三版在香港回归之前完成了更换，它采用国内先进的彩色电脑喷绘技术，画面更稳定。此外，还对整幅宣传画进行了全面技术改造，原来铁架支撑的结构换成了稳固的墙体结构，底座用大理石砌成。修改的画面正是现在大家所熟悉的画

10 小平画像——深圳特有的文化标志

面：蓝天白云下，邓小平同志以高瞻远瞩、和蔼亲切的目光投向深圳的现代化建筑群，他身边是青草绿树和鲜艳的杜鹃花，画面左上方仍然是"坚持党的基本路线一百年不动摇"14个红色大字。

2004年8月15日，第四版邓小平画像面世。第四版画像是在邓小平100周年诞辰纪念日到来前完成的。新画像中，邓小平的形象没有变，"坚持党的基本路线一百年不动摇"这14个字也没有变。深圳具有代表性的建筑物国贸大厦、地王大厦、市民中心等在画像中一字排开。画像中，朵朵白云在天空舒展，天空下面是蓝的海水、绿的树木、红的簕杜鹃，充分体现出深圳现代化滨海城市的特点。

需要指出的是，第一版邓小平画像上的文字具有明显的针对性和时效性。当时国内出现了一股否定改革开放的思潮，有的人甚至又想重搞极"左"的那一套，鼓吹把反对"和平演变"作为主要政治任务，这是一种明显而又严重的倒退。也正因为此，1992年，邓小平同志才以88岁高龄到改革开放的前沿视察，发表重要的"南方谈话"。深圳在这种背景下竖立邓小平画像，并把邓小平的深刻论述——"不坚持社会主义，不改革开放，不发展经济，不改善人民生活，只能是死路一条"写在画像上，这是十分鲜明的政治表态，也是改革开放前沿的深圳经济特区应有的文化景象。

1994年修改绘制的第二版邓小平画像把文字改为"坚持党的基本路线一百年不动摇"，后来沿用至今，一直没有再改过。这一改动同样富有深意。20世纪90年代，邓小平同志的"南方谈话"吹响了改革开放的新号角，全国出现了普遍改革开放"万马奔腾"的景象，深圳也进入了"增创新优势"的新阶段。在这样一个新的历史时期，明确改革的方向，牢记党的基本路线规定的"以经济建设为中心"，毫不动摇、心无旁骛，就显得尤为重要。尤其是深圳经济特区，面临第二次创业的新任务，就更需要坚持党的基本路线，把发展作为第一要务，更上一层楼，再创新奇迹。由此可见，邓小平画像上的文字修改，在很大程度上成为一种政治文化的风向标。读懂它，感悟它，就会心有灵犀，豁然开朗。

11 小平塑像
——深圳的文化象征[①]

邓小平塑像是深圳的文化象征,它的设计、选址、问世都有故事。其象征意义在于:没有邓小平,就没有深圳经济特区;没有邓小平理论的正确指导,就没有深圳的超常快速发展;深圳经济特区的改革发展,实践并丰富了邓小平理论。邓小平塑像矗立在毗邻港澳地区的深圳经济特区,是党中央的英明决策,也是广大深圳人民的心愿。

矗立在深圳福田区中轴线北端莲花山山顶的邓小平塑像是深圳的一道人文景观,也是深圳的文化象征。时任中共深圳市委书记厉有为主政的时候,决定制作邓小平塑像,由雕塑家滕文金负责设计。后经过设计定型、选择摆放地址、决定揭幕时间等过程,于2000年11月14日深圳经济特区成立20周年纪念大会召开当日正式揭幕。20年来,中央领导同志来深圳视察,几乎都要去瞻仰邓小平塑像。深圳党政机关和学校、企事业单位等举行重大活动时,大多也选择去邓小平塑像前宣誓或献花。邓小平塑像在中国改革开放和深圳经济特区改革发展过程中的重要象征意义,世人皆知,有目共睹。雕塑家滕文金先生的回忆,生动地反映了邓小平塑像的诞生过程。

[①] 本文根据雕塑家滕文金先生的回忆改写,在此特向滕文金先生致谢。

11　小平塑像——深圳的文化象征

1994年提出制作邓小平塑像的动议

据滕文金回忆，深南中路的邓小平画像由于是贴皮画，油漆收缩系数大，容易爆裂，过半年就要换一张。在1994年的七八月间，当时主管文化的李容根副市长问滕文金能不能想个办法，让邓小平画像不用每年改换两次。滕文金回答说，这个太容易了，做个塑像，两千年都不用改，铸铜的，青铜器两千年都不会腐蚀。再说，邓小平作为一代伟人，也很适合做塑像。李容根当即表示赞同。经请示时任市委书记厉有为同意，要求滕文金先拿出设计图样。领导要得很急，但雕塑创作不同于一般的创作，需要有一段时间构思。于是，滕文金从中央美术学院的同学白澜生处要了几张他已经完成的邓小平塑像的照片，交给李容根。并按要求全部放大到9英寸①，印18套，准备提供给市里几套班子来讨论。虽然几套班子讨论的结果没提出什么意见，但滕文金对那个设计方案还是觉得不满意。于是，他带了照片到北京去见邓小平的女儿邓琳（他们以前是同学），征求她的意见。邓琳对设计照片也不满意。她提议，老爷子最大的一个特点是走路快，并一再强调改革开放的步子要再大一些，可以考虑用老爷子走路的姿态。滕文金采纳了这个提议。后来决定采用邓小平同志20世纪60年代在莫斯科谈判时拍摄的那张高大、帅气的照片作为原型参照，雕塑出邓小平60年代的身材、80年代的形象，因为邓小平关于改革开放的完整思想正是在20世纪80年代形成的。

制作塑像的钱由政府出

1997年2月初，模型做好了，市委书记厉有为、宣传部部长邵汉青等人去北京验收，同去验收的还有北京著名的雕塑家曾竹韶、王克庆、

---

①　1英寸为2.54厘米。

盛扬、程允贤、李得力等人，大家基本上一致肯定这个造型。2月19日，邓小平去世。邓小平塑像尽快问世就显得非常有意义。据说，在1994年年底，厉有为接到市民和小学生的来信，希望制作邓小平的塑像。有的小学生甚至倡议，每人捐出一块钱，来建邓爷爷的塑像，也有些公司愿意出资制作这个塑像。市委开会讨论究竟是要小孩募捐、接受公司捐助，还是市政府出钱。讨论来讨论去，大家觉得前两项都不合适。没有邓小平，就没有深圳，这个钱应该政府出。最后就决定由政府出钱。

选址定在莲花山

关于邓小平塑像的选址，市领导起初给出两个地点，一个是市民中心前面深南大道中间的那块孤岛，另一个是莲花山。但是，许多人不赞同。后来又提出几个选址方案来讨论，也都给否定了。大家比较一致的意见，是选放在市委对面的中信广场，坐西朝东，比较有气势。在市委扩大会上都已经拍板，但后来由于种种原因，这个地点也给否定了。

1996年元旦，厉有为书记提出，邓小平曾说，1997年香港回归他一定要去香港看一看，我们要在这个时间节点把塑像竖起来。元旦休假的时候，厉有为叫了有关人员，重新又找回了莲花山，莲花山就是这么定下来的。

滕文金说，当时为确定邓小平塑像的高度还费了一些脑筋。莲花山没平整之前海拔是113米，平出广场后，南北削了两个山头，削掉5米，实际高度是108米。前后72米，东西44米，这么一个广场，前面要留出观赏的角度，就要留大一点儿，留42米，后面是30米。所以，只能按30米的空间来确定邓小平塑像的高度，最后确定连底座总高度为12米。这样，在20米至30米处拍照，就可以拍到塑像的全景。也就是说，塑像的高度是根据广场的大小来决定的，不能随意确定。

11 小平塑像——深圳的文化象征

· 莲花山顶的邓小平塑像（胡鹏摄）

精心保管邓小平塑像

常言道，计划赶不上变化。1998年决定邓小平塑像暂时不竖了。因为邓小平去世后，沿海14个开放城市连同他的老家都提出要做邓小平塑像，中央担心失控，搞成到处都是邓小平塑像，所以，当时中央决定，通通停下，一律不上。后来，邓小平塑像就一直放在滕文金家的院子里，用塑料布包起来。滕老相信，以后一定能上。

2000年，中共深圳市委宣传部的人告诉滕文金，2000年是深圳经济特区成立20周年，可能有机会把邓小平塑像竖起来。滕文金听后非常高兴。

塑像把天都映红了

2000年9月12日,滕文金按领导要求,开始正式负责安装塑像。

中共深圳市委决定,2000年11月14日,要隆重召开深圳经济特区成立20周年庆祝大会,邓小平塑像要在大会召开前揭幕。11月9日,拆掉塑像外的包装板,10日进行安装预演,先排练。9日下午5点左右,把塑像西侧的包装板一打开,天空顿时出现晚霞,把天都映红了。从笔架山到地王大厦,更有一道彩虹,大家惊呼,这是罕见的奇景!当时施工队的一架傻瓜相机派上了大用场,把晚霞和彩虹都拍下来了。这种景象大约持续了10分钟,到5点一刻就没有了。

江泽民为邓小平塑像揭幕

2000年11月14日,江泽民总书记访问泰国回来,专程到深圳参加深圳经济特区成立20周年庆祝大会,并发表重要讲话。会后,江泽民总书记到莲花山给邓小平塑像揭幕。揭幕那一天,700多人参加,气氛庄严热烈。这表明,中央决定把邓小平塑像竖立在改革开放前沿的深圳,并在深圳经济特区成立20周年时由总书记揭幕,是经过慎重考虑的。邓小平同志是我国改革开放的总设计师,是创办经济特区的倡导者和在港澳地区实施"一国两制"的决策者,深圳是我国第一个经济特区,又毗邻港澳地区,唯有把邓小平塑像竖立在深圳,才符合邓小平本人和全国人民的心愿,才具有更大的文化象征意义。

12 重在敢闯
——邓小平"南方谈话"的高度评价

"深圳的重要经验就是敢闯"是邓小平"南方谈话"对深圳的高度评价。敢闯敢试是深圳在改革开放初期破冰突围、探索新路所形成的宝贵精神资源,在新一轮改革开放和深圳建设中国特色社会主义先行示范区的进程中继续发挥着精神激励和精神支撑作用。

1992年,邓小平同志以88岁高龄到武昌、深圳、珠海、上海等地视察,发表了重要的"南方谈话",提出了一系列深化改革、扩大开放的新思想、新论断。在谈到深圳时,他说:"改革开放胆子要大一些,敢于试验,不能像小脚女人一样。看准了的,就大胆地试,大胆地闯。深圳的重要经验就是敢闯。没有一点闯的精神,没有一点'冒'的精神,没有一股气呀、劲呀,就走不出一条好路,走不出一条新路,就干不出新的事业。"[1]

邓小平同志的这段话既是对改革创新精神的科学论断,也是对深圳敢闯敢试的高度评价。在深圳经济特区建立40周年之际,重温邓小平同志的讲话,回顾深圳改革开放的历史进程,深感深圳40年的发展史实际上就是一部改革创新史、一部敢闯敢试史。

---

[1] 邓小平:《邓小平文选》第3卷,人民出版社1993年版,第372页。

敢闯是突围探路的必然之举

改革开放是史无前例的伟大创举,是"我们党的一次伟大觉醒",也是"杀出一条血路",从"苏联模式"社会主义的困境中突围出来,探索出一条中国特色社会主义的新路。

"'文化大革命'十年内乱导致我国经济濒临崩溃的边缘,人民温饱都成问题,国家建设百业待兴。"① 改革开放是顺应历史潮流的关键抉择,创办经济特区是选择突破口的重大决策。

改革开放没有前人的经验可以借鉴,必须"摸着石头过河"。深圳是我国第一个经济特区,担负着探索新路、"摸石过河"的历史使命。要实现这一使命,必须解放思想,敢闯敢试。不敢闯、不敢试,就会既"摸不到石头",也"过不了河";不敢闯、不敢试,就会守着中央给的优惠政策,无所作为,一事无成。

因为敢闯敢试,深圳"闯了不合时宜的政策法规的'禁区',闯了前人未曾涉足的'盲区',闯了矛盾错综复杂的'难区'"②,创造出1000多个全国第一,创造出影响全国的"深圳速度"。

因为敢闯敢试,深圳最早实行放开物价的"闯关",最早建立劳动力市场,敲响了新中国土地使用权拍卖的第一槌,发行了新中国第一张股票,大胆提出了"以公有制为主导,合理配置特区所有制结构",培育出了华为等大量优秀民营企业……

敢闯敢试的前提是思想解放,冲破旧思想、旧观念、旧体制的束缚,以"敢为天下先"的精神气概,敢冒风险,勇担责任,无私无畏地进行探索创新。回顾历史,深圳经济特区创办初期的每一项改革几乎都是在"违规""违法",甚至"违宪"的情况下进行的。如推行土地有偿使用,

---

① 习近平:《在庆祝改革开放40周年大会上的讲话》,人民出版社2018年版,第2页。
② 黄卫东:《区域战略》,新华出版社2017年版,第330页。

12　重在敢闯——邓小平"南方谈话"的高度评价

敲响土地使用权拍卖的第一槌,就推动了国家宪法的修改。

总之,深圳的敢闯敢试,是改革开放初期突围探路的必然之举,也是敢冒风险、勇担责任的壮烈之举。深圳人牢记邓小平的教导:"不坚持社会主义,不改革开放,不发展经济,不改善人民生活,只能是死路一条。"①

在深圳后来的改革发展进程中,敢闯敢试作为一种精神特质和文化资源,长期延续下去,始终发挥着重要的精神激励和精神支撑作用。

敢闯是增创新优势的豪迈之举

1993—2002年,是深圳经济特区的增创新优势阶段。这一阶段,全国改革开放的态势发生了很大的变化,由20世纪80年代的经济特区"一马当先",发展为全国普遍改革开放的"万马奔腾"。经济特区的政策优势已经淡化,但中央对经济特区的要求、经济特区的地位没有变。1995年,时任中共中央总书记江泽民视察深圳,希望深圳"增创新优势,更上一层楼"。2000年,江泽民在深圳经济特区成立20周年庆祝大会上的讲话中,鼓励深圳"努力形成经济特区的中国特色、中国风格、中国气派"。新的形势、新的要求,迫使深圳迸发出改革创新的豪情,决心因势利导,找准目标,从新的领域、新的高度把"敢闯"继续下去。

增创新优势阶段,深圳的敢闯敢试涉及经济、文化、社会、生态等多个层面,最突出的亮点是率先建立社会主义市场经济体制和优先发展高新技术产业。

1992年,党的十四大提出建立社会主义市场经济体制。1994年,深圳提出要在全国率先建立社会主义市场经济体制的目标。1996—1997年,深圳已初步形成社会主义市场经济体制的基本框架,在全国率先建立了社会主义市场经济十大体系。国内主流媒体对此进行了详细的报道,产

---

① 邓小平:《邓小平文选》第3卷,人民出版社1993年版,第370页。

生了很大的影响。1997年，国家经济体制改革委员会在向国务院提交的报告中明确指出："深圳市作为改革开放以来新兴的城市和经济特区，在建立市场经济体制方面起点较高，新体制的框架已初步形成。"

· 深圳大学首创"三自精神"（胡鹏摄）

这一阶段，深圳敢闯敢试的另一个突出亮点就是在"三来一补"等低端产业效益尚好、高新技术产业并无基础的情况下，预见到未来产业发展的大趋势，决定抢占产业发展制高点，优先发展高新技术产业。这种远见和胆识，若无敢闯敢试的精神支撑，是断无可能形成并付诸实施的。如今，深圳的高新技术产业成为全国的一面旗帜，就得益于20世纪90年代的敢想敢做。可以毫不夸张地说，比较完善的市场经济体制和快速发展的高新技术产业，已把深圳经济特区的"中国特色、中国风格、中国气派"充分地显现出来。

敢闯是科学发展的理性之举

从2003年胡锦涛总书记提出科学发展观，到2012年党的十八大召开，是深圳发展史上的实践科学发展观阶段。这一阶段，深圳的"敢闯"

与时俱进,增加了"善闯"的因素,成为科学发展的理性之举。

2003年4月,胡锦涛视察深圳,希望"今后深圳还要加快发展、率先发展、协调发展,继续走在全国的前列"①。同年7月,时任国务院总理温家宝视察深圳,明确"今后深圳仍然可以作为新形势下改革的试验地、开放的窗口,继续发挥示范、带动作用","一些重要的改革还可以放在深圳来进行试验、进行试点,在这方面深圳的优势是其他地方不可替代的"②。中央领导同志的指示让深圳进一步明确了改革发展的方向,认识到在新的形势下,深圳既要保持敢闯敢试的精神,又要适应新的形势、新的要求,以科学发展观为统领,把"敢闯"和"善闯"理性地结合起来,将改革创新提升到一个新的境界。于是,深圳决心按照中央的要求,争当推动科学发展、促进社会和谐的排头兵,提出了建设"效益深圳""和谐深圳"的发展思路,在政治、经济、文化、社会、生态等各个领域全面推进改革创新。

2008年,国家发展和改革委员会颁布《珠江三角洲地区改革发展规划纲要(2008—2020年)》,把深圳的发展定位明确为"一区四市",即全国综合配套改革试验区、全国经济中心城市、国家创新型城市、中国特色社会主义示范市、国际化城市。新的定位给深圳提出了更高、更全面的要求。深圳必须继续发扬敢闯敢试的精神,在科学发展上下一番功夫,方能不负使命,走在全国的前列。值得称道的是,深圳在实践科学发展观阶段,确实既"敢闯"又"善闯",大有作为,亮点纷呈。

这一阶段深圳的改革创新是全方位、多层次的,涉及许多方面,其中最突出的亮点有5个:一是大力发展新兴战略性产业,加快产业转型升级;二是制定《深圳经济特区改革创新促进条例》,鼓励创新,宽容失败;三是提升城市功能品质,由"深圳效益"提升到"深圳质量",建设

---

① 深圳市史志办公室编著:《深圳改革开放纪事 1978—2009》,海天出版社2009年版,第460页。
② 深圳市史志办公室编著:《深圳改革开放纪事 1978—2009》,海天出版社2009年版,第461页。

高质量城市；四是创建前海深港现代服务业合作区，进一步推进深港合作；五是实施"文化立市"战略，建设高品位文化城市。

以上这5个亮点，从城市建设、产业转型、深港合作、文化发展等方面把深圳的改革创新提升到一个全新的境界，展现出一个国家创新型城市的精神风貌。

敢闯是先行示范的使命担当

2012年以来，深圳的改革发展进入先行示范、创新引领的新阶段。按照党的十八大、十九大确定的改革发展的总目标、总要求，以及习近平总书记关于深圳的一系列重要讲话和指示批示精神，特别是《中共中央 国务院关于支持深圳建设中国特色社会主义先行示范区的意见》，深圳担当新使命，再创新辉煌，确立了建设全球标杆城市的新目标，努力建设中国特色社会主义先行示范区，力争成为社会主义现代化强国的城市范例。

新时代，深圳在更高起点、更高层次、更高目标上谋划深化改革，当年的敢闯敢试精神有了新的内涵和新的表现方式，转化为"以一城服务全局，以一城示范全国"的创新引领和先行示范。近年来，深圳紧紧抓住大有可为的改革发展机遇期，充分利用粤港澳大湾区和先行示范区的"双区驱动"效应，对标国际先进城市，坚持"四个全面"，贯彻"五大发展理念"，以敢闯敢试、敢为人先的精神气概，形成了改革发展的新思路，推出了一系列改革创新的新举措。

新思路对标先行示范，集中体现为8个"率先"：一是率先实施新一轮创新驱动发展战略，把创新作为城市发展的主导战略；二是率先构建具有世界级竞争力的现代产业体系；三是率先突破重点领域和关键环节改革；四是率先形成全面开放新格局；五是率先营造彰显公平正义的民主法治环境；六是率先塑造展现社会主义文化繁荣的现代城市文明；七是率先形成共建共治共享共同富裕的民生发展格局；八是率先打造人与自然和谐共生的美丽中国典范。

新举措对应新思路，突出"闯"与"试"和"敢为人先"，如：资本项目外汇收入支付便利化试点从深圳前海推开到全市；在全国率先推出企业"秒批"系统，企业设立审批时限压缩至几十秒；打造国资国企改革高地，攻克国企改革难点；推出产权制度改革，为社区股份公司改革提供法律支撑；加大营商环境改革力度，推出20条改革措施……

总之，深圳如今已全面开启"先行示范"工程，在新征程上阔步前进。如果说深圳20世纪80年代的敢闯敢试是破冰探路，90年代的敢闯敢试是增创优势，21世纪初的敢闯敢试是科学善闯，那么，走进新时代的敢闯敢试就是先行示范。40年来，敢闯敢试精神在深圳改革发展的历史进程中持续不断，一脉相传，成为深圳永恒的精神动力。

13 雕塑移位
——"以民为本"细微可见[①]

坐落在深圳市委大院门口的《孺子牛》雕塑,象征着深圳经济特区的"拓荒牛"精神和深圳人"俯首甘为孺子牛"的精神境界。雕塑由院内移到院外,体现了深圳经济特区的开放性和亲民性。以民为本,细微可见。

・深圳市委大院门前的《孺子牛》雕塑(胡鹏摄)

---

① 本文根据雕塑家潘鹤教授的回忆改写,在此特向潘鹤教授致谢。

13 雕塑移位——"以民为本"细微可见

雕塑是深圳城市景观的一大亮点。除了前文所述的邓小平塑像外，还有坐落在深圳少儿图书馆对面的群雕《深圳人的一天》、深圳人才公园内的名人塑像，以及华侨城景区的街边雕塑等。而给人印象最深、最富有象征意义的，除了邓小平塑像外，就是大型雕塑《孺子牛》。雕塑家潘鹤教授的回忆，生动地再现了雕塑《孺子牛》的诞生和选址过程。

雕塑构思很有故事

1980年，即深圳经济特区刚成立那一年，中共深圳市委、市政府决定在市委大院内建一座雕塑，以体现经济特区的精神风貌，鼓舞广大干部群众。当时，有关部门找到了著名雕塑家、广州美术学院教授潘鹤，请他进行雕塑造型设计。

据潘教授回忆，深圳市领导最初的构想是雕塑一个"大鹏"，寓意是蕴含深圳有大鹏所城的历史，象征经济特区一飞冲天，鹏程万里。可潘教授认为，深圳经济特区的发展前途无量，以后肯定高楼大厦拔地而起，如果把"大鹏"放进四周都是高楼大厦的市委大院里，就像是把它关进了鸟笼，它怎么能展翅高飞呢？市领导们认为这个说法有道理，雕塑大鹏的方案就被否决了。

时隔3年，到了1983年夏天，深圳市有关部门又找到了潘教授，提出在市委大院内做一个莲花喷水池。因为当时经济特区五套领导班子已把莲花作为市花。同时，考虑到深圳改革开放搞经济特区，引进外资，长期与资本主义国家和地区打交道，一定要做到像莲花那样"出污泥而不染"。但潘教授不赞同，他认为，搞改革，建经济特区，将外界称为"污泥"不妥也不礼貌，不利于以后跟其他国家和港澳地区的长期合作。而且，"污泥"指向不明确，是指西方国家呢，还是指香港地区？雕塑不同于娱乐，百年后仍能存在并起作用，如果现在用"不染"来赞誉自己，若干年后恐怕连自己都不会认同。当时的梁湘市长很赞同这个说法，于是，建"莲花喷池"的方案也被否决了。

此后,又有领导提出给市委大院做一个狮子雕塑的想法,跟中南海国务院的雕塑保持一致,以示威严。潘教授还是不赞成。他认为,中南海的狮子雕塑是明清两宫遗物,是祖国宝贵的文化遗产,模仿它并不合适。狮子虽有威严,但不平易近人。现在国家改革开放了,党委政府部门摆放狮子雕塑,就会给人以封建衙门摆架子的感觉,拉开和群众的距离。经济特区建设应该是开放的、贴近群众的,不能搞封建衙门那一套。梁湘听完这个意见后也表示赞同,于是,做一个狮子雕塑的想法又被当场否决了。

又过了一年多,有一次潘教授和梁湘市长聊天时,开玩笑说:"梁市长,'文革'期间你当过'牛鬼蛇神'吧?现在搞改革开放,国家百废待兴,我们这一代曾经习惯了牛马生活的人来带头,那是重新开荒哪!"谈笑间,一个情景在潘教授的脑海里一闪而过:"经济特区里那些忙碌着的推土机、拖拉机、汽车和建设者不都像是一群牛吗?"于是他向梁湘提出了自己的想法:改革开放、搞经济特区建设,深圳经济特区从无到有,要求我们这一代人奋斗到底,雕塑一个"开荒牛"最合适不过了。这个想法得到了梁湘的认同,梁湘就让他住在市委招待所,当天晚上就起草雕刻图纸,不要让创作灵感及激情流失。开荒牛的形象就这样确定下来了。但怎样去表现这头牛,构思还不是很明确。

雕塑命名:从"开荒牛"到"孺子牛"

几天后,潘教授到宝安县办事,偶然在一个农舍旁边看到两块老树根,顿生灵感:辛亥革命及新民主主义革命将中国的封建大树砍掉了,但是树根还在,搞经济特区就是要"开荒",要拔掉这些"劣根",如果在"开荒牛"的后面再加上这个树根,正好意味着经济特区的干部要铲除旧根,把封建意识、小农意识、保守思想和官僚作风连根拔起。于是,他用8块钱买下了这块造型独特的老树根,并把它运到了深圳市委大院。后来,梁湘市长专门叫人运送那两块大树根到广州,放在潘教授的工作

13 雕塑移位——"以民为本"细微可见

室里,作为"开荒牛"雕塑"树根"部分的实物参照。

潘教授回到广州后,马上开始"开荒牛"雕塑的创作,为了表现经济特区建设者艰苦奋斗、鞠躬尽瘁的精神面貌,他特意把"开荒牛"前脚稍做弯曲,以示意开创的不易。

就这样,象征着经济特区建设精神的雕塑诞生了。这件作品最初命名为"开荒牛",但是潘教授觉得名字还是值得商榷,就和梁湘商量说:"我们这一代人将来开完荒到底还要不要做牛呢?"梁湘说:"牛肯定是要做的,人民公仆就是人民的牛,人民的孺子牛。"于是,经过深圳市领导班子讨论后,便将"开荒牛"改名为"孺子牛",有"俯首甘为孺子牛"之意,并将"孺子牛"三字刻在了雕塑的基座上作为作品名。

1984年7月27日,《孺子牛》雕塑落成,深圳市领导为雕塑揭幕,一座凝聚着经济特区开拓精神的铜雕终于呈现在世人面前。揭幕时,市委大院聚满了人,其中大部分是年轻人,是来自经济特区内的大学生及年轻创业者。他们欢呼雀跃,争相与市领导和潘教授留影纪念。潘教授高兴地对梁湘市长说:"特区建设正是需要大批年轻有为的人,看来拓荒牛后继有人哪。"从此,《孺子牛》雕塑就成了深圳的一个象征,参观者纷纷慕名而来,不少群众、游客在雕塑前留影纪念。

邓颖超在雕塑前留影,号召党员干部做人民的"孺子牛"

1984年12月,全国政协主席邓颖超来深圳视察。看到《孺子牛》雕塑后,她深深地被这座铜雕吸引了,非常喜欢,让人为自己和雕塑拍照。当时市委正要召开会议,专门在开会前把参加会议的同志召集到《孺子牛》雕塑前和邓颖超一起合影。邓大姐对大家说,"孺子牛"精神代表着中华民族的精神,希望全国的党员干部都能向深圳的干部学习,学习深圳改革开拓的精神,做全国人民的"孺子牛"。

雕塑从院内搬到院外，以民为本，细微可见

1999年，为方便市民参观、与《孺子牛》合影，深圳市委常委会通过决定，将《孺子牛》铜雕整体迁到市委大院大门口外的花坛上。同时，市委大院围墙后退10米，为市民再献出一块绿地，方便群众、游客和《孺子牛》雕塑拍照留念。深圳市委的这一决定合民意，得民心，得到群众的点赞。"孺子牛"精神体现在各行各业，《孺子牛》雕塑是属于全体深圳市民的。由院内移到院外，更加体现了深圳改革开放的亲民性和开放性，让"以民为本"细微可见。

深圳40年来的发展历程证明，"孺子牛"无论在什么时候都是广大人民喜欢的，"开荒牛"精神永不过时，一座城市要持续发展，需要一大批"孺子牛"前赴后继，为民服务。我们相信，在中国特色社会主义新时代，深圳的"开荒牛"和"孺子牛"精神一定会焕发出更大的精神动力，促使深圳担当新使命，创造新辉煌，努力把深圳建设成为社会主义现代化强国的城市范例。

14 文稿拍卖
——推动文化产品走向市场①

1993年发生在深圳的文稿拍卖,是中国文化史上石破天惊的第一回,轰动全国,影响深远。从此,文人开始"下海",知识分子的价值明显提升,"《十五的月亮》16元稿费"的现象彻底改变,文化产品的市场化和产业化开始形成。

·古色古香的深圳文博宫(明慧摄)

---

① 本文根据深圳《晶报》首席记者陈冰的采访记录改写,在此特向陈冰致谢。

1993年,有"精神文化产品进入市场第一槌"之称的"'93深圳(中国)首次优秀文稿公开竞价"在深圳进行。主办方是《深圳青年》杂志社。

邓小平说:"深圳的重要经验就是敢闯。""敢闯"就是敢于突破不利于社会经济发展的政策法规的"禁区",敢于走进前人未曾涉足的"盲区",敢于步入矛盾错综复杂、令人望而却步的"难区"。一句话,就是敢为天下先。最能体现深圳敢闯精神的有两个"第一槌":一是人人皆知的土地拍卖(使用权)第一槌,推动了国家宪法的修改;二是影响深远的文稿拍卖第一槌,推进了文化产品的产业化和市场化。

文稿拍卖的第一槌敲得十分艰难,主办方承受了巨大的压力,还受到上级有关部门的调查。随着时间的推移,尤其是社会主义市场经济体制下文化市场的逐步形成,人们越来越清晰地认识到,文稿拍卖第一槌敲对了。它是深圳经济特区解放思想、敢闯敢干的一个突出个案,在深圳经济特区的旗帜上书写了让人称赞的"第一"和"首次"。

民间发起,市委支持

《深圳青年》杂志社主办"'93深圳(中国)首次优秀文稿公开竞价"活动,在舆论上有一个造势的过程。1993年7月,该刊的卷首语《为文人造个海》曾激荡过无数人的心。文章呼吁"建立起一个市场,一个公平地体现出知识和知识分子价值的市场,让文人凭着自己的智慧,富起来;让智慧仗着文人的经济腰杆,流通起来"。曾担任文稿公开竞价活动总监督的时任中共深圳市委常委、宣传部部长杨广慧说,在这篇具有划时代意义的宣言刊发前,主办者们已经做了很多工作。

1992年,邓小平视察南方,发表了重要的"南方谈话"。邓小平来到深圳时,邓小平办公室下了"三不"(不接见、不讲话和不报道)的禁令,但深圳市委还是大胆地通过《深圳特区报》刊发的"猴年八评",把"南方谈话"的要点传播出去。接下来,《深圳特区报》又发表了时任该报副总编辑陈锡添采写的著名长篇通讯《东方风来满眼春》，把邓小平的"南方谈话"比较完整地展现出来。正是在邓小平讲话精神的激励下，《深圳青年》杂志社社长兼总编辑王京生于1993年年初，向时任中共深圳市委常委、宣传部部长杨广慧提出，准备筹划首届全国文稿公开拍卖活动。杨广慧听了表示赞同，就让他们写一个报告正式报批。

  王京生是1988年从团中央调来深圳创办《深圳青年》的年轻干部。他意识到，20世纪的八九十年代，国内文化人的生存状况比较窘迫，著名歌曲《十五的月亮》的词作者傅庚辰才得到16元钱的稿费，在文化界有"十五的月亮十六元"的戏言。深圳的改革探索大多在经济领域，文化领域的改革还相对薄弱。应该找准突破口，争取为文人和文化产品进入市场搭建一个平台。

  1993年3月，《深圳青年》以杂志社的名义向深圳市团委、市新闻出版局和市委宣传部写了一份请示，其中说道，在全国一片"下海潮"的冲击下，一大批文化精英也被搅得坐立不安。弃笔从商，心非所愿；继续爬格子，收入都赶不上一个打字员。贫穷、困惑、无奈已成为当时中国大多数文人的生活写照。文化市场的培育，急需注射一针强有力的"催化剂"。这个"催化剂"就是文稿竞拍，把竞争机制引进文化市场，让文化作品成为最有价值、最具大众化的消费品，使中国文人的创造价值在实行社会主义市场经济的今天得到升值。

  市领导对这个报告都有批示，明确表示支持。时任中共深圳市委书记李灏批示"是一项有意义的实验"；时任深圳市人大常委会主任厉有为批示"组织好，策划好，可一试"；时任市委副书记林祖基批示"这也是一项改革，此事有助于将文艺作品推向市场"。杨广慧也批了字，大概是此举很有意义，实际上是率先开辟了文稿市场，既发展了市场体系，又使"文人们"大受鼓舞。为了把这个活动搞好，市委决定由杨广慧担任首次文稿公开竞价组委会的总监督，王京生任组委会主任。由此可见，文稿拍卖活动能够顺利进行，与市委领导干部的思想解放和大力支持密不可分。

投石问路，发出宣言

在文稿拍卖公告发布前，中共深圳市委宣传部向上级有关部门口头请示汇报，得到主管领导的认可。但北京有关部门闻知此事，却下了禁令：不准搞。杨广慧说："我们想这个活动符合小平视察南方的讲话精神，小平说要大胆地试，错了改了就好。我们就决定先试再说。"

得到市委的支持，《深圳青年》杂志社开始投石问路，派人到北京去看看作家们是什么反应，结果众多作家都很感兴趣。文坛泰斗冰心老人愿意担任组委会总顾问，艾青、王蒙、张洁、从维熙、刘心武、李国文、张抗抗、权延赤、莫言、梁晓声、霍达、陈荒煤、冯牧、雷达等著名诗人、作家和评论家，都为深圳的这个创意叫好。紧接着，南京、上海、杭州等城市的名作家沙叶新、叶永烈、苏童，以及宁夏的张贤亮、天津的冯骥才等，也都认为深圳的创意非常好。1993年5月25日，组委会举行了第一次新闻发布会，将文稿公开竞价的规则、程序、时间等向海内外公布，引起了强烈的反响。

1993年7月份的那一期《深圳青年》上，刊登了王京生、邓康延等执笔的卷首语《为文人造个海》，其中提出："攥住了经济的杠杆，就能提升起文化和文化人的命运；攥住了知识产权的杠杆，就能提升起优秀文稿的地位和价值。""优稿优酬，也许惊世骇俗，其实顺理成章。在一个能够点石成金的时代，我们不能让已有的金子湮没在砂砾之中。"卷首语写得充满激情："竞价会上的第一声槌响，将声透五千年，响动三万里，文人'言义不言利'的藩篱，被一槌洞开。这第一声槌响，让文人能够伏身潜心于格子，又能从格子上浩浩然站起来。"

杨广慧认为，这篇文章铿锵有力，是中国精神产品市场化的第一篇宣言，或者说是文化产业化的第一次实操尝试的激情宣告。

14 文稿拍卖——推动文化产品走向市场

周密安排，解决难题

据悉，文稿拍卖的创意雏形是由《深圳青年》杂志社编辑记者提议的，王京生立刻意识到其可能产生的历史性影响，决定由杂志社主办文稿拍卖活动，并对活动章程和程序进行了精心的论证和周密的策划，遇到难题就创造性地解决。现任《深圳青年》杂志社社长、总编辑王海鸿是当年文稿公开竞拍活动的操持者之一，当时他是记者部主任。他回忆说，那时杂志社的职员们闯劲很足，一心要为文化建设闯出点名堂，闯出一片新气象。

《深圳青年》杂志社在筹备过程中，首先在工商、税务等有关部门办理各种手续，确保在程序上合法、完善。不过，那时还没有什么文化市场之说，要让中国的文化人在短时间内冲破耻于言利的传统，是十分不容易的。另外，虽然作家们口头上都欢迎这个"首次"，但真正要拿出自己的作品到市场上公开竞价，又担心作品卖不出去而毁了名声。

于是，组委会想出用投保的办法来保证作品一定能卖。也就是说，凡是获得竞拍资格的作品都能保底，如果成交价低于预期价格，甚至比现行的稿酬标准还低，那么这个保险将对不足的部分予以补足。组委会找到了太平洋保险公司深圳分公司，商定好进入竞价序列的各类文稿，保证能够让作者获得保底价：小说每千字 100 元，纪实文学每千字 150 元，散文、随笔、杂文每千字 500 元，电视文学脚本每集 5000 元。在竞价时，若作品拍卖价低于这个保底价，那么不足部分由太平洋保险予以补足；若拍卖价高出上述底价，那么高出的部分则由保险公司和作者以对半的比例共享。保底价比当时正在执行的稿酬标准高出一大截，很容易被作家们接受。

为应对文稿公开竞价中可能出现的法律纠纷，组委会还聘请了律师顾问团。后来果然有官司，顾城和谢烨合作的《英儿》参加了竞价，但出现著作权争议，最后在深圳市中级人民法院审理解决。

文稿买家，企业为主

文稿公开竞价的新闻发布后，全国各地的作品开始寄往深圳。第一个正式报名竞价的是北京作者彭子强，他的作品是一部30万字的纪实文学；第一个亲自来组委会送稿的人是深圳的"龙之传人"，是已故的两代人合作的《文人读史札记》手稿6本，用蝇头小楷书写而成；第一个报名竞价的港澳地区作者是香港的阿视，他寄来了散文集《秦川人》。给组委会来电来函报名竞价的各行各业人士接近800人。年龄最大的83岁，最小的仅10多岁。其中专业作家很多，从维熙、冯骥才、叶永烈、权延赤、贾鲁生、刘心武、莫言、张贤亮、张抗抗、池莉、马原、顾工、顾城、杨利民、刘晓庆等文化名人均有意参与竞价。从维熙的纪实文学《背纤行》、叶永烈的《毛泽东与蒋介石》《江青传》、顾工的纪实文学《年轻时我热恋》、顾城和谢烨的《英儿》、马原的20集电视史诗片《中国文学梦》等影响较大。

文稿公开竞价的卖方被动员起来后，6月份开始请审读委员会的雷达、白烨等评论家到深圳审稿。但是，谁会成为买主呢？文稿拍卖不出怎么交代？组委会设想，买主的排序一是国内外出版机构及报刊社，二是企业，三是个人。而结果却是，出版社观望的很多，积极性不高。于是组委会决定主动去找一些钟情文化的深圳企业家，说服他们投资文化，并决定在正式竞价的拍卖会开始前，先交易几部作品作为示范。他们找到的第一个企业家是时任深圳机场候机楼有限公司总经理李远钦。

9月间，文稿公开竞价完成了首次交易。李远钦决定用8.8万元的总价格购买著名作家史铁生的短篇小说《别人》（1万多字）、王东华的社会学著作《新大学人》（约40万字），这一价格远远超出作者自标的价格。组委会以前总担心没人买，现在看来，企业家成为真正的买主，出版机构倒不怎么热衷。

首宗交易成功，而且是严肃的学术著作和纯文学作品，国内外数百家媒体迅速地报道了这条消息。冰心老人得知后，当晚托人向史铁生表示祝贺。《深圳商报》在头版位置以《五千年文化史添精彩一笔》为题报道这件事后，还配发了评论——《"造海"三题》，鼓励企业与文化"联姻"，为尽快建立完善的文化市场注入强大的经济活力。

几天后，购得《新大学人》著作使用权的深圳机场候机楼有限公司，与深圳海天出版社达成了合作出版此书的协议。在深圳竹园宾馆举行的签字仪式上，时任国家新闻出版署副署长、文稿公开竞价活动顾问王强华到场祝贺。王强华说，深圳此举开全国之先河，他对此很有兴趣，并透露国家新闻出版署正考虑开放书籍选题市场。杨广慧参加了签字仪式，在讲话中鼓励企业参与文稿公开竞价，希望更多的企业在参与文稿公开竞价中名利双收。

好事多磨，一波三折

文稿拍卖，看起来似乎顺理成章，实际上并不顺利。首次交易成功的消息发布后，在国内引起极大的反响，也引出不少的争议。

9月底，上海的一家文学报刊登《漫天要价，轻率"叫卖"》的报道，说深圳举行的首次文稿拍卖起了风波，引起文坛内外的疑虑。闻此，从维熙等6位作家发布声明退出，不再担任文稿公开竞价的监事。

6位作家发布声明退出，其实有观念上的原因。有的作家开始质疑"文稿竞价怎么可以在开槌之前就有交易"，有的作家惊叹"炒地皮经常会炒出天文数字，没料到文稿公开竞价也会有天文数字"，等等。

6位作家中途退场是组委会不愿看到的事，但文稿竞价活动不能停止。组委会向6位作家曾给予的关心和支持表示感谢，尊重他们退出的权利，同时也明确仍将文稿公开竞价活动的简报寄给他们，以使他们了解活动的进展过程。就在这时候，霍达到了深圳，进行文稿提前交易。她的剧本被深圳市三洲实业股份有限公司买走，出价100万。杨广慧回忆说："京生告诉了我这件事，但没要求我参加签字仪式，我想他是不想让

我卷入另一场可能的风波,因为'六作家退出'风波已闹得沸沸扬扬。"但杨广慧还是去了。他说:"我想我到场就能表明市委对文稿竞价活动的支持立场没有变。文稿虽然属于精神产品范畴,与意识形态有关联,但它仍具有商品属性,我国的法律似乎还没有哪条规定说精神产品不能标价和买卖啊。"

10 月间,组委会在中共深圳市委宣传部召开会议。经过审读委员会的筛选,30 部候选作品达到竞价标准,组委会决定挑选 20 部参与文稿竞拍。为了防止工作出现漏洞,中共深圳市委宣传部抽调了干部参与组委会的具体工作,在市委、市政府和组委会之间做好沟通的桥梁。

王海鸿回忆:"在'六作家退出'风波之前,我们都是兴致勃勃地不断完善和落实竞拍各项要务,后来才知道从竞拍活动开始起,市领导和杂志社领导就在承受巨大压力。而'六作家退出'风波在全国引起关注时,我们每个人都感到了压力。""但我们坚信这是一件开拓性的工作,值得坚持到底。后来我总在想,为什么首次文稿竞拍发生在深圳而不是北京、上海呢?因为深圳没有作家无形的座次排序概念。而在内地,计划经济体制下本来已形成一套体制内的座次排序。我们深圳没这个束缚,当文稿拍卖要把所有有名或无名的作家们放在市场上平等竞争时,座次排序颠覆了,门户之界模糊了,因此必然有人会质疑或反对。现在想来,文稿竞拍不仅让文人们的智力劳动得到市场认可,更打破了过去的一元秩序,形成多元文化格局,进而引领出文化人的宽容和社会对文化形态多元化的宽容。"

"六作家退出"风波之后,有关部门再次要求叫停文稿拍卖活动。深圳市领导和《深圳青年》杂志社负责人一起赴京向有关部门汇报、解释,文稿竞价活动才得以艰难进行。组委会在技术上做了调整,地点从原定的深圳会堂改在容纳人数较少的深圳图书馆演讲厅,对海外媒体也有适度限制。当时参与拍卖活动的杂志社记者回忆,海内外 100 多名记者云集深圳,但拍卖场地的改动,使得有一半记者入不了场,场外气氛异常活跃。"他们有些不满,但我们不能说出难言之隐,能够做的只有把本刊记者和工作人员的位置让出来。我诚心希望那些未进场的同行们理解。"

为了让首次文稿公开竞拍更加稳健,在开槌前几小时,组委会进一步调整竞拍篇目,将 20 部调整为 11 部。顾城的《生命停止的地方,灵魂在歌唱》原来是作为特别竞价篇目推荐的,但顾城杀妻自缢后,舆论对他的残忍做了批判,所以取消。

1993 年 10 月 28 日下午 2 点 40 分,首次优秀文稿竞价会正式开始。组委会主任王京生代表主办单位发言。他说,这是一次试验,可能成功,也可能失败,但我们的确要为文化产品的市场化做出尝试。

中国首次文稿公开竞价终于拉开大幕,并取得成功。长篇小说《世纪恋情》起价 3.2 万元,以 8 万元首先成交;张抗抗的随笔《恐惧的平衡》,2000 字,以 1.6 万元成交;魏明伦的杂文集《巴山鬼话》,被全场唯一的个人以 8 万元购得;电影明星刘晓庆的选题《从电影明星到亿万富姐》,以 17 万元被一家美容企业买走(成交一个月后,这个选题再度以 108 万元被别人买走);叶永烈的纪实文学《毛泽东之初》,被深圳证券公司投资研究会以 26 万元购得;争夺最激烈的当数 10 号作品《深圳传奇》——由北京作家倪振良采写的讲述深圳经济特区 15 年创业史的长篇纪实文学,起叫价为 4.5 万元,数次叫价后,被深圳天虹商场以 88 万元的天价竞得,在文稿公开竞价中名列榜首。

当时尚在写作中的《深圳传奇》,是一部体现主旋律的报告文学作品。这是由中共中央宣传部、文化部、国家新闻出版署等部门集体策划的"中国经济特区开发区纪实丛书"中的一部,以众多高层领导人及创办深圳经济特区当事人提供的第一手资料,揭开深圳崛起之谜。在这部文稿写作之前,深圳已出了一本长篇报告文学——《深圳的斯芬克思之谜》,产生过巨大的影响。作者倪振良竞拍时自标价为千字 300 元,只要有人出到 7.8 万元即可成交,但拍卖的结果是,他得到整整高出 11 倍的回报。这说明,好作品就能卖出高价,深圳的文稿公开竞拍符合唱响主旋律的宣传原则。竞拍会结束后,作者倪振良加大写作力度,将原定的 26 万字容量扩展到 50 万字。《深圳传奇》出版前,江泽民同志在百忙中

反复审阅了有关章节,亲自修改;杨尚昆同志题写了书名,谷牧同志为该书题词。1994年年底,在多方努力下,《深圳传奇》得以快速出版,之后还获得了该年度中国国家图书奖。

时至今日,中国文化产业发展的历史证明,深圳举行的首次文稿公开竞价活动推进了文化产品的市场化和产业化。此后,在经济杠杆的作用下,我国涌现出更多优秀的电影、电视剧和文学作品。人民群众的精神文化生活越来越丰富。深圳首次文稿公开竞价的意义,有目共睹,有史为证。

15 "文化沙漠"
——一个不切实际的错误概念

"文化沙漠"概念本是对深圳经济特区创建初期文化相对贫乏的一种比喻,后来演变成贬低深圳文化的一种论调。"文化沙漠"论是一种不切实际的错误观念。它的成因在于缺乏对深圳历史文化的深刻了解,看不到深圳现代文化的新观念和新成就,文化参照系和评价标准都有误差。

· 吴俊忠教授文集出版座谈会(庞审摄)

深圳经济特区建立以来,对深圳文化的评价经历了一个从片面否定到高度肯定的变化过程。相当长一段时间内,"文化沙漠"论流传甚广,影响了对深圳文化的全面认识和正确评价。"文化沙漠"论的产生既有对深圳经济特区创建初期文化相对贫乏的客观描述,更有曲解或贬低深圳文化的错误认知和不良心理。

"文化沙漠" 论事出有因

"文化沙漠"论的成因大致可归纳为6个方面。

（1）对深圳历史的无知或知之甚少。深圳已有建制历史1600多年，而且一直在经济、军事上占有重要地位。许多人不了解深圳的历史，以为深圳只是一个"一夜城"，只有短短几十年历史。在他们看来，"文化靠历史的积淀，没有历史就没有文化"。实际上，这是对深圳历史的无知或知之甚少，更是对深圳文化的错误认识和错误评价。

（2）辉煌的深圳经济奇迹掩盖了深圳的历史与文化。深圳经济特区成立以来，各项建设突飞猛进，以"深圳速度"创造了当今世界的发展神话和罕见奇迹。经济总量在全国大中城市中名列前茅，发展速度令世人惊叹。但是，这种经济奇迹在一定程度上也掩盖了深圳的历史与文化，使许多人的目光只投向经济，而看不到深圳文化的历史基因和当下成就。

（3）深圳文化成就与深圳经济成就相比较，不免相形见绌。按照一般规律，一个地区的崛起，通常总是经济先行，等经济有了一定的基础，才会有相应的文化。经济和文化需要协调发展。但是，如果某一地区在某一时期，其经济得到超常规快速发展，其文化的发展可能会不相匹配。深圳经济特区一度就出现了这种情况。但这种经济和文化在发展速度上的差异，并不等于文化一无成就，更不能据此就判定深圳是"文化沙漠"。

（4）思想观念重传统轻现代。一般来说，人们对文化的看法，总是厚古薄今，看重皇宫皇陵、宫观寺庙、文物典籍、诗书礼教等传统文化，而不太看重现代文化。作为改革开放的窗口、排头兵和试验场的深圳，恰恰是现代文化亮点突出，在全国处于领先地位。比如像"时间就是金钱，效率就是生命""空谈误国，实干兴邦"等全新的思想观念，一直引领着国人现代化的前进步伐。但是，许多人看不到这一些，忽视深圳的现代文化内涵，从而产生了片面的看法。

15 "文化沙漠"——一个不切实际的错误概念

（5）对深圳经济特区创建初期的文化状况缺乏科学认识，形成了想象与现实的心理落差。20世纪80年代初，深圳经济特区刚刚创建，尚处于铺摊子、打基础阶段，党中央和全国人民对经济特区寄予厚望，希望深圳经济特区为全国的改革开放探索一条新路，摸索和积累加快经济发展的成功经验。那时的深圳虽然是一座新兴城市，但强化和发挥经济特区的功能是第一位的，深圳在客观上担负着为全国改革开放和经济发展发挥试验田、窗口和排头兵作用的历史重任。在那样的历史背景下，改革和经济建设无疑是重中之重。再加上深圳原来只是一个仅有两万人口的边陲小镇，文化基础十分薄弱，不可能在短期内形成一个现代城市的文化形象。然而，深圳经济特区从开始创建之日起就成为国人关注、议论的焦点，成为改革的弄潮儿向往和投奔的地方。古人云："盛名之下，其实难副。"经济特区的"新"与"特"，很自然地会使人们对她产生一种合乎自身心理需要的想象。但新建的深圳经济特区并没有人们想象的那么完美，在文化方面还相对贫乏。于是，把深圳想象得过于完美和对创建经济特区本来就有不同意见甚至不看好的人，共同发出一个声音："深圳是文化沙漠。"这个声音经过各种各样具有不同心态之人的放大和渲染，就演变成为一种评价早期深圳的论调——"文化沙漠"论。

（6）错误地评价香港地区的文化特征，并不切实际地将香港地区的文化作为评价深圳文化的参照系。深圳毗邻香港地区，与香港地区的文化联系密不可分。人们通常习惯把香港地区作为深圳参照和比较的对象。在许多人看来，既然香港地区曾被称为"文化沙漠"，那么，紧靠香港地区而又后起的深圳自然也是"文化沙漠"了。其实，这是一个明显的认识误区。香港地区不但不是"文化沙漠"，而且在很大程度上已是一个"文化输出城"。曾任香港中文大学校长的金耀基教授对香港文化有独到的研究和精辟的见解。他在1997年香港回归祖国时指出："'香港是文化沙漠'的说法，在50年代、60年代比较流行。"然而，"按照人类学的观点来看，任何社会都有其生活形态，都有其文化，'文化沙漠'的说法根本是不能成立的"，"从20世纪60年代以后，经过70年代、80年代的

发展，到了今天90年代，随着香港经济的快速增长，文化也得到了空前的跃升。可以说——香港的文化表现出相当的活力，无论影响的强度，还是影响的广度，都是令人瞩目的"，"香港是一个高度现代化的城市，在它从传统的社会形态转型为现代化社会形态的过程中，文化起了巨大的作用"，"香港经过20多年的发展，已由一个'文化输入城'逐步转变为一个'文化输出城'"。①

金耀基教授关于香港地区文化的这段论述清楚地告诉我们，不但说香港地区是"文化沙漠"没有理由，说深圳是"文化沙漠"同样也是站不住脚的。因为，从政治文化、经济文化、管理文化等广义的文化层面来看，深圳在学习借鉴香港地区的文明成果方面确实受益匪浅，而这不但没有使深圳降低文化层次，相反，还使深圳同香港地区一样，成为中西文化交融的标本，推进了深圳的社会文明和文化发展。

从 "文化沙漠" 论到 "底蕴不足" 论

"文化沙漠"论流传一时，随着深圳文化建设的快速发展，就逐渐地消淡下去。但后来又冒出一种"底蕴不足"论，这可以说是"文化沙漠"论的延伸和变异，核心还是不看好深圳文化。这种说法影响较大，延续时间较长，至今仍有不少人对此表示认同。实际上，底蕴不足作为一种文化感受有其存在的合理性，每个人的文化感受都不一样，有一部分人感觉深圳文化底蕴不足，是非常正常的。但是，如果将其作为评判深圳文化的标准和结论，就有失偏颇，或者说，也是陷入了认识误区。

"底蕴不足"论的形成主要有3个方面的原因。

（1）对深圳的历史文化缺乏全面的了解，不切实际地将新兴城市深圳与历史文化名城进行比较。深圳是个移民城市，各地移民都是在我国改革开放之后才来到深圳，看到的是一个正在发展中的现代深圳，而对

---

① 参见吴俊忠主编《深圳文化三十年——民间视野中的深圳文化读本》，商务印书馆2010年版，第9页。

15 "文化沙漠"——一个不切实际的错误概念

深圳的历史文化几乎不了解或知之甚少。在这种情况下，就会觉得"深圳没有京味文化的皇家风范，没有海派文化的洒脱伶俐，也没有长安文化的悠远沧桑，甚至身居南粤也还缺乏岭南文化的务实品位"。这种感觉既反映出对深圳历史文化的不了解，也是不切实际地将新兴城市深圳与历史文化名城进行比较的结果。

深圳建市、建经济特区的时间虽然只有几十年，但同样具有悠久的历史文化，而且历史文化的深远影响一直绵延至今。据史料记载，早在汉武帝时，深圳南头就成为珠江东岸的经济重镇。至宋代，广东沿海共设有17个盐场，南头盐场是广东最大的盐场之一，在广东乃至全国都有重要的经济地位。如今的深圳简称"鹏城"，而鹏城与历史上的大鹏所城有着密不可分的史承关系。汪开国、刘中国合著的《大鹏所城——深港六百年》，以翔实的史料形象而又生动地告诉我们：深圳不但有历史，有"童年"，而且有着深厚的历史文化积淀。如果人们只知道虎门销烟，而不知大鹏所城，那是一种历史缺憾。明太祖朱元璋于公元1381年在现在的深港地区设置了大鹏守御千户所。公元1394年，广州左卫千户张斌在大鹏半岛开始兴建大鹏所城。从那时起，大鹏所城一直是明、清两代岭南海防重要军事基地，在抗击倭寇和葡萄牙等殖民者的入侵中发挥了重要的作用。2001年7月，国务院公布第五批全国重点文物保护单位，大鹏所城是全国重点文物保护单位之一。由此可见，大鹏所城不仅是古代岭南海防的重要军事基地，而且是深圳辉煌历史和爱国主义历史传统的重要见证，是深圳历史文化的崭新坐标。由此延伸出另外一个道理：把深圳与北京、西安、上海等历史文化名城进行简单比较是不科学的。鸦片战争之后，深圳作为岭南重镇的地位开始衰退，经济及社会文化发展也相应落后，无法也不可能产生国家首都或省会城市那样的文化规模和文化影响，但历史文化精神的延伸是潜在的、一脉相承的，不能简单地依据文化规模或文化影响来做出判断，关键在于现代人对历史文化精神内涵的自觉汲取和深刻感受。正如著名文化学者刘梦溪教授所指出的，"那种两眼只盯着历史文化积存，认为没有文化积存或文化积存较少，便

是没有文化,便是文化沙漠的观念,该更新一下。从文化研究的角度说,越是活跃在现实生活中的文化,越能代表着未来的文化发展方向"①。

(2)对深圳文化的丰富内涵缺乏全面的认识,过分夸大了学术文化相对滞后的负面影响。所谓文化底蕴,其实质是历史文化传统和现代文化内涵融合而成的文化精神。深圳是改革开放的产物,改革创新在客观上使深圳具有丰富的现代文化内涵。深圳的城市文化竞争力之所以能在全国大中城市中排名第一,就是源于现代文化精神内涵的有力支撑。深圳在改革开放进程中所形成的敢闯经验、创新意识、竞争心理、拼搏精神、平等观念、包容心态、法制观念、协作精神等,全面展现出浓厚的现代文化氛围和丰富的现代文化内涵,理所当然地呈现出足够的城市文化竞争力,成为深圳文化底蕴的外显和展示。

认为深圳文化底蕴不足的另一个理由就是深圳学术文化发展相对滞后,缺乏与这个城市的整体地位相匹配的学术文化氛围。诚然,这个理由具有一定的客观现实性,但仍不足以据此就判定深圳文化底蕴不足。文化底蕴是个综合的整体概念,历史文化传统、现代文化精神、通俗文化因素、精英文化内涵都包括其中,学术文化只是其中的一部分,更何况深圳的学术文化并非空白。深圳经过40年的发展和积累,已初步展现出学术文化的特色与品位,已有一批在全国有影响的学术成果和独创的理论观点,涌现出一批能与国内一流学者平等对话的知名学者,形成了若干在国内有地位的科研基地。所有这些都表明,深圳学术文化的繁荣发展已是蓄势待发,"深圳学派"已有雏形,只要假以时日,一定能乘势而上,蔚为大观。因此,仅凭学术文化发展相对滞后就判断深圳文化底蕴不足的论调,是不无片面、有失公允的。

(3)对深圳文化的现代特色缺乏理性的认识,片面地冠之以"快餐文化"的帽子。谈论、评价深圳文化,不可忽视深圳文化的现代特色。许多文化名家和著名学者都对深圳文化特色有过精辟的概括和论述。中

---

① 刘梦溪:《深圳,新兴的"文化开发区"》,见吴俊忠主编《深圳文化三十年——民间视野中的深圳文化读本》,商务印书馆2010年版,第585页。

国社会科学院李德顺教授认为,"深圳文化,就是那种海纳百川、唯实唯物、尊重多样化、追求竞争的文化";时任国家文化部部长孙家正认为,"深圳是个有独特文化的地方,是有着生机勃勃、洋溢着时代精神的中华民族文化的地方。我们应该这样评价深圳的文化"。专家们的这些论述表明,深圳文化的现代特色是深圳文化的亮点,洋溢着时代精神,在一定程度上代表着未来的文化发展方向。对深圳文化的现代特色视而不见或缺乏理性认识,看不到这是深圳文化底蕴的重要体现,匆忙地判定深圳文化底蕴不足,是不客观的,也是不科学的。

可以预见,随着时间的推移和深圳文化品位的不断提升,深圳的人文文化氛围将会越来越浓,学术文化发展的相对滞后现象也一定会得到明显的改变。对此,我们充满信心。

16 高教发展
——从应急办学到高端布局

深圳高等教育经历了从应急办学"一枝独秀"到高端布局"群雄汇集"的发展过程，形成了"自办高校与引进办学并举、扩大规模与提升质量并重"的鲜明特色，走出了一条经济特区新兴城市高等教育跨越式发展的新路子，为深圳建设国家创新型城市和现代化经济体系发挥了不可替代的重要作用。

高等教育在深圳文化建设和城市发展中占有重要地位。深圳的高等教育经历了从应急办学到高端布局的发展历程。从20世纪80年代只有深圳大学（简称"深大"）一个"高校长子"，到现在拥有14所大学的"儿女成群"，再到正在布局的引进名校来深办学，可谓跨越式快速发展。高等教育不仅助推深圳形成创新发展的人才优势，而且提升了深圳的城市文化品位和文化形象，为深圳建设中国特色社会主义先行示范区创造了必备条件。

应急之举：创办深圳大学

20世纪80年代深圳经济特区成立之后，很快就面临应用人才紧缺、文化形象亟待提升的问题。首先，成千上万的初中或高中毕业的男女青年来到深圳打工，两万工程兵成建制转业到深圳（大多没有受过高等教育），迫切需要提高他们的文化层次，让他们尽快适应经济特区建设的发展需要。其次，深圳经济特区一成立，就引起了世界的关注，外国政要和文化名人陆续到深圳参观访问。如果深圳连一所大学也没有，不仅形象不堪，而且很失礼节（无法安排他们到大学演讲）。面对这种状况，当时的中共深圳市委书记兼市长梁湘坚定地说："哪怕当掉裤子，也要把深圳大学办起来！"可是当时深圳一年的GDP（国内生产总值）总量只有两个亿，根本掏不出钱来建大学。无奈之下，政府下决心向银行贷款，用一个亿来创建深圳大学，并且明确表示，基础设施要有现代风格和现代美感，做到20年后仍不落后。如今回忆起来，当年决策者的文化意识和人才观念令人敬佩。

· 深圳文博会上的深圳大学展厅（胡鹏摄）

深圳大学成立以后，为了给经济特区培养急需的应用型人才，创办了各种类型的大专班，有全日制成人教育，还有夜大学、星期六星期天

班。每到晚上和节假日，校园里人来人往，无比热闹。教师为了适应大专教学的专业需要，都扩大了自己的知识面，超越专业讲授多门课程。笔者作为外国文学专业教师，当时就承担了大学语文、秘书学、实用美学、西方文学、公文写作、现当代文学作品选、现代城市文化等 8 门课程，备课讲课忙得不亦乐乎。现在回过头来再看，当年创办深大和培养急需的应用型人才，意义非常重大。20 世纪 80 年代后期，日本前首相海部俊树、著名科学家杨振宁等先后到深圳大学演讲。许多深圳市市一级和部局一级的领导都是由深圳大学大专班培养出来的，而活跃在社会各条战线的深大毕业生就更多了。无法想象，如果当时没有深圳大学，深圳的文化建设和人才培养将会是怎样一种景象。

服务产业： 创办职业技术学院和虚拟大学园

深圳建立经济特区以来，先后创办了两所职业技术学院和一个虚拟大学园，均与产业发展和产业升级密切相关。

（1）1993 年创办深圳职业技术学院。20 世纪 90 年代初，深圳进入增创新优势、产业升级调整的新阶段，新兴产业强势发展，高新技术产业成为优先发展的重点产业。为了给产业升级培养急需人才，中共深圳市委、市政府创办了深圳高等职业技术学院（1997 年更名为"深圳职业技术学院"）。学院设定了 80 多个与产业发展和人才需求相对应的专业，如应用电子技术、计算机应用技术、模具设计与制造、金融管理、港口与航运管理、包装技术与设计、环境艺术设计、游戏设计与制作、食品生物技术、城市轨道交通控制等。

深圳职业技术学院办起来后，创新办学思路，探索人才培养和学校管理新模式，取得了显著的成就，不仅为深圳输送了产业发展急需的技术人才，而且形成了职业教育的示范效应。2009 年，入选全国首批国家示范性高等职业院校；2017 年，成为全国第二批深化创新创业教育改革示范高校；2019 年，入选教育部、财政部中国特色高水平高职学校和专业建设计划（第一类），同时，被教育部认定为国家优质专科高等职业学校。

（2）2002年创办深圳信息职业技术学院。21世纪初，深圳信息产业高歌奋进，但这方面的人才缺口很大。因此，中共深圳市委、市政府筹划再办一所侧重于信息技术人才培养的职业技术学院。2002年，市政府决定把原来的深圳教育学院、深圳电子学校合并，组建深圳信息职业技术学院，从深大调了一位信息技术专家担任院长，并在龙岗新建了一座现代化的大学校园。学院开办后，设立了45个与信息技术相关的专业，如软件技术、移动通信技术、计算机应用技术、电子商务、会计电算化等。

深圳信息职业技术学院不负众望，创办十几年来，为深圳输送了一大批产业发展急需的技术人才，而且成为全国和广东省职业技术教育的先进典型。学院先后获得一系列荣誉称号，如国家示范性软件学院、国家示范性高等职业院校、首批高校数字媒体产教融合创新应用示范基地、国家优质专科高等职业院校、博士后创新实践基地等。

（3）1999年创办深圳虚拟大学园。高新技术产业被确定为深圳优先发展的重点产业后，迫切需要依托高等院校和科研院所，集聚高端科技人才，强化科研成果转化。但是，20世纪90年代深圳的大学很少，在这方面存在着明显的弱势。为此，中共深圳市委、市政府决定利用经济特区的开放优势和毗邻港澳地区的区位优势，在国内首创一个虚拟大学园，努力把它建设成为名校汇集、产学研结合的创新园区，形成"深圳名校少、名校聚深圳"的集群效应，吸引和促进国内外名校、科研院所来深圳进行科技成果转化和产业化，推进中小型科技企业孵化和高层次人才培养。把大学的综合智力优势与深圳的市场环境优势相结合，打造一个汇聚官产学研资介等诸多要素的创新平台。

虚拟大学园创建以后，按照"一园多校、市校共建"模式，根植深圳，对接港澳，服务周边，辐射全国，聚集了50多所国内外知名院校在此进行教学科研和科技创新活动。其中包括清华、北大等38所中国内地

院校,香港大学、香港中文大学等6所香港地区院校,加拿大阿尔伯达大学等6所国外院校,以及中国科学院、中国工程院院士活动基地和中国社会科学院研究生院等。目前,虚拟大学园已累计孵化科技企业近千家,转化科技成果数千项,成为特色鲜明的高端人才集聚地、研发机构集聚地和中小科技企业集散地。在人才培养、成果转化、技术创新、深港合作与国际化等方面,为深圳高新技术产业发展和创新文化建设做出了突出贡献。2003年8月,被科技部、教育部认定为"国家大学科技园";2003年10月,被科技部认定为"国家高新技术创新服务中心";2006年7月,被国家人事部认定为"博士后科研工作站";2007年,被广东省认定为"产学研结合示范基地"。

"借鸡生蛋":创办"大学城"

21世纪初,深圳虽然已经创办了职业技术学院并正在创建虚拟大学园,但研究生教育层次仍然薄弱,高新技术和新兴产业人才储备和创新本源不足,中共深圳市委、市政府经过通盘考虑,决定创办深圳大学城,通过"借鸡生蛋"的办法,吸引国内名校来深圳开展研究生教育。2000年8月,大学城开始创建,2003年正式开学。清华大学研究生院、北京大学研究生院、哈尔滨工业大学研究生院入驻大学城。当时给大学城的定位是,全心全意利用大学城这个平台,引进著名大学办学,不搞商业,不搞产业开发。

十几年来,大学城走出了一条在现行体制下快速发展高等教育、培养高层次人才的新路子,走出了一条通过高等教育发展推动当地社会、经济发展的新路子,是一个成功的模式、一个可持续发展的模式。深圳大学城是全国唯一经教育部批准,由深圳地方政府联合著名大学共同创办的研究生培养基地,以培养全日制研究生为主。

从模式与体制上看,深圳大学城是深圳市政府与名校合作、强强联手,以培养全日制研究生为主的名校异地研究生教育基地。现在在大学城工作或领衔科研课题的院士有 10 多人，这里也是深圳市最大的博士后工作站。目前，累计培养全日制研究生两万多人，与校本部"统一招生，统一质量，统一品牌"，累计毕业一万人左右。这表明，深圳仅用了短短十几年的时间和较低的经费成本，便迅速吸引了国内最顶尖大学在深圳举办研究生教育，成为我国高等教育改革的"实验场"，同时，也是深圳重要的"创造源""人才库"和"孵化器"。

高端布局：引进办学与自办高校并举

21 世纪的第二个 10 年，深圳加快了国际化现代化创新型城市的建设步伐，完善和优化产业体系，加大战略性新兴产业和未来产业的发展力度，对高层次科技人才和应用型技术人才的需求量越来越大。与此同时，在国际城市竞争中，深圳必须强化以高校和科研机构为代表的创新型城市文化标识，增强城市竞争力。为此，中共深圳市委、市政府对深圳高等教育发展进行高端布局，决定创办两所新型大学：一所坚持高起点、高定位，突出创新特色；另一所则偏重于培养面向新兴产业和未来产业的顶尖技术人才。同时，规划引进国内外名校来深圳办分校，组建具有新时代创新特色的大学群体。

（1）创办南方科技大学（简称"南科大"）。在教育部的大力支持下，深圳于 2012 年在西丽湖附近创建南科大。南科大从一开始就坚持高起点、高定位，被确定为国家高等教育综合改革试验学校，在全球公开招聘校长。教育部和中共深圳市委、市政府赋予其光荣使命，要求其为我国高等教育改革发挥先导和示范作用，探索具有中国特色的现代大学制度，致力于服务创新型国家建设和深圳创新型城市建设，探索创新人才培养的新模式。

创办近 10 年来，南科大勇担使命，不负厚望，根据世界一流理工科大学的学科设置和办学模式，以理、工、医为主，兼具商科和特色人文社科，培养本科、硕士、博士 3 个不同层次的人才，在一系列新的学科

方向上开展研究，努力成为引领社会发展的思想库和新知识、新技术的源泉。办学理念突出"创知、创新、创业"的办学特色，办学实践以"国际标准、前沿学科、创新创业"为导向，坚持"三个一流"，即聚集一流师资、培养一流创新人才、推出国际一流学术成果。在较短的时间内，南科大快速成长为具有广泛影响的国际化、高水平研究型大学，为实现创建世界一流研究型大学的宏伟目标打下了坚实的基础，也为深圳国际化现代化创新型城市建设做出了突出贡献，成为深圳高等教育的一个亮点。

（2）创办深圳技术大学（简称"深技大"）。20世纪90年代至21世纪初，深圳创办了两所职业技术学院，但都是专科层次。随着深圳产业结构调整和战略性新兴产业与未来产业的快速发展，深圳需要有一批适应高端产业发展、具有国际视野的高水平工程师、设计师，一批极具"工匠特色"的顶尖专门人才。于是，中共深圳市委、市政府决定在"十三五"期间创建一所本科及以上层次的高水平应用技术大学。2016年，依托深圳大学应用类专业开始筹建深技大，2018年5月31日，获得教育部批准通过公示，2018年12月17日发文批准正式成立。

深技大坐落在深圳东部的坪山区，创办伊始就显示了鲜明的办学特色。学院和专业设置契合城市和企业发展需要，聚焦《〈中国制造2025〉深圳行动计划》，确定了数字化网络设备、新型显示、集成电路、新型元器件与零部件、机器人、精密制造装备、新型材料、新能源汽车、航空航天、海洋工程装备及基因工程装备11个战略重点领域，专业和课程设置动态变化，紧密贴合企业需求，把实践能力和创业能力作为人才培养的重点，努力使学校成为深圳产业升级和创新型城市建设的服务平台和助推器。

深技大的另一个创新特色是国际合作办学。创办几年来，深技大已与德国汉斯·塞德尔基金会合作共建"中德技术合作中心"，与阿伦大学、慕尼黑应用技术大学、威茨堡应用技术大学、科隆应用技术大学、汉诺威应用技术大学、亚琛应用技术大学、巴伐利亚州应用技术大学等德国多所应用技术大学签署合作协议或达成合作意向，并与德国慕尼黑兰茨胡特应用科学大学在深技大设置"中德学院"，与瑞士伯尼尔大学合作在深技大设立"中瑞学院"。学院要求学生都要学德语，以适应合作办学、提高专业技能的需要。

（3）引进国内外名校来深圳办分校。深圳作为国际化现代化创新型城市，在大学总量上比广州、香港明显要少，而且著名大学的比例不高。这不仅与深圳的城市地位不相匹配，而且会在很大程度上影响深圳的城市形象，导致深圳发展的后劲不足。鉴于此，深圳利用毗邻港澳地区的区位优势和经济特区改革开放的文化魅力，采取自办高校和引进办学并举的方法，在创办南科大和深技大的同时，吸引国内外著名高校来深圳办分校，走出了一条独特的高等教育跨越式创新发展之路。在短短几年内，涌现出一批有较高知名度的高校，令港澳地区和国内其他城市刮目相看，羡慕不已。

近几年来，来深圳办学的高校主要有两种类型：一种是国内名校与国外名校联合办学，如深圳北理莫斯科大学、清华-伯克利深圳学院等；另一种是国内名校直接在深圳办分校，如北京大学（深圳）、中国人民大学（深圳）、哈尔滨工业大学（深圳）等。目前，已经在深圳招生或正在施工建设和已经签订办学协议的大学共有 20 所。为了便于读者了解全貌，特把这些学校名单分列如下：

清华大学深圳国际校区
北京大学（深圳）
中国人民大学（深圳）
哈尔滨工业大学（深圳）
中国科学院深圳理工大学
北京中医药大学（深圳）
中山大学（深圳）
深圳北理莫斯科大学

武汉大学（深圳）

天津大学佐治亚理工深圳学院

广中医皇家墨尔本理工深圳生命科学与工程学院

深圳大学希伯来学院

深圳吉大昆士兰大学

俄罗斯列宾美术学院深圳学院

湖南大学罗切斯特设计学院

华南理工大学－罗格斯大学中美创新学院

香港中文大学（深圳）

上海交通大学（深圳）

南开大学（深圳）

暨南大学深圳旅游学院

上述名单说明，深圳一下子增加那么多高校，而且其中很多是名校，不仅聚集了一个令其他城市羡慕不已、望尘莫及的大学群，而且通过引进办学，深圳真正实现了高等教育的跨越式发展。试想一下，如果按常规来建，这些高校该要建多少年才能建完。我们可以想象，这些学校全部建完开始招生之后，再加上原来深圳自办的深圳大学等高校，无论在高校总量还是在高校办学层次上，与其他城市相比，深圳都毫不逊色，而且特色鲜明，集聚效应不可估量。

17 荔园风云
——"高校长子"书写改革创新传奇

"荔园"是深圳大学富有诗意的别称,让人很自然地联想到北京大学的"燕园"。荔园风云,气势磅礴,绚丽多彩,是深圳改革创新的一个精彩缩影。作为深圳经济特区的"高校长子",深圳大学为深圳书写传奇,增光添彩。

• 美丽的深大校园(胡鹏摄)

深圳大学荔树成林,有"荔园"之称谓。

深圳大学创办于1983年,是深圳创办最早的一所地方综合性大学,

被称为经济特区高校的"长子"。

深圳经济特区建立 40 周年,深圳大学建校 37 周年,深大几乎与深圳经济特区同步发展。深圳大学的改革创新享誉全国,成为观察、研读深圳的一个重要窗口。

勇当先锋:探索高教改革新路

改革开放前,我国的高等教育无论在教育管理体制,还是在教学方法和人才培养模式等方面,都积弊甚多。要彻底改变这种状况,必须进行全面深入的改革。诞生于改革开放大潮中的深圳大学,创办伊始就充分依托我国改革开放的大环境和深圳经济特区锐意改革的小环境,以敢为天下先的大无畏精神,勇当高教改革的急先锋,率先走出了一条高等教育改革创新之路,其成效之突出、影响之广泛,至今仍为人们所称道,在中国高等教育改革发展史上留下了光辉的一页。

1983 年 9 月初,创校校长张维等深大领导列席深圳市委常委会,专题讨论深大如何改革的问题。9 月 25 日,《深圳大学改革创新方案》出台。1984 年 12 月 27 日,中共深圳市委转发了《深圳大学改革创新方案》,勉励深圳大学"学校内各项管理体制,要立足于创新","要注意吸取国内外好的办学方法和管理经验,努力创造出一套先进的教学方法和管理体制"。改革创新方案明确了指导思想和改革方略,有效地推进了深圳大学的改革创新。在短短几年的时间里,深圳大学推行了一系列全国领先的改革举措:

率先实行学生交费上学制度。推行向学生发放奖学金和提供贷款,取消助学金。

率先推行毕业生不包分配制度。学校成立就业指导中心,推荐学生就业。

率先实施勤工俭学制度。提倡和鼓励学生开展有报酬的勤工俭学,建立"第二课堂"。

率先实行学分制度。实施主副修和修学年限弹性制、试读制，改革课程设置，注重实践教学。

率先实行教职工聘任制度。推行教师能力资格制，试行技术职称的校内"地方粮票"。

上述这一系列改革，突破了高教领域的思想禁区和旧框框、旧模式，创立了全新的教育管理体制和教学方法，在全国产生了强烈的反响。从1984年起，中央和国家部委、广东省委省政府有关领导先后到深圳大学视察、调研，当时的国务院总理、副总理，中央政治局委员，大多数都到过深圳大学。李鹏总理还亲自批示，肯定深大"有些办法可以在内地高校逐步推广"。《人民日报》等主流媒体纷纷报道深圳大学的改革创新。一时间，深圳大学成为全国关注的焦点。如今回顾这一段历史，不禁要感慨地发问：当今中国，除了深圳大学，又有哪一所高校曾有过如此殊荣？又有哪一所高校曾得到这样的重视和关注？毫无疑问，深圳大学当年创造的辉煌，将以不争的史实，永载中国高等教育改革发展的史册。创校校长张维以及罗征启校长等深大早期领导，为此做出了不可磨灭的贡献。

尤其需要着重指出的是，1993年2月发布的《中国教育改革和发展纲要》所做出的有关规定，有的方面明显得益于深圳大学早期的改革创新。如其中的"改革学生上大学由国家包下来的做法，逐步实行收费制度""改革高等学校毕业生'统包统分'和'包当干部'的就业制度，实行少数毕业生由国家安排就业，多数由学生'自主择业'的就业制度""改革高等学校职称评定和职务聘任制度……高等学校教师实行聘任制"等规定，深圳大学早在20世纪80年代就开始实施，并取得显著成效。

锐意创新：努力建设特区大学、窗口大学、实验大学

早在深圳大学创办之初，中共深圳市委、市政府就明确了深大的办学指导思想和目标定位："要解放思想，有所创新，让特区大学具有特区应有的特点，不照抄照搬内地大学的办学模式，把深大办成一所'中国式的新型的社会主义大学'。"这里最为可贵的是，从一开始就明确了要立足创新，"不照抄照搬内地大学的办学模式"。这就为后来的改革创新明确了方向，奠定了思想基础。它表明，未来的深圳大学必将是一所改革创新、超常发展的大学，必将是拒绝平庸、创新有为的现代化新型大学。

1993年3月10日，时任中共深圳市委副书记林祖基在深圳大学教职工大会上发表重要讲话，代表市委、市政府进一步明确了深大的办学特色："深大应办成一所高水平、现代化、有特色的社会主义大学，具体说，应当办成一所'特区大学''窗口大学''实验大学'。"对于这一新的定位，深大第六任校长章必功先后多次做了明确、具体的解读："'特区大学'标志着鲜明的时代性和地域性，根在特区，魂系改革；'窗口大学'标志着鲜明的开放性与国际性，面向世界，观照内外；'实验大学'标志着鲜明的探索性与创新性，心想未来，敢为人先。""特区大学"要"为经济特区提供骨干人才和高端人才培养、高端智力服务、高端科技成果"，"窗口大学"要"能够走上国际，与世界各国高等院校平等交流、互相观照"，"实验大学"要"努力创新办学体制，建立与时俱进的现代大学制度"。"特区大学、窗口大学、实验大学三位一体，体现深圳大学服务特区、高度开放、锐意改革的办学精神与办学特色。"

"特区大学""窗口大学"实验大学的特色定位，既明确了深圳大学的改革创新特色，同时也向世人和后人宣告：改革创新是深大的根、深大的魂。深大靠改革起家，也必须靠改革发展。不改革，不创新，就背离了深大的办学宗旨和发展定位，就会回到"照抄照搬内地大学的办

17　荔园风云——"高校长子"书写改革创新传奇

模式"的老路;不改革,不创新,就不能凝聚力量,加速发展,就没有特色,没有前途。

筑梦追梦：高校之林，后来居上

2005年5月10日,深圳大学第六任校长章必功在深大党委第七次扩大会议上的讲话中,豪迈地宣告:"我们追求的目标是高校之林,后来居上。"从此,"高校之林,后来居上"这8个字成为深大人长期构筑的"荔园梦"的形象表述。为了实现这一梦想,深大人付出了30多年的不懈努力。如今,深圳大学在国际国内高校的排名不断前移,在国内排名已经进入前50名,"后来居上"基本梦想成真。

回顾深圳大学37年的发展历程,"荔园梦"客观上包含着两个层面:一是改革创新梦,二是超常发展梦。前者旨在破除中国高教领域的积弊,探索一条改革创新之路;后者是为了使年轻的深大能够超常发展,后来居上。两者各有侧重,互为促进。如果说深大20世纪80年代影响全国的改革,已经使"改革创新梦"取得阶段性的成效,展现出后来居上的改革形象,那么,"超常发展梦"或者说发展层面的后来居上则书写了中国高校的改革创新传奇。我们可以从学校发展规划和几任校长的施政理念中,清晰地感受到深大人筑梦、追梦的历史轨迹。

20世纪90年代前期和中期,深圳大学围绕"特区大学、窗口大学、实验大学"的办学目标,不断深化改革,努力奋斗爬坡。这一阶段,既要全校上下齐心协力迎接教育部的第一批本科院校教学评估,又要努力申报硕士学位授权,争取实现"零的突破"。可以说,当时学校的改革发展主要围绕中心工作来开展。因此,深大第四任校长蔡德麟在1994年发表的《深圳大学的改革与发展》中,对如何办成"三个大学"提出了3点看法:①面向现代化,培养特区建设急需的人才,把深大办成真正的"特区大学";②面向世界,探索中国教育与国际教育接轨的新路,把深大办成真正的"窗口大学";③面向未来,超前试验,把深大办成真正的

"实验大学"。我们注意到，蔡校长在文章结尾时特别强调，要"努力创造条件，为跻身于国家'211工程'的行列打下良好基础，朝着'办一流大学，成一流人才'的方向阔步前进"。

20世纪90年代后期，深圳市确立了建设经济中心城市的发展目标，进入了"增创新优势，更上一层楼"的发展阶段。国家颁布的《中国教育改革与发展纲要》也对高等教育的发展提出了新的要求。深圳大学审时度势，科学规划未来，加快发展速度，以适应我国高等教育改革发展和深圳市经济社会建设高速发展的需要。

1998年，深大制定了《深圳大学学科建设与发展总体规划》，2001年制定了《深圳大学"十五"发展规划》。两个规划中关于深圳大学的发展目标，有一段几乎相同的文字表述："把深圳大学建成一所在国内地方综合性大学中处于领先位置、某些学科和领域形成局部优势和鲜明特色，并达到国内外一流水平的教学科研并重型的综合性大学，为实现把深圳大学办成一所高水平、有特色、国际知名的研究型大学的长远目标打下坚实基础。"这段文字表明，那时深大虽然还没有发出"高校之林，后来居上"的豪言壮语，但目标已经锁定"一流大学""领先位置""国际知名"，已经开始构筑超常发展、"后来居上"的"荔园梦"。

深圳大学第五任校长谢维信以浪漫的情怀和务实的品格对深大的未来发展目标做了激情洋溢的解读："在中国高等学校的群落中，深圳大学属于最年轻的一代。她诞生在改革发展的浪潮中，发展在建设社会主义现代化的进程中，正是'诞生在盛世，发展在盛世'。因此，深圳大学更有责任担负起时代的重任，为深圳率先实现社会主义现代化和建设小康社会做出新的更大的贡献，把自己建设成为改革开放年代中诞生的新型大学的杰出代表。"

2006年，深大制定了《深圳大学发展"十一五"规划》，明确指出，要"为全面提升学校的办学规模、教育质量、科研水平、学术地位和国际影响，拓展一条创新之路、特色之路、和谐奋发之路、后来居上之路"，努力"把深圳大学建设成为一所在国内外有较大影响的高水平、有特色、综合性教学研究型大学"。我们注意到，该规划确定的指导思想和办学定位不仅强调高水平、有特色，而且明确要走"后来居上之路"，这就把"荔园梦"的本质内涵鲜明地展现在世人面前。

时任校长章必功对深大"十一五"规划提出的办学指导思想和目标定位，从办学思路和发展理念与发展志向的角度，做了清晰的解读，"我们基本的办学思路，就是以探索现代大学制度为理念，以改革开放为动力，以人才培养为根本，以教学科研为中心，以学科建设为杠杆，在过去历届班子开创的创业之路、探索之路、快速发展之路的轨道上，开拓深圳大学的创新之路、特色之路、后来居上之路"，"全校师生员工的共同决心和坚定志向是：脚踏实地，自强不息，高校之林，后来居上"。章校长的解读突出了3个要点：一是把探索现代大学制度作为深大在新形势下改革创新的基本理念，显示出全新的思想理论高度；二是利用教学评估校长报告的机会，向来自全国著名高校的专家发出了"高校之林，后来居上"的豪言壮语，显示深大的决心和勇气；三是把深大的改革发展概括为6种基本路径，即创业之路、探索之路、快速发展之路、创新之路、特色之路、后来居上之路。这6种路径的概括，既简洁地概述了深大的发展历程，也形象地展示了"荔园梦"的缘起、演变和提升过程，使"梦"的内涵更具体，"梦"的形象更鲜明。

21世纪的第二个10年，"提高质量是高等教育发展的核心任务，是建设高等教育强国的基本要求"①。据此，深圳市明确提出，要"加大对深圳大学的支持力度，进一步扩大办学自主权，推进治理模式改革，创新内部管理体制和运行机制，努力把深圳大学办成高水平、有特色的一流大学，为高等教育跨越式发展探索新途径、新方式"②。新形势与新要求激发出深圳大学改革创新的新动力，加快了实现"荔园梦"的发展进程。

《深圳大学发展"十二五"规划》明确指出，"在五到十年内，把深

---

① 《国家中长期教育改革和发展规划纲要（2010—2020年）》。
② 《深圳市综合配套改革总体方案》。

圳大学建设成为一所立足深圳、面向国际、特色鲜明、影响显著的创新创业型高水平大学,为迈进一流大学行列奠定坚实基础","探索现代大学制度和高等教育跨越式发展新路径,实现'高校之林,后来居上'的夙愿"。

2012年7月,到深圳大学履新的深大第七任校长李清泉以他长期在重点大学工作的丰富经验和锐意进取的创新精神,对深大实施"十二五"规划,实现"后来居上"的目标追求,有其自己的理解和思路。他在2012年新学期工作会议上的讲话中明确指出,要"立足深圳,面向港澳和珠三角地区的经济社会发展,以改革和创新的精神推动深圳大学发展,力争用10年左右的时间,实现从教学研究并重型向研究型大学的转变,使深圳大学综合实力进入广东省和全国高校的前列,为我国高等教育改革,为区域社会经济发展做出贡献";并进一步明晰了学校的发展思路,提出了"协调发展""特色发展""合作发展"的发展理念,使深圳大学的快速发展有了更开阔的思维和更宽广的路径。

2013年5月7日,中共中央政治局委员、时任中共广东省委书记胡春华到深圳大学调研视察,明确指示:"高水平发展的深圳特区,需要一流的深圳大学。要尽快把深圳大学办成一流大学。"深圳大学备受鼓舞,闻风而动,对办学定位和办学思路做了进一步调整,决心以改革和创新的精神实现深圳大学的协调发展、特色发展、开放发展、跨越发展,争取用10年左右的时间,把深圳大学办成一所高水平、有特色、现代化的一流大学。

2017年,党的十九大宣告中国特色社会主义进入新时代。深圳担当先行示范的新使命。2018年7月27日,深圳大学党委书记刘洪一在中共深圳大学第五次代表大会的报告中,代表学校党委进一步明确了新时代深圳大学新的办学思路:"文化引领,创新驱动,内涵发展,努力建设新时代人民满意的高水平特区大学。""努力把深大建成有灵魂、有担当、有卓越贡献力、有广泛美誉度的大学。"这表明,"荔园梦"的构筑和实现,在新的形势下又有了新的高度和新的追求。

17 荔园风云——"高校长子"书写改革创新传奇

实现夙愿：长风破浪会有时

"高校之林，后来居上"的"荔园梦"，从缘起到演变、提升，整个过程都伴随着外界的热情鼓励和学校快速发展的成就与喜悦。它让深大人坚信：实现夙愿不是梦，长风破浪会有时。

1995年11月，深圳大学在全国综合性大学中第一个接受并顺利通过国家教委专家组的本科教学工作评价。专家们赞誉深大的发展是"跑步前进"。

1996年7月，深圳大学成为当年全国地方院校中唯一新增硕士学位授予单位，实现了深大硕士学位点"零的突破"。

1999年，在首届中国高新技术成果交易会上，深圳大学参展项目和成果交易额在广东省高校中名列首位，在全国高校中处于领先水平。

2006年，深圳大学晋升博士学位授予单位，实现了从学士到硕士、博士学位授权的三级跳，在地方新型院校中率先形成了完备的人才培养结构。

2006年，时任中共深圳市委书记李鸿忠肯定并赞誉"深圳大学的辉煌成就是深圳特区辉煌成就的一个部分，是一个了不起的奇迹"。

2007年，深圳大学顺利通过本科教学优秀评估，在19个评估指标中，取得18个A、1个B的优秀成绩。评估专家认为，"深圳大学用25年时间，走完了内地高校50年的发展历程"。

2011年，教育部副部长李卫红称赞"深大30年发展进步的幅度是相当惊人的"，认为"深圳大学虽然还很年轻，但后来者居上不是不可能。这是历史经验的总结，也是现实的一种非常大的可能"。

2016年、2017年，深大连续两年国际PCT（专利合作条约）专利申请公开量全国高校排名第一。

2013—2018年，深圳大学国内排名每年上升10位左右，世界大学排名每年上升100位左右，社会声誉和影响力快速提升。

2019年软科世界大学学术排名，深大排内地高校第33名、广东高校第3名。

2020年QS世界大学排行榜，深大排内地高校第32名、广东高校第3名。

由上述可见，深圳大学的超常快速发展，成就辉煌，有目共睹。"后来居上"已在许多方面明显表现出来。实现"荔园梦"的曙光已经显现，梦想已经成真。

深圳大学是一所具有特殊地位和鲜明特色的地方综合性大学，在某种意义上浓缩了改革开放以来我国高等教育的改革与发展。古诗云："长风破浪会有时，直挂云帆济沧海。"我们坚信，经过深大人长期不懈的努力，不仅他们心目中的"荔园梦"可以成为光辉灿烂的现实，而且深圳大学在中国特色社会主义新时代一定能为我国高等教育的改革和发展，为深圳市建成现代化强国的城市范例做出新的更大的贡献。

18 文化名城
——不甘寂寞的自我宣示

"现代文化名城"是深圳文化人不甘寂寞的自我宣示,"建设现代文化名城"是20世纪90年代深圳市确定的文化发展目标。深圳今日虽无文化名城的称谓,但其文化显示度和文化影响力已展现出现代文化名城的雄姿。

"现代文化名城"这一概念是作为深圳市的文化发展目标,于1995年由主管文化工作的市领导在深圳市文化工作会议上正式提出来的,后来写进了《深圳市文化事业发展(1998—2000)三年规划及2010年远景目标》。

时至今日,20多年过去了。"现代文化名城"也由一个创造性的概念和拟定的发展目标,变成了辉煌的现实。回顾"现代文化名城"概念的提出和引起的争议,以及为建设现代文化名城而实施的一系列创新举措,可以让我们从一个角度看到深圳文化的发展轨迹。

"现代文化名城"概念源自"历史文化名城"评比活动

据资料反映,深圳提出"现代文化名城"的概念,缘起于国家文物局和建设部命名历史文化名城的活动。

全国被命名为历史文化名城的城市数以百计。这些名城的命名依据,有的是基于丰厚的历史文化积淀,如北京、西安;有的是源于某处文化

古迹、某位历史名人，如佛山的祖庙、韩愈对潮州的历史贡献；有的则是人所皆知的革命圣地，如延安、遵义；有的则因具备独特的文化形态，如梅州、上海。深圳虽然有着久远的历史，但相比之下，深圳的辉煌主要不在于历史，而在于现代。于是，深圳的一批文化人不甘寂寞，产生了建设"现代文化名城"的创意。他们认为，深圳既然不能成为历史文化名城，那么，就应该避历史之"短"，扬现代之"长"，努力建设特色鲜明的现代文化名城。当时，恰逢中共深圳市委、市政府发出"第二次创业"的号召，确立了建设多功能、国际性城市的发展战略，这就在客观上使现代文化名城的想法有了战略依托，成为国际性城市的重要内涵和显著标志。因此，"现代文化名城"的概念被决策层采纳。在1995年召开深圳市文化工作会议时，时任深圳市副市长的李容根做了题为《增创深圳文化优势　建设现代文化名城》的主题报告，明确指出："为早日把深圳建设成为现代文化名城而努力奋斗。"

概念提出，颇受争议

"现代文化名城"这一概念从提出伊始就受到了质疑，有人斥之为"文化冒进主义"。

《深圳商报》的《文化广场》周刊曾刊载一篇题为《误区：文化冒进主义》的文章。文章在谈到深圳文化的几个概念误区时这样写道："一个误区是，一说要建设深圳文化，就急于谈如何把深圳建设成'世界文化名城'，接着便是畅谈要建设多少个文化设施，持这一观点的人，认为只要有了文化建筑这样的硬件，深圳便已是文化名城，或者至少是成为文化名城倚马可待。此等诸君又犯了'文化冒进主义'的错误。"一石激起千层浪，此文一出，对"现代文化名城"论持赞同观点的人立即予以反驳。反驳者认为，"文化就是一首畅想曲，一首意境深远的抒情诗，她离不开理想主义，离不开想象力"；"文化上的'冒进'主义自然是要不得……文化上的'跃进'现象却比比皆是，古今中外不乏其例"；"在人类文化发展史上,所谓'文化名城'大概有两类:一类是在漫长的历史发展过程中自然而然形成的具有深厚的文化积累、鲜明的文化特色、众多的文化名人的文化名城,即历史文化名城,如法国的巴黎,德国的法兰克福,中国的北京、西安、广州等;一类是凭借雄厚的经济实力进行文化高速积累、具有雅俗共赏的艺术品种、领导文化潮流的文化名城,如美国的纽约、洛杉矶,澳大利亚的悉尼以及中国的上海等城市,即'现代文化名城'";"深圳这个年轻城市缺乏的就是时间,不能重复历史文化名城的老路","只能走'建设现代文化名城'的'高速公路'——利用深圳的优势,吸收人类现代文明成果,通过文化的高速积累,在不远的将来,将深圳建设成像纽约、上海等城市那样充满活力、领导文化潮流的'现代文化名城'"。

由上述可见,对"现代文化名城"论质疑的焦点是,靠经济实力加快建设作为硬件的文化设施,虽然可以速成,但仅有高档次的文化设施,缺乏相应的文化内涵,仍不能称为"文化名城"。而文化内涵的积累是需要时间的,既不能打突击,也不能搞速成。城市文化建设没有"高速公路"可走。而反驳者则依据纽约、上海等城市文化快速发展的先例,认为完全可以依靠经济实力进行文化的高速积累,可以走文化建设的"高速公路"。两种观点泾渭分明、各有道理,都要靠事实来检验。虽然深圳今天文化发展的客观现实,证实了当年提出"现代文化名城"概念的创造性和可行性,但笔者仍以为,质疑者和反驳者各有其突出的可贵之处:质疑者的可贵之处在于对文化建设所保持的一分理性的清醒,提出了不能搞文化"大跃进"的警示,这在今天仍有积极意义;反驳者的可贵之处在于敢想敢试的理想主义精神和丰富的文化想象力。

从文化想象到文化现实

实践证明,文化创新必须要有理想主义情怀,也离不开文化想象力。试看今日深圳,"设计之都"从提出口号到变为现实,申办世界大学生运动会从明知不易到努力争取而终于成功，联合国教科文组织授予深圳"全球全民阅读典范城市"荣誉称号，哪样不是敢于想象、敢于创新的结果？

"现代文化名城"从提出之日起，就不仅仅是一个口号或一个概念，还被赋予了丰富的内涵。

• "世界之窗"主题公园（胡鹏摄）

李容根同志在深圳市文化工作会议的报告中对"现代文化名城"的内涵进行了具体阐述："围绕建设多功能、现代化国际性城市的目标，逐步使深圳发展成为我国中外文化交流的窗口、文化商品交易的市场、现代文化产品生产的基地、文艺精品和优秀文化人才荟萃的中心，使之形成具有开放性、兼容性、先导性并充满活力的国际性都市文化，营造高层次、高质量的人文环境和健康良好的文化氛围，努力把深圳建设成为现代文化名城。"① 这段论述表明,决策者心目中的现代文化名城是个综合概念,涉及文化交流、文化市场、文化产业、文艺精品、文化人才等多个层面,具有较高的层次和明确的标准。现在看来,后来深圳文化的发展正是沿着这个基本思路,不同层面齐头并进、全面发展,才有了今天这样欣欣向荣的文化发展局面。

"现代文化名城"的核心要素是"现代"。一个城市只有具备明显的现代性特征,才能被称为"现代文化名城"。

当年倡导提出"现代文化名城"概念的杨宏海等人认为,"现代"一词是指文化设施的现代化、文化观念的现代化、艺术品种的现代化和文化管理的科技化。《深圳市1995—2000年文化发展规划》更是高屋建瓴地指出:"建设现代文化名城就是建设面向现代化、面向世界、面向未来的,民族的、科学的、大众的现代城市文化。"这种关于"现代"的释义和解读,是深圳人的一大创造,表明了深圳人对深圳文化发展的想象与追求。20多年后的今天,当深圳已呈现出现代文化名城的基本形态之时,对照深圳的文化现状,我们深深感到,当年想象和设定的"现代"内涵,如今都有了形象、具体的显现。

从深圳经济特区建立之初兴建的"老八大文化设施",到后来增建的"新八大"和"新六大",再到现在正在规划建设的"新十大",已构成了文化设施的现代化景观。深圳图书馆新馆、中心书城、深圳音乐厅、深圳少年宫、关山月艺术馆、华夏艺术中心等一批高档次文化设施,不仅提升了深圳的城市文化形象,而且散发出浓浓的现代文化气息。

从经济特区建立初期"时间就是金钱,效率就是生命"的口号震撼全国,到后来的短篇小说《你不可改变我》,再到"深圳不相信眼泪""无约不访,有约守时""深圳没有流行色""鼓励创新,宽容失败"等说法的流行,充分展现出深圳文化观念现代化的历史轨迹。

从报告文学《深圳的斯芬克思之谜》,到长篇小说《花季·雨季》

---

① 李容根:《增创深圳文化优势,建设现代文化名城》,载《特区理论与实践》1995年第2期。

《世纪贵族》，再到歌曲《春天的故事》《走进新时代》《走向复兴》，深圳一批文艺精品在全国产生重大影响；深圳拍摄的《家风》《钢铁是怎样炼成的》等电影电视作品几乎家喻户晓；深圳成功举办全国流行音乐金钟奖大赛，成为全国流行音乐的重镇。这一切充分表明，艺术品种的现代化在深圳已成为现实。

从深圳文化竞争力在全国大中城市中排名第一，到获得国际认可的"设计之都""杰出的发展中知识城市"等荣誉称号，深圳以雄厚的文化实力和良好的文化形象向世人展示了面向现代化、面向世界、面向未来的现代城市文化。

如果说25年前提出建设现代文化名城，只是设定了一个富有想象力的城市文化发展目标，那么，到今天，深圳虽然尚无现代文化名城的头衔，但实际上已经全方位地展现出现代文化名城的雄姿，或者说，当年的理想今天已变成了现实。这足以令深圳人感到欣慰和自豪。

19 文化立市
——城市文化发展的战略思维

"文化立市"是深圳文化发展战略和城市发展战略的有机统一,旨在建设有国际影响力的高品位文化城市,提升城市文化竞争力,为打造国际文化创意先锋城市提供文化动力和战略支撑。

· 气势雄伟的深圳"市民中心"(胡鹏摄)

2004年3月2日,深圳市实施"文化立市"战略工作会议在深圳会堂召开,时任中共广东省委副书记、深圳市委书记的黄丽满同志做了题为《大力实施"文化立市"战略,努力把深圳建设成为高品位文化城市》的报告,这标志着中共深圳市委、市政府确立的"文化立市"战略正式进入实施阶段。

"文化立市"战略的提出和确立

1999年8月,中共广东省委、省政府在深圳召开"全省经济特区和珠江三角洲改革开放工作座谈会"。会上,调研组的同志在汇报关于深圳如何建成率先基本实现社会主义现代化示范市的调研成果时,明确提出深圳"必须确立'文化立市'的战略思想"。"文化立市"战略在深圳正式确立,是在2003年1月召开的中共深圳市委三届六次全会上。这次会议根据党的十六大精神,进一步明确了深圳经济特区的目标定位和战略思路,决定确立"文化立市"战略,树立文化经济理念,把深圳建设成为高品位的文化生态城市。

"文化立市"战略的提出和确立,有着特定的文化背景。

20世纪末21世纪初,深圳人均GDP已超过5500美元,人民群众的精神文化需求日益增长,文化的作用日显突出,而深圳当时又客观存在着文化积淀不厚、文化实力不强的现实状况。此外,在世界范围内,城市之间的竞争,由拼经济、拼管理发展到拼文化,已成为客观现实和发展趋势。用时任中共深圳市委宣传部副部长李小甘同志的话说,"深圳的决策者和所有的深圳人都不得不面对一个老生常谈而又历久弥新的话题——文化"。因此,如何增创文化优势,增强文化实力,就成为中共深圳市委、市政府迫切需要考虑的现实问题。大家普遍认识到,国家以文化比强弱,城市以文化论输赢。当代任何一个国家和地区要增强自己的竞争实力,就必须顺应当今世界文化与经济发展相互交融的新趋势,提出既具有超前意识和创新意识,又切实可行的文化发展战略。从这个意义上说,深圳确立和实施"文化立市"战略,既是一种顺势而行的选择,也是城市文化发展需求内在驱动的自然结果。因此,2003年年底召开的中共深圳市委三届八次全会又进一步提出要坚定地实施"文化立市"战略,努力建设文化强市。

19 文化立市——城市文化发展的战略思维

"文化立市"是城市发展战略的重大调整

确立并实施"文化立市"战略，强调并发挥文化在城市建设和发展中的重要地位和支撑作用，是中共深圳市委、市政府在城市发展战略上的一个重大调整，是把城市发展战略与文化发展战略有机统一起来，通盘考虑、全面部署的一个创举。

黄丽满同志在实施"文化立市"战略工作会议上的报告中明确指出："实施'文化立市'战略，建设高品位文化城市，这是我市率先基本实现社会主义现代化的重大战略选择。""如果我们不对文化给予高度重视，并采取有效措施和手段推进文化的发展，我们深圳的发展优势势必会逐步下降、弱化。""因此'文化立市'战略不仅是文化自身发展的战略问题，更是经济社会发展的战略全局问题，是环境、经济、社会、科教、文化、政治等领域，政府、社会、企业、单位、个人各层次都相关的战略问题。"

实施"文化立市"战略与广东建设文化大省战略相呼应

2002年12月，中共广东省委九届二次全会做出关于加快建设文化大省的战略部署，通过了《广东省建设文化大省规划纲要》；2004年2月，落实《关于加快建设文化大省的决定》（简称《决定》）。《决定》要求"深圳要依托对外开放和体制创新示范区的优势，加快建设文化强市"。由此可见，实施"文化立市"战略在客观上成为贯彻中共广东省委、省政府建设文化大省的战略决策、建设文化强市的重要途径，同时也是更好地发挥深圳在广东建设文化大省进程中的示范和带头作用的重大创新。

"文化立市"战略的文化内涵和目标追求

时任深圳市社会科学院院长乐正教授将"文化立市"战略的文化内涵概括为以下3个方面：第一，努力实践以人为本、全面协调和可持续发展的科学发展观，促进人与社会的全面发展；第二，加快发展深圳的文化事业和文化产业，积极推进文化体制改革，增强深圳的综合文化实力；第三，努力提升深圳的城市品位，塑造具有高品位文化内涵的国际化城市形象。应该说，这一概述还是比较全面的。那么，如何把这些内涵变为深圳文化建设和文化发展的现实，使"文化立市"战略在实施过程中取得明显成效呢？黄丽满同志在报告中提出"三个坚持"的原则：一是坚持以人为本原则，明确"文化立市"在一定意义上也是"文化立人"，要从各个方面努力，全面提高全市干部群众的精神境界、道德水平和文化素质；二是坚持全面协调发展的原则，正确处理统筹好经济建设与文化发展、政治文明建设与文化发展、城市建设与文化发展、经济特区内与经济特区外、常住人口与暂住人口、硬环境文化与软环境文化、民族文化发展与吸收国际先进文化成果、政府作用与市场作用及民间社会力量这8个方面的关系；三是坚持可持续发展的原则，通过文化的发展，提升深圳经济社会的持续发展能力，实现深圳经济社会的持续发展。

"文化立市"战略取得显著成效

"文化立市"战略实施至今已有10多年的时间。10多年来，当年设定的文化内涵与战略目标正在逐步实现，各个方面都取得了可喜的成就。深圳城市竞争力紧随香港，排名第二，文化竞争力排名第一；文化体制改革成为全国试点城市之一；公共文化服务体系建设惠及全市人民，成为全国先进典型；市民文化大讲堂等文化形式创新在全国产生很大的影响；文化产业快速发展，引起国家媒体的广泛关注和集中宣传，2008年，联合国教科文组织授予深圳"设计之都"等荣誉称号。实践证明,确立并实施"文化立市"战略是深圳城市文化发展理念的重大创新,在深圳文化今后的发展进程中必将产生更加广泛、更加深远的影响。

"文化立市"战略与"高品位文化城市"建设

建设高品位文化城市,是进入21世纪后深圳根据"文化立市"战略而提出的文化发展具体目标。

2003年1月,中共深圳市委三届六次全会提出深圳建设国际化城市的5个战略目标:建设高品位的文化－生态城市、高科技城市、现代物流枢纽城市、区域性金融中心城市、美丽的海滨旅游城市。高品位文化城市既是国际化城市的5个战略目标之一,也是"文化立市"战略的目标追求。

深圳提出建设高品位文化城市,既是城市未来发展的战略需要,也是城市文化发展的客观需求,旨在提高深圳的城市竞争力,建构特色鲜明的现代城市文化形象。

一位博士在《文化致远:深圳建设高品位文化城市研究》一书中指出:"深圳建设高品位文化城市,是基于建设国际化城市的背景上,而国际化城市建设不是孤立的,必须参与全球性国际化竞争……在全球国际竞争的大舞台上,文化所扮演的角色越来越重要,越来越突出……深圳正处在重要的历史发展机遇期,在今天的全球竞争格局中,深圳要杀出重围,不仅要拼经济、拼管理,更要拼文化……深圳要以文化立市战略赢得新的制高点,而文化立市战略不是空洞口号,需要一系列高瞻远瞩又切实可行、想象力与实践性并重的文化构想和举措,更需要明确的目标。建设高品位文化城市,便是一个响亮的回应。"这一段论述充分回答了深圳为什么要提出建设高品位文化城市的现实问题,阐明了建设高品位文化城市的深远意义。

究竟什么是高品位文化城市?其定义和内涵应该怎样科学界定?

彭立勋教授和尹昌龙、黄士芳博士在他们的论文《深圳建设高品位文化城市研究》中提出了明确的见解:"'城市品位'概念实质上是一个城市美学概念,是城市所给人的印象和感受,是城市空间、城市布局、历史文化、建筑风格、城市环境、经济支柱、文化积淀、城市景观、人文精神等要素有机结合而成的可以感受的表象和可以领会的内涵,也是对这个城市的外观和内涵、硬件和软件的印象、感受上的一种综合判断。""'城市文化品位'主要体现在市民的文明素质、城市景观的风格和内涵、社会科学成果的学术含量、文学艺术作品的美学含量、经济活动的文化含量以及社会政治活动的科学化和规范化程度等方面。""所以建设高品位城市,不是指一般意义上的城市文化发展,实质是指城市整体文化品位的提升,即城市文化由以前的数量和规模的发展上升到质量和品牌的飞跃。"

文化学者王京生先生把高品位文化城市的"高度"归纳为7个"高":①市民的整体文化素养和文明程度高;②代表城市文化的标志性设施档次高;③文艺精品和优秀艺术人才的产量高;④文化产业占国民生产总值的比例高;⑤市民享受文化权利的程度高;⑥公共文化行政体制的运作效率高;⑦在借鉴吸收世界先进文化的同时,捍卫文化主权,使中华民族的传统文化在国际上的威望高。

上述几位专家学者的论述表明,高品位文化城市具有明确的高标准,深圳建设高品位文化城市必将是一个动态的全面发展过程,既不能操之过急,也不能盲目乐观、草率认定。

战略目标确定之后,如何采取有效措施,切实推进文化创新,尽快把深圳建设成为高品位文化城市,同样是一个必须高度重视、努力落到实处的现实问题。文化学者吴忠先生认为,要着重解决好经济意识与人文意识、大众文化与精英文化、实用追求与审美考量、历史传统与文化创新的认识问题,努力强化人文意识,促进大众文化与精英文化和谐发展,提升市民的审美修养与审美水平,发掘继承历史文化的优良传统,不断推进文化创新。

建设高品位文化城市作为一个文化发展目标，从2003年提出，至今已有17年的时间。17年来，深圳的文化形象逐步完善，文化特色更加鲜明，文化地位不断提升，初步显示出城市文化的高品位。虽然深圳与一个整体意义上的国际化高品位文化城市尚有距离，但雏形已经形成，影响正在扩大。我们相信，假以时日，深圳建设高品位文化城市的发展目标一定能够全面实现。

20 "两城一都"
——特色鲜明的城市文化名片

"两城一都"是"图书馆之城""钢琴之城"和"设计之都"的统称。建设"两城一都",是为了给高品位文化城市建设提供有力的战略支撑,打造特色鲜明的城市文化名片,增强深圳城市文化特色的显示度。

"两城一都"的理念最初源自深圳一些学者的文化畅想,后来成为深圳市实施"文化立市"战略的重要内涵和目标选择之一。

2004年3月2日,深圳市委领导同志在深圳市实施"文化立市"战略工作会议的报告中指出:"要大胆增创深圳的文化特色,努力打造'图书馆之城''钢琴之城'和'设计之都'。"这表明,文化学者们关于创建深圳文化特色的设想已被决策层采纳。

"两城一都"为"文化立市"提供战略支撑点

时任中共深圳市委宣传部部长的王京生在他主编的《文化立市论》的绪论中这样写道:"'文化立市'战略的实施,建设高品位文化城市,必须确立强有力的战略支撑点。为此,我们提出建设'两城一都',也就是把深圳建设成为'图书馆之城''钢琴之城'和'设计之都'。将图书馆事业、钢琴艺术和设计业的发展与城市今后一段时间的发展目标联系在一起,一是因为这三者都具有与世界接轨的普遍价值,体现的是对城市文化发展状态和水平进行判断的一些基本尺度。二是因为从现有的文化资源基础看，深圳在这几个方面已经有了一定的现实基础，形成了相对优势。""'两城一都'建设目标的提出，就是要把我们现有的这种文化发展的相对优势转化为绝对优势，再把绝对优势变成深圳文化的特色。从更深远的意义分析，我们建设'两城一都'，就是要建设一个学习型社会，探索一种艺术的表现形式和鼓励创新的能力。"[①] 王京生先生的这段论述全面阐述了提出"两城一都"理念的基本出发点和战略思想，阐明了把"两城一都"作为"文化立市"战略支撑点的深刻原因。

"两城一都" 强化城市文化特色

城市是一个抽象的整体概念，需要有突出的文化特色而使其形象变得鲜明起来。如称维也纳是"音乐之城"，称澳门是"赌城"，都是对其鲜明特色的形象表述。深圳要建设高品位文化城市，必须强化文化特色，要有看得见、表得明，一句话就能说清楚的实实在在的东西。在高等学校或科研机构，对一个专家学者的介绍，通常都是一句话就能说清楚，如深圳大学的刘洪一教授是犹太文化研究专家，郁龙余教授是印度研究专家，吕元礼教授是新加坡研究专家。如果一句话说不清楚，那就说明他没有特色或特长，啥都是，又啥都不是，城市也是如此。深圳要建成国际化城市，就不能停留在"经济特区"这一称谓上，必须形成鲜明的文化特色，让外界介绍或辨识深圳时也能一句话就说得清楚。从这个意义上讲，建设"图书馆之城""钢琴之城""设计之都"就是要强化深圳在这3个方面的文化特色，使之成为深圳的3张城市名片，成为代表性的城市符号和城市象征。这个设想和目标一旦成为现实，那么，人们对深圳的评价和称谓就不仅仅是作为改革开放试验场的经济特区，而是享誉海内外的文化名城，"图书馆之城""钢琴之城""设计之都"就会成为人们耳熟能详的常用话语。到那时，深圳的文化形象和文化地位可想而知。

---

① 王京生主编：《文化立市论》，海天出版社2005年版，"绪论"第3页。

"两城一都" 有丰富的文化内涵

"图书馆之城"必须拥有相当数量的高档次的图书馆,拥有相当数量的图书馆藏,拥有畅通无阻的图书网络信息,拥有快速、便捷的图书资料检索系统,同时要有市民喜欢书、爱读书的阅读文化氛围。经过40年的建设与发展,深圳在这方面已经具备了较好的基础。早在20世纪80年代,深圳决定兴建"八大文化设施"时,图书馆就是其中之一。截至2018年年底,全市拥有公共图书馆620座。其中,市级公共图书馆3座,区级公共图书馆8座,街道及基层图书馆609个。全市公共图书馆馆舍总面积约35.53万平方米,总藏书3282万册(含电子文献1049万册)。常住人口人均拥有图书馆和藏书量远远超过全国和广东省的指标。2008年,深圳又创建了"城市街区24小时自助图书馆系统",目前拥有自助机240台,进一步提升了全民阅读的服务水平。此外,深圳图书馆还与国家图书馆等大型图书馆进行联网,扩充了图书信息资源,方便读者检索和查阅。尤其是,从2000年创办读书月以来,深圳已连续举办了20届读书月,形成了全民阅读的良好氛围。国际级和国家级的高层次阅读论坛先后在深圳举办,进一步扩大了深圳推崇阅读、引领阅读的文化影响。联合国教科文组织授予深圳"全球全民阅读典范城市"荣誉称号。所有这一切都表明,深圳建设"图书馆之城"既有经济实力,又有文化基础,既有群众需求,又有政府主导,只要假以时日,愿望必将成为现实。

"钢琴之城"必须拥有一定数量的钢琴,钢琴艺术教育具有广泛性和普遍性;钢琴演奏艺术达到较高的水平和成就,市民普遍显示出对钢琴艺术的理解和钟情。深圳的钢琴拥有量、教育基础、艺术成就在国内城市中处于领先水平,涌现出李云迪、陈萨、张昊辰等一批在肖邦国际钢琴大赛、利兹国际钢琴大赛等世界顶级钢琴比赛中获得奖项的钢琴人才。学习钢琴演奏、欣赏钢琴艺术,在深圳也已蔚然成风。国外文化界的许多朋友对深圳的了解大多也是源自钢琴。由此可见,深圳提出建设"钢琴之城"不是浪漫主义的畅想,而是具有较好的现实基础的战略设想。它的创新意义在于,给一个商业气息比较浓厚的新兴城市设置了一个高品位的艺术象征,营造了一种浓郁的艺术氛围,激发了市民欣赏和崇尚高雅艺术的审美趣味,从而提高了城市的文化品位。可以想见,当国内外人士都把深圳与钢琴联系在一起的时候,深圳的文化品位和艺术素养也就显而可见了。

"设计之都"意味着一座城市不仅要成为设计艺术之都,同时也要成为设计产业之都。构成设计之都的基本内涵是具有一批高水平的设计人才和设计作品,有一批在国内乃至国际上有相当影响的设计公司,有影响不断和辐射范围广泛的设计活动,有较高的设计行业产值,有较高的设计理论研究水平,政府对设计的发展和意义有较强的文化自觉意识,市民对设计有较广泛的普遍认知和较高的鉴赏水平。归根结底一句话,要有层出不穷的文化创意。对照这"七个有",深圳已有陈绍华、韩家英、张达利等一批优秀的设计师和国内最先进的设计辅助产业,有崇尚设计的现代意识和对设计执着追求的设计师群体,更有政府对设计文化和设计产业发展的高度重视和大力支持。深圳提出建设"设计之都"既是现实的期待,也是努力的方向。它的创新意义在于,把设计看作物化了的精神,提升了设计的文化价值和产业价值,使之与城市发展战略和文化发展理念联系起来,从而使设计从设计师群体和设计行业中超拔出来,成为全市人民共同关注、共同支持的文化事业和文化产业,成为城市文化形象的突出标志。2008年,联合国教科文组织授予深圳"设计之都"的称号,既使深圳建设"设计之都"的愿望变成了现实,得到了国际组织的认同,同时也给深圳的"设计之都"建设提出了新的更高的要求,因为深圳建设"设计之都",终究不是为了一个称号,而是要扎扎实实地充实城市的文化内涵,提升城市的文化品位。从这个意义上说,深圳建设"设计之都"仍然是刚刚起步,要走的路还很长,不能有半点懈怠。

综上所述,深圳提出建设"两城一都",经过一段时间的努力,已基

本由理念变为现实,"图书馆之城""钢琴之城""设计之都"建设取得了显著成效。深圳的文化特色和文化形象已在国内外引起了广泛的关注,这既是实施"文化立市"战略的可喜成果,也是深圳城市文化品位提升的显著表现。每一个深圳人都应当为此感到欣慰和自豪。

·深圳的地标建筑——平安国际金融中心(胡鹏摄)

21 "十大观念"
——改革开放的生动注脚

"深圳十大观念"是深圳改革创新的文化记忆,是中国改革开放的生动注脚,展现出深圳这座城市的精神气质和文化品位。"十大观念"源自深圳,属于全国,产生于深圳改革创新的历史进程,作用于全国改革开放的伟大实践。它对践行社会主义核心价值观,繁荣发展社会主义先进文化,具有不可替代的价值和意义。

深圳是一座创造奇迹的城市,不仅创造了经济增长的高速度,促使城市现代化快速推进,而且凝练了洋溢着时代精神的新观念——"深圳十大观念"。这是中国文化史和改革开放史上唯一以地名命名的文化观念,彰显出深圳这座特区城市的精神气质,为中国的改革开放写下了生动的注脚。

"十大观念"的产生

深圳作为我国第一个经济特区和改革开放的窗口,改革探索、开拓创新是其最基本的功能。丰富的改革创新实践激荡着人们的心灵,冲击着各种传统的思想观念,孕育出一系列饱含创新特质和时代精神的新思想和新观念,并演变成人们的口头语,广为传播。据有关部门不完全统计,深圳人耳熟能详、朗朗上口的观念金句有100多条。为了使这些新观念更加凝练、更加深入人心,深圳市委文化宣传部门通过发动群众评选,

先从100条中遴选出30条,然后再请有关专家给每一条写出500字左右的解读,分期分批地在报纸上刊登。最后,请专家和广大市民分别投票,选出10条最有代表性、最具影响力、最契合深圳改革创新实际的新观念。

2010年11月,"深圳最有影响力的十大观念"诞生,成为深圳文化建设的一个突出亮点,产生了极大的社会反响。《人民日报》在报道中评价"深圳十大观念"是"时代精神的高度浓缩,改革历程的生动注脚;它勾连着走向开放的全体中国人的共同记忆,也可以沉淀为我们继续迈步未来的独特财富"。

2011年5月,详细分析和解读"十大观念"的理论专著——《深圳十大观念》由深圳报业集团出版社出版,受到广大读者的普遍欢迎。从此,"深圳观念"以一个特定概念和10句金句的形式进入人们的视野,影响着人们的思想和实践:

> 时间就是金钱,效率就是生命
> 空谈误国,实干兴邦
> 敢为天下先
> 改革创新是深圳的根,深圳的魂
> 让城市因热爱读书而受人尊重
> 鼓励创新,宽容失败
> 实现市民文化权利
> 送人玫瑰,手有余香
> 深圳,与世界没有距离
> 来了,就是深圳人

"十大观念"的精神内涵

深圳本土学者、时任中共深圳市委宣传部部长王京生在《观念的力量》一文中这样论述:"深圳'十大观念'内涵丰富,从纵的方面涵盖了

21 "十大观念"——改革开放的生动注脚

深圳的精神发展史,也是改革开放的进程史,从横的方面涵盖了深圳文化价值观。"① 王京生的观点是把"十大观念"看作深圳改革开放进程中精神演变的生动记载和形象体现,同时也是对中国改革开放的一种文化折射。从理论阐述来看,这样表述应该是可以的,但从社会大众对深圳观念的认知来看,似乎需要更具体的解读。因此,有必要把"十大观念"的内涵逐一阐述。

"时间就是金钱,效率就是生命"是20世纪80年代初由时任蛇口工业区董事长袁庚先生提出来的,曾一度引起争议,后来得到邓小平同志的肯定,成为我国改革开放后最早出现的新观念。这一观念彻底颠覆了计划经济"大锅饭"条件下的旧观念,有力地冲击了不珍惜时间、不注重效率的不良习惯,被誉为"市场意识的启蒙",是"冲破思想禁锢的第一声春雷""划破长空的第一道闪电"。如今,重新审视这一新观念,可以更加清晰地看到袁庚的思想高度,看到邓小平肯定这一观念的伟大。没有这样的新观念,何来3天一层楼的"深圳速度"?没有这样的新观念,深圳怎么能实现跨越式超常发展,"深圳奇迹"又从何谈起?

"空谈误国,实干兴邦"源自1992年邓小平的"南方谈话",深圳人敏锐地把它作为新观念来加以弘扬。这一观念在改革开放初期具有特殊意义,在当下仍然有现实意义。众所周知,改革开放初期关于"姓社姓资"的争论曾经在很大程度上扰乱了人们的思想,让人们陷入困惑,不知所从。邓小平同志明察秋毫,一句"不争论"力压杂音。1992年邓小平同志视察南方时,又把"不争论"上升到"空谈误国,实干兴邦"的思想高度,要求大家不要把时间浪费在无谓的争论上,只有像深圳这样"力戒空谈,崇尚实干",才能加快推进改革开放的进程。如今,我们走进新时代,迈向新征程,要求更高,任务更重,更需要实干精神。"空谈误国,实干兴邦"这一务实的新观念将贯穿于我国社会主义现代化的全过程。

"敢为天下先"源自《老子》第六十七章,原文是"不敢为天下

---

① 王京生:《观念的力量》,见王京生主编《深圳十大观念》,深圳报业集团出版社2011年版,第5页。

先"，即"不敢自傲，居天下之先"。后来，孙中山先生反其意而用之，在辛亥革命中喊出"敢为天下先"的革命口号，起了很大的鼓舞作用。深圳是改革开放的排头兵，自然是思想解放，敢闯敢试，敢为天下先。因此，"敢为天下先"成为深圳的新观念之一，是名副其实、实至名归的。正是因为敢为天下先，才有了1000多个全国第一，才能敲响土地拍卖第一槌，才有"文稿拍卖"这样的空前壮举，才能让邓小平做出判断："深圳的重要经验就是敢闯。"一句话，正是"敢为天下先"的先进观念成就了深圳的开拓创新、一往无前。

"改革创新是深圳的根，深圳的魂"源自2005年时任中共深圳市委书记李鸿忠的会议发言。背景是在深圳经济特区成立25周年之际思考深圳改革创新的精神特质。深圳人发自内心地认同和喜欢这一观念。深圳因改革开放而生，因改革创新而成。没有改革创新，就没有"深圳速度""深圳质量""深圳观念""深圳奇迹"；不改革、不创新，就不是深圳。改革创新已经融入深圳的血液中，成为深圳的精气神，成为深圳的根基和灵魂。这一观念同样也是时代精神的生动写照。改革开放是最鲜明的时代特征，处于改革开放前沿的深圳正以改革创新的精神气质，引领着时代前进的步伐。

"让城市因热爱读书而受人尊重"源自2005年时任中共深圳市委宣传部部长王京生在当年"读书月"开幕式上的讲话，后成为大众热传的新观念。深圳是一座新兴的移民城市，商业文化气氛较浓，文化底蕴与人文精神相对较弱。建市不久的深圳要树立一个良好的城市文化形象，需要有一个切入点，需要形成新的文化传统。为此，深圳创办了一年一度的"读书月"，向阅读致敬，引导市民爱读书，营造城市的书香氛围。此举不仅催生了众多规模宏大、设施一流的深圳书城，更使读书成为深圳人的一种生活方式，成为这座移民城市的精神风尚。它消淡了商业气息，让深圳因热爱读书而受到广泛的赞誉和好评。联合国教科文组织授予深圳"全球全民阅读典范城市"荣誉称号，"读书月"这一公共文化形式也被国内许多城市仿照。由此可见，"让城市因热爱读书而受人尊重"

已从一个新观念演变成一种可喜的文化现象，爱读书已成为深圳的一个文化亮点。

"鼓励创新，宽容失败"源自2006年深圳市政府颁布的《深圳经济特区改革创新促进条例》，后来成为深圳乃至全国大力倡导的一种新观念，被写进国家科技部的有关文件。鼓励创新本是深圳经济特区的"题中之意"，可贵之处在于把"创新"和"宽容"统一到一起。众所周知，创新是开创，是尝试，不可能百试百灵、百战百胜，必然会有失败。但如果一有失败，就遭到处罚，那么，谁还敢去创新？因此，宽容失败是对科学精神的尊重，是对创新行为的鼓励，也是对"只允许成功，不允许失败"的传统观念的反驳，体现出一种全新的思维方式。正因为有这样的新观念，才使"崇尚创新有为，拒绝平庸无为"成为深圳的一种风尚，才让创新成为深圳最鲜明的精神特质。

· 深圳最早提出的新观念（胡鹏摄）

"实现市民文化权利"于2000年深圳首届"读书月"期间在全国率先提出,是深圳比较超前的先进文化观念。长期以来,我们习惯于把文化与宣传联系在一起,把文化与宣传作为一个整体来考虑,很少考虑市民的文化权利,甚至许多文化官员脑子里根本就没有实现市民文化权利的概念。从理论上讲,文化权利包括文化创造的权利、享受文化成果的权利、保护知识产权的权利这3个方面。从公共文化服务的角度来看,实现市民享受文化成果的权利显得尤为重要。一个以民为本的政府,要让市民有条件、有机会去欣赏高档的文化文艺产品,有条件、有机会参与各类文化娱乐活动,真正把实现市民文化权利落到实处。为此,深圳创造了"美丽星期天""深圳晚八点""市民文化大讲堂"等一系列新的文化活动形式,让市民能够有机会有选择地充分享受不同层次的文化成果。一座城市能有这样的文化观念,是市民的福气,也必将会对全国产生影响。

"送人玫瑰,手有余香"最初是深圳市义工联合会章程中的一个概念,源自英国的一句古谚,意思是在帮助别人的同时,自己也得到快乐。深圳把"送人玫瑰,手有余香"选为"十大观念"之一,与深圳每年举行的"关爱行动"密切相关,目的是让城市充满爱,"用爱拥抱每一天,用心关爱每个人"。久而久之,"送人玫瑰,手有余香"就成为市民自觉奉行的观念。深圳的志愿者无处不在,公益组织、慈善捐助、无偿献血、感恩回报深入人心,公交让座、扶老帮幼成为风尚。在深圳,没有做过义工的人会感到羞愧,帮助他人已经是习以为常的事情,无论职位高低,无论能力大小,能给他人送上一份爱,就能获得发自内心的快乐。正可谓:人人都献出一点爱,城市就无比美丽。

"深圳,与世界没有距离"本是2008年深圳申报承办世界大学生夏季运动会的一句口号,是通过媒体公开征集而得,出自一位初中毕业的"打工妹",曾让许多参与口号征集并提供各种方案的专家教授自叹不如。"深圳,与世界没有距离"不仅符合世界大学生运动会的主旨,而且准确地道出了深圳这座城市的现状与追求。"与世界没有距离"表明深圳正以开放的姿态，走向世界，融入世界；说明深圳的发展具有国际视野和世界眼光，没有坐井观天的盲目自满，追求的目标是全球区域文化中心城市和全球标杆城市。"与世界没有距离"也表明世界认同深圳、包容深圳。如今，各类国际性文化活动纷纷在深圳举办，深圳已与几十个世界著名城市通航，诺贝尔奖获得者等许多国际著名科学家的实验室落户深圳，深圳已经名副其实地做到了"与世界没有距离"。

"来了，就是深圳人"是深圳广大市民的心声，彰显出深圳这座移民城市的开放气度和包容胸襟。无论你来自哪个地方，无论你操着何种乡音，只要你到深圳安居下来，你就是深圳人，没有人说你是外地人或乡下人，也没有人计较你的高低贵贱。到了深圳，你就能感受到家的温暖和爱的关怀。这在当今中国，确实是一道令人向往的城市风景。

"来了，就是深圳人"有3层基本含义。①来了，自然是深圳人。只要你认同深圳，为深圳做出贡献，你就可以积分入户，享受户籍市民的同等待遇。②来了，必须是深圳人。要和深圳这座城市的精神气质相符，敢于创新，有所作为，崇尚英雄，拒绝平庸，在深圳努力干一番事业。③来了，应该是深圳人。要对深圳有认同感、归属感，有主人翁的心态。不能把深圳当作淘金的驿站，把自己当作来去匆匆的过客。

由上述可见，虽然"来了，就是深圳人"，但要做一个合格的、有所作为的深圳人，还必须做出一番努力。

"十大观念"的价值和影响

著名学者、时任中央党校副校长李君如认为，"'十大观念'内在地包含和体现了'以人为本，实事求是，改革创新，自强自爱，振兴中华'的价值追求"。而王京生则认为，"'十大观念'构成了一个有机的价值体系"，"从人的经济权利到人的文化权利，从人的勇气到人的创意，从人的接纳认同到人的关爱传递，这都是以人为本的观念，这才是以人为本

的文化,这才是深圳十大观念所具有的价值底蕴"①。简而言之,两位学者都是从人和国家这两个角度来考量"深圳十大观念"的价值:对人,体现的是"以人为本";对国家,体现的是振兴中华的精神动力。

笔者以为,"十大观念"的价值还表现为它是社会主义核心价值观的生动体现。它以朗朗上口、生动活泼的表现方式,诠释了社会主义核心价值观的主要内涵,让人记得住、用得上。从这个意义上说,"十大观念"对传播和实践社会主义核心价值观有着促进和推动作用。

2010年11月8日《人民日报》评论指出,"十大观念""不独属于深圳。它是时代精神的高度浓缩,改革历程的生动注脚"。对于深圳而言,"十大观念""表达了深圳人对深圳的认知、理解和期待,反映了特区的品格特征,塑造了深圳的形象和深圳的集体人格特征,强化了深圳的城市自觉意识和文化认同感";② 对于全国而言,"十大观念"注解了中国改革开放的文化变迁,代表了中国精神文化发展的未来走向。

---

① 王京生:《观念的力量》,人民出版社2012年版,第11页。
② 王京生:《观念的力量》,人民出版社2012年版,第6页。

22 特区精神
——深圳城市精神的高度凝练

"特区精神"是深圳经济特区改革创新精神的形象表述,也是深圳城市精神的高度凝练,更是深圳建设中国特色社会主义先行示范区的精神动力。"特区精神"在"先行先试"中诞生,在"先行示范"中升华。

深圳于1987年提出"特区精神",1990年更名为"深圳精神",后来又提出加强城市人文精神建设。2019年,中央颁布《中共中央 国务院关于支持深圳建设中国特色社会主义先行示范区的意见》(以下简称《意见》),要求深圳"进一步弘扬开放多元、兼容并蓄的城市文化和敢闯敢试、敢为人先、埋头苦干的特区精神",再一次明确了"特区精神"的概念和内涵。其实,无论"特区精神"还是"深圳精神",都是城市精神的体现,当下强调弘扬"特区精神",是为了激发深圳"先行示范"的精神动力,推进深圳出色地完成建设社会主义现代化强国的城市范例的历史使命。

从"特区精神"到"深圳精神"

1987年6月22日至8月6日,中共深圳市委召开第二次思想政治工作会议,会上提出用"开拓、创新、献身"来概括"特区精神",并要求把培养和发扬"特区精神"写入会议纪要。会议还对"特区精神"进行了具体的阐述:

开拓——就是胸怀"振兴中华,建设特区"的理想和抱负,面向世界,面向未来,为贯彻党的基本路线,为完成党中央赋予我们举办特区的战略任务而勇于开拓,奋力拼搏,敢于竞争,百折不挠,锲而不舍,以压倒一切困难的精神,去夺取胜利。

创新——就是要大胆改革,积极试验,敢于走前人没有走过的路,敢于借鉴国内外有益的经验和做法,为建设有中国特色的社会主义探索新路子。

献身——就是坚持党和人民的利益高于一切,全心全意为人民服务,不为名利,公而忘私,先人后己,艰苦奋斗,廉洁奉公,敢于坚持原则,同坏人坏事作斗争,为特区和祖国"四化"建设多做贡献。

1990年下半年,中共深圳市委常委会通过讨论,决定将"特区精神"加以补充完善,做出新的概括。增加了"团结"二字,把"献身"改为"奉献"。同时决定把"特区精神"更名为"深圳精神",以增强深圳人的使命感和责任感。这样,经过完善和更名的"深圳精神"就完整地概括为"开拓、创新、团结、奉献"8个大字。

进入21世纪,深圳走过了"一马当先"的激情岁月,面临着"万马奔腾"的发展态势。昔日的经济特区政策优势已不复存在。在前有标兵、后有追兵的新形势下,深圳如何在制度创新和扩大开放等方面继续走在前列?深圳这座城市和广大市民应具有何种精神风貌?这是深圳人所面临的现实问题。中共深圳市委、市政府审时度势,与时俱进,组织全市人民开展"深圳精神"大讨论,在讨论中提高认识,集思广益,凝练并重铸"深圳精神"。2002年,中共深圳市委三届六次全会对"深圳精神"进行了新的概括和表述,保留了经过历史和实践验证的"开拓创新、团结奉献",增加了"诚信守法、务实高效",形成了新形势下"深圳精神"的完整表述:"开拓创新、诚信守法、务实高效、团结奉献。"新的表述不是简单的字数增加,而是从新的高度体现了深圳干部群众强化法制观念、加强道德修养的自觉意识。这表明,"深圳精神"在与时俱进,深圳人民在与时俱进，深圳这座以改革开放、开拓创新而闻名于世的新兴城市，也在与时俱进。

从"深圳精神"到"城市人文精神"

2006年12月，时任中共深圳市委书记李鸿忠在市委四届五次会议上郑重地提出："要致力于城市人文精神建设，致力于人的全面发展，让大写的'人'字在特区的旗帜上高高飘扬，不断促进城市人文精神的积淀、创造、丰富和升华。"并明确指出："加强城市人文精神建设，是市委从城市长远发展出发，着眼于提升深圳'软实力'的一个意义重大的战略决策，是一座城市的'铸魂'工程。"随后，《深圳特区报》刊发长文《深圳城市人文精神解读》，把深圳城市人文精神概述为10个关键词：民本、敢闯、务实、创新、包容、竞争、求知、崇文、关爱、法治。专家们认为，"人文精神决定深圳精神走向"，是深圳的灵魂。

时过5年，2012年2月，时任中共深圳市委书记王荣在深圳"深入实施文化立市战略　建设文化强市工作会议"上又提出："要着力培育城市人文精神，共建和谐精神家园。"

由上述可见，从"深圳精神"到"城市人文精神"的概念之变，反映出深圳市委领导同志文化建设战略思想的调整。强调城市人文精神建设，注重的是人的文化素养的提升和人的全面发展，关注的是和谐精神家园建设，目的是增强城市的文化"软实力"。从国际城市竞争格局的趋势来看，这种调整具有历史必然性，体现出与时俱进的文化自觉。

弘扬"特区精神"，推动"先行示范"

如果说20世纪80年代提出"特区精神"，是为了加强经济特区的精神文化建设，给创办不久的深圳经济特区注入一股精神力量，提高特区人的精神境界，那么，在中国特色社会主义进入新时代的新形势下，《意见》明确强调"特区精神",则是为了推进深圳经济特区的"先行示范区"建设。"敢闯敢试、敢为人先、埋头苦干"的"特区精神",对于现在的深圳人来说已不是一个外在的概念,而是已经融入血脉的精神资源。深圳要建设中国特色社会主义先行示范区,必须调动这笔精神资源,进一步弘扬"特区精神",把当年创造辉煌的"敢闯敢试、敢为人先、埋头苦干"精神,落实到建设先行示范区的伟大实践中,努力把深圳建设成为"高质量发展高地、法治城市示范、城市文明典范、民生幸福标杆、可持续发展先锋",成为社会主义现代化强国的城市范例。

·全球最大的深圳国际会展中心(香翠摄)

23 文化创新
——文化自觉与城市亮色

文化创新是深圳的鲜明特色和一大亮点,源自承担历史使命和认识城市文化现状的高度自觉。深圳的文化创新包括文化发展理念创新、文化体制机制创新、公共文化服务创新、文化产业发展创新、文化品牌打造等多个方面,塑造了高品位的城市文化形象,增强了城市文化竞争力。

•位于深圳龙岗的世界大学生运动会比赛场馆(胡鹏摄)

"当深圳在全国率先实行市属公益性文化场馆免费对外开放,当'深圳制造'的原创文艺精品频频走向国际国内文艺舞台,当深圳文化体制改革交出一份份满意的答卷时,人们发现,深圳文化创新的步伐越来越快,越来越有活力。"这是新华社记者采写深圳文化软实力建设状况时的一段感言,在一定程度上概括了深圳文化创新的成就。

深圳作为经济特区,作为一座在改革开放中诞生的新兴城市,本身就是创新的结果,创新是深圳的根与魂。改革开放初期深圳提出"时间就是金钱,效率就是生命"的口号可视为深圳早期文化观念创新的典型例证。随着深圳的快速发展和文化发展目标的明确,尤其是随着深圳经济实力的不断增强和市民物质生活水平的不断提高,深圳逐步增强了文化创新的自觉意识,加快了文化创新的步伐,主要表现为以下5个层面。

创新文化发展理念

早在20世纪80年代中后期,在深圳文化基础尚不雄厚,文化事业发展刚刚起步的情况下,中共深圳市委、市政府就提出了"创造有深圳特色的社会主义文化"的发展理念。这是非常有远见的战略思路,较早地赋予了深圳文化建设的创新使命,奠定了深圳文化的发展方向。

20世纪90年代初,中共深圳市委、市政府根据建设国际化城市战略目标的需要,创造性地提出了增创深圳文化优势,建设现代文化名城的发展理念,描绘出深圳文化发展的宏伟蓝图。在思维习惯上把文化建设从精神文明建设中单列出来,使深圳人开始自觉地增强文化创新意识和文化发展意识,激发文化想象力,逐步形成关注、参与和促进深圳文化建设的"文化情怀"。

进入21世纪以后,深圳开始构建"和谐深圳、效益深圳"的新阶段,加大文化建设力度,增强文化软实力和文化竞争力成为重要任务。中共深圳市委、市政府审时度势,创造性地提出了实施"文化立市"战略、建设高品位文化城市的发展理念,追求城市发展和文化发展的战略统一，并相应地提出建设"两城一都"、实现公民的文化权利等全新的文化理念。

党的十八大以来，深圳确定了打造国际文化创意先锋城市，建设全球区域文化中心的发展目标，制订了《深圳文化创新发展2020（实施方案）》，提出了创新"城市精神体系、文化品牌体系、现代文化传播体系、公共文化服务体系、现代文化产业体系"的战略思路，步入了文化创新与文化发展的新阶段。

创新公共文化服务

为了创造实现市民文化权利的必要社会条件，深圳从理论与实践的结合上积极探索公共文化服务体系的建设途径，创新公共文化服务形式。进一步加大公共文化设施的规划、投入和建设力度，在全国率先实施公共文化服务设施免费向社会开放的制度，建立高雅艺术补贴机制，创办丰富多样的公共文化活动形式，组织文化活动进基层、进社区，制定《深圳市公共文化服务指引》，以优质的公共服务和产品完善公共文化服务体系，努力体现公共文化服务的公平性、便利性、多样性、公益性和公民参与性，创造性地推出"周末""流动""高雅艺术"三大系列公共文化活动，受益观众有数十万人次。深圳荣获"文化资源共享工程示范城市"光荣称号。

创新文化品牌

为了增强文化形态的吸引力和影响力，深圳致力于把文化形态做精、做细，使之发展成为文化品牌，产生品牌效应。进入21世纪以来，深圳创建了"读书月"、市民文化大讲堂、女性文化沙龙、外来青工文化节、社会科学普及周、中国（深圳）国际钢琴协奏曲比赛、"鹏城春秋"艺术节、深圳国际文化旅游节、"青春之星电视大赛"、"大家乐"舞台、中国

（深圳）国际文化产业博览交易会、"一带一路"音乐季、城市街区24小时自助图书馆、十大特色文化街区、城市文化菜单等文化品牌。这些文化品牌丰富了深圳的城市文化内涵，给市民提供了高层次的文化艺术享受，同时也扩大了深圳的文化影响。如中国（深圳）国际文化产业博览交易会让世界进一步了解深圳，强化了深圳的国际化城市形象。"读书月"已受到全国的普遍关注，荣获2008年度公共阅读文化推广奖。市民文化大讲堂被许多城市借鉴、"克隆"，影响遍及全国。

创新文化体制机制

为了健全公共文化服务体系，使市民文化权利得到较充分的实现，深圳作为全国文化体制改革的试点城市之一，较早开始实行文化体制改革，努力创新文化体制和运作机制，出台了一系列改革举措和规定，组建了报业、广电、出版三大文化集团，政府的文化管理功能实现了由办文化为主向管文化为主的转变。经过多年的不懈努力，已初步建立起设施比较齐全、产品比较丰富、服务质量比较高、体制比较健全的公共文化服务体系和规范有序的文化管理运作机制，在完善公共文化传播体系、提升公共文化福利、规划和完善公共文化政策等方面，率先走出了具有深圳特色的文化建设新路子。2008年4月11日，在北京召开的全国文化体制改革工作会议上，深圳构建公共文化服务体系的经验获得好评。2009年5月6日，新华社播发"新华调查"，称赞深圳的文化建设已融入百姓的日常生活，形成了"先进文化的全民共享模式"。

创新文化产业

深圳高度重视文化产业的创新与发展，把文化产业作为支柱产业之一，在文化产业发展方面做出了一系列创新和探索，成效显著，硕果累累。首先，政府之手大力推动，坚持文化产业发展的规范化和制度化，先后出台《关于大力促进文化产业发展的决定》《文化产业发展"十一五"规划》等一系列指导性文件,明确文化产业发展目标,为深圳文化产业发展指明方向;其次,加强文化产业基地建设,确定建立"企业示范基地""孵化基地"及"教学和培训基地"这3类文化产业基地,命名华侨城集团、深圳报业集团、深圳职业技术学院等9个单位为"深圳文化产业示范基地",发挥它们的示范带头作用;此外,创办文化产业博览会,使之成为文化产品展示、文化项目交易和文化信息交流的三大平台。2009年3月9日,新华社播发长篇通讯《深圳文化产业成"经济寒冬"报春花》,报道深圳文化产业发展的"早春现象";3月23日,《人民日报》刊发长篇通讯《深圳文化产业启示——"报春花"今年别样红》,认为深圳文化产业逆势飘红、快速发展是一个应该认真研究的"标本"。

文化创新功能自然形成

40年来,尤其是进入21世纪以来,深圳文化创新已逐渐由"创新现象"发展成为"创新功能",或者说,文化创新已成为深圳经济特区有规律的必然现象,其突出标志是,文化创新的自觉意识增强,创新的形式趋于系统化和多样化,创新的内容与当代中国的文化选择和文化创新有了内在的一致性和统一性。这种文化创新功能既是经济特区基本功能的延伸,也是对创办经济特区初衷的一种超越。尤其在深圳经济特区,这种"延伸"与"超越"已形成气候,产生影响,成为新形势下经济特区所担负的新功能、新使命的一个重要组成部分,必将促进我国文化的大发展和大繁荣。

深圳经济特区的文化创新功能是在深圳改革开放和经济社会发展的历史进程中自然形成的。形成文化创新功能的原因是多方面的:有经济特区历史使命的推动,也有外来文化观念的影响;有经济快速发展的带动,也有文化自强意识的激发。归根结底,是社会变革和文化变迁导致了深圳文化创新功能的生成与发展。也有学者认为,深圳的文化创新已

逐渐演变、催生出创新文化，并有其自身的成长机制。创新文化的基本内核是鼓励创新、宽容失败、脚踏实地、追求卓越，支撑这一基本内核的是忧患、革新、求异、竞争、先锋、开放、多元、宽容这八大基本要素，政府应引导和支持创新文化成长。这显然也是一种颇有见地的观点，值得我们关注和重视。

24 "文化流动"
——给深圳文化一个说法

"文化流动"理论是深圳文化创新的一个亮点,给深圳文化的快速发展提供了新的理论解读。无论是文化观念、文化产品的流动,还是作为文化载体的人的流动,都给深圳的文化创新增添了源源不尽的动力。深圳因改革而兴,因"流动"而旺。

"文化流动"是深圳本土学者王京生的理论专著《文化是流动的》(人民出版社2013年版)所提出来的一个理论概念。作者在著作中明确表示,他提出"文化流动"这个命题,目的之一就是"要给深圳文化一个说法","深圳文化的发展需要理论准备,需要从理论上回答"。深圳作为一个文化积淀薄弱并处于文化边缘地带的城市,能够在相对较短的时间内实现文化的快速发展,乃至成为新的文化中心,需要给予理论的解读。笔者曾在《"文化流动理论"的理论贡献与实践意义》一文中有所阐述,在此再做进一步的阐发。

"文化流动"命题的理论创新

王京生提出"文化流动"命题的缘起虽然是"要给深圳文化一个说法","给深圳的文化自觉和文化自信奠定一个理论基础",但其理论创新意义已超出深圳,面向全国。

"文化流动"理论的核心论点主要包括以下6个方面。①批判文化理

解的传统方式和"文化积淀"论,为"文化流动"理论的出场扫清理论障碍。②论述"文化流动"的客观必然性和具体途径,阐明在全球化背景下,"文化流动"既是一种必然存在,也是一种现实需要。文化既在历史中纵向流动,也在空间中横向流动。③阐述"文化流动"与文化生成和文化发展的关系,明确"任何兴旺发达的地区一定是流动文化最活跃最激烈碰撞的地区"。④阐明"文化流动过程就是文化创新创造过程",区域或城市间的文化竞争,依赖于文化创新能力。⑤明确"人是文化的基本载体,流动的人群是文化流动的承载者"。⑥剖析移民、经济、文化产业、技术和城市五大关键要素与"文化流动"相互作用的机理及其当代表现,并延伸至对身份认同和城市文化战略、城市兴衰等重要问题的讨论。

"文化流动"理论的科学体系与丰富内涵,为全面认识国家和地区的文化现状,推动文化创新与文化发展,提供了新的理论参照。它促使我们不仅要充分利用原有的文化存量,更要善于创新,扩大新的文化增量;不仅要给深圳文化找个说法,更要为建设文化强国进行理论探索。

"文化流动"与深圳的文化创新

40年来,深圳不仅创造了经济发展的奇迹,还创造了文化快速发展的奇迹。深圳城市文化竞争力在全国大中城市中排名第一,联合国教科文组织授予深圳"设计之都"和"全球全民阅读典范城市"荣誉称号,世界知识城市高峰会议把深圳评为"杰出的发展中知识城市",《人民日报》赞誉深圳已进入中国文化的"第一方阵"。但是,由于文化观念和价值判断的不同,面对深圳如此众多的文化亮点,至今仍有人还没有完全从深圳是"文化沙漠"的错误印象中走出来,总是以挑剔的眼光质疑深圳的文化现状,诸如文化底蕴不足、文化品位不高、文化结构不够优良等论调时有出现,进而引起对深圳文化形象和文化地位的纷议和思考。

"文化流动"理论的缘起就是"要给深圳文化一个说法"。因此,以

24 "文化流动"——给深圳文化一个说法

深圳为文化样本论证和阐述文化是流动的，就是"文化流动"理论创立的基本出发点。在《文化是流动的》一书中，不仅有一章激情洋溢地专论深圳，而且在其他各个章节的论述中，多次以深圳为实例。通览全书，"文化流动"理论关于深圳的论述，集中回答了3个现实问题：①深圳文化创新为什么会有源源不竭的动力？②深圳文化的突出亮点和形象高度是怎样形成的？③深圳文化创新为推进中国文化走出去，实现中华民族的伟大复兴，做出了哪些突出贡献？这些问题的论述和解答，实际上直接或间接地回应了关于深圳文化的质疑，为全面认识深圳的文化创新、正确评估深圳的文化形象和文化地位，提供了令人信服的理论佐证。

"文化流动"理论认为，"文化是流动的观念，为深圳彻底摒弃'文化沙漠'之说，为深圳理直气壮地张扬自身的文化旗帜，奠定了坚实的文化理论基石"，"文化流动不息，深圳创造不止"。深圳文化创新得益于文化流动，与移民城市、观念更新、文化积淀不丰厚这3个要素密切相关。

深圳是在改革开放的大潮中迅速壮大的新兴移民城市。移民是流动的，"流动的人群是文化流动的承载者"。深圳移民形成了新的深圳人群体，也给深圳文化创新输入了能量和活力，创造了全新的深圳文化。"文化流动"理论注意到，"过去，当我们谈论一个城市的文化时，更重视在历史上发生什么事，或者书上有什么样的记载，或者是建筑物是什么风格，留下了什么样的民俗，但是实际上却忽略了最重要的人。人的流动，各种各样的人的聚集、碰撞，必然会激活每个人身上的文化基因，产生新的文化形态"，"移民深圳的每一个人，都为了各自的梦想来到这里，对过去生活的不满足，对新的聚集地的希望，让这个城市汇聚了巨大的文化能量，孕育着文化巨变"。因此，从这个意义上谈论文化创新，"深圳是中国的一个异数和奇迹"。这些观点表明，移民带动文化流动，文化流动促进文化创新，文化创新扩大城市文化含量，提升城市文化品位。移民城市既是深圳城市特征的一个定位，更是深圳文化创新的集群优势。正是广大的移民使深圳这座城市生机勃勃、充满个性，使深圳文化创新

动力不竭、活力无限。

深圳地处改革开放前沿,是产生新观念、激活新思想的地方。"文化流动"理论认为,"观念是最重要的文化资源,也是文化流动中最关键的要素之一","新观念是历史转折时期的产物,历史的转折越深刻,观念创新的程度也就越深刻"。深圳作为改革开放的排头兵、窗口和试验场,从一开始就经历着深刻的社会变革,并很自然地产生了"时间就是金钱,效率就是生命"等影响全国的新观念。随着时间的推移,深圳成为"很多影响当代中国的新观念的发源地",产生了被誉为"中国改革开放的生动注脚"的"十大观念"。这些新观念本身就是文化创新的产物,进而又推动了文化创新。"文化流动"理论作为一种全新的学术观念和文化理论,之所以能在深圳产生和形成,也是得益于深圳的思想解放和观念更新。观念更新在推动文化创新的同时,也使深圳形成了独具特色和风格的现代观念文化,成为社会主义核心价值观的"深圳表达",成为"改革开放时代留存的共同财富"。

深圳没有秦砖汉瓦,没有丰厚的文化积淀,原有的文化资源相对薄弱,但在"文化流动"理论的视野中,"文化积淀不是文化资源的全部,城市的软环境甚至比硬环境更重要"。"文化的发展不仅仅是积淀一种方式",更多的则是在文化流动中创新和发展。深圳没有丰厚的文化积淀,因而也没有因积淀造成的历史负担,反而激发出更强烈的文化自觉意识和文化自强意识,"有着在文化上崛起的理想与抱负,更有着把梦想转化为现实的坚守与探索"。换言之,正因为文化的流动,正因为坚信文化创造比文化积淀更重要,深圳才有底气、有胆识在全国率先提出"文化立市"战略,率先提出"实现市民文化权利"和"国家文化主权"的思想,才有信心"旗帜鲜明地打造独具特色的'创新型智慧型力量型'主流文化",才有气魄、有能力锻造文艺精品,打造文化品牌,创造文化+科技、文化+金融、文化+旅游、文化+创意的文化产业发展新模式,才能甩掉被强加在头上的"文化沙漠"的帽子,成为"文化创意勃发、学术睿智泉涌、文明浪潮波澜壮阔、文化产业百舸争流"的"文化绿洲"。

24 "文化流动"——给深圳文化一个说法

综上所述,"文化是流动的"这一观念使深圳变劣势为优势,自强奋发,后来居上,文化创新亮点频出,文化品牌影响全国,文化形象独具特色,文化地位举世公认,具有"观察研究中国当今文化建设的现实样本意义",也成为"文化流动"理论一个最为生动的典范和例证。

· 深圳市特区文化研究中心的四任主任(胡鹏摄)

25 "三个不变"
——中央重申创办经济特区的战略意图

"三个不变"是党中央在20世纪90年代支持经济特区继续改革创新的战略思想,与创办经济特区的战略意图一脉相承,既是在特定形势下对某些错误观念和错误言论的正面回应,也为经济特区进一步深化改革、扩大开放指明了方向。

· 首届中国创意设计大奖颁奖典礼在深圳文博会举行(胡鹏摄)

25 "三个不变"——中央重申创办经济特区的战略意图

深圳经济特区创办以来，取得了举世瞩目的巨大成就，但由于种种原因，在相当长一段时间内，质疑之声时有发生。从"经济特区该不该办"到"经济特区还要不要特"，各种杂音经常出现。在党中央坚定不移的大力支持下，经济特区的地位才得以巩固和提升。深圳的改革发展可谓是一路风雨，一路高歌。

江泽民宣布 "三个不变"

20世纪90年代初，我国的改革开放已由经济特区先行先试的"一马当先"，发展到全国普遍改革开放的"万马奔腾"。这时，就有人认为，既然全国都已经改革开放了，经济特区存在的意义就不大了。1994年3月，有学者在一份报告中提出，经济特区不能再"特"了，不能无限制地享受优惠政策，认为这样不利于缩小地区差异。这份报告以新华社内参的形式上呈中央，社会上知道的人不多，但在高层引起关注。而此时的深圳正进入增创新优势的关键阶段，改革创新持续突破，对外开放不断扩大，不但率先建立了社会主义市场经济十大体系，而且在财政体制、口岸管理体制、金融体制、外商投资服务、高新技术产业发展等方面，正在进行深入改革。这些改革既关系到深圳的未来发展，也关系到为全国全面扩大改革开放提供经验和借鉴。如果在这个时候动摇了"经济特区要继续办下去"的信念，发生战略思想和决策上的重大改变，无论对深圳经济特区的改革发展，还是对全国的改革开放，都是十分不利的。

1994年6月15—21日，时任中共中央总书记江泽民同志到广东视察，他在同省市领导同志的谈话中明确表示，"要把发展经济特区贯穿于社会主义现代化建设的整个过程，基本实现国家的现代化要多久，经济特区就要搞多久。那种认为在全国形成全方位对外开放格局的新形势下，经济特区的地位和作用可以削弱甚至可以逐步消失的看法，是不对的"，"要坚定不移地把经济特区办得更好"。他非常坚定地指出："中央对发展

经济特区的决心不变；中央对经济特区的基本政策不变；经济特区在全国改革开放和现代化建设中的历史地位和作用不变。"[1]

此后，江泽民同志在深圳经济特区建立20周年庆祝大会上的讲话中进一步指出，在新的历史条件下，"经济特区要继续当好改革开放和现代化建设的排头兵，继续争当建设有中国特色社会主义的示范地区，继续充分发挥技术的窗口、管理的窗口、知识的窗口和对外政策的窗口的作用，努力形成和发展经济特区的中国特色、中国风格、中国气派"。

江泽民同志代表党中央宣布的"三个不变"和关于经济特区的一系列讲话，重申了中央在新形势下继续办好经济特区、支持经济特区发展的战略思想。只要我国的社会主义现代化建设还在进行，只要改革开放的历史使命没有完成，经济特区就有存在和发展的必要。这无疑给深圳和其他经济特区吃了一颗"定心丸"，也让那些有意无意地质疑甚至非议经济特区的杂音逐渐地消淡了下去。

李鸿忠巧解经济特区之"特"

21世纪初，对深圳的思考和质疑又有了新的动向。虽然表现形式不同，但实质还是质问"经济特区还要不要特"。2002年11月16日，在人民网强国论坛和新华网发展论坛同时贴出了一篇名为《深圳，你被谁抛弃？》的文章。这本是一个深圳人在新的形势下对经济特区发展具有忧患意识的自然反映，标题虽然"冲"了一点儿，但文章的字里行间透露出作者对深圳发展现状和发展趋势的理性分析。应该说，深圳人自觉地反思深圳，保持清醒和理性，这是十分难能可贵的。然而，就是这样一篇文章，被具有各种不同心态的人夸大传播。一时间，全国上下泛起一股怀疑经济特区甚至否定经济特区的思潮，关于新形势下经济特区地位与使命的争论也持续不休。一些地方出版社相继抛出了《深圳是否不行

---

[1] 深圳市史志办公室编著：《深圳改革开放纪事 1978—2009》，海天出版社2009年版，第297页。

25 "三个不变"——中央重申创办经济特区的战略意图

了?》《深圳,你被谁抛弃?》等书。一些专家学者甚至从理论上论证"经济特区没有存在的必要"。有的专家说:"经济特区是我国改革开放初期的特殊产物,其根本特征是享有特殊政策。如今,既然全国都已普遍改革开放,经济特区也不可能再享有任何特殊政策,经济特区也就完成了它的特殊使命。如果经济特区长期存在下去,就说明我国的改革开放是不成功的。"还有的专家说:"深圳现在只有两条出路:一是中央继续给特殊政策,深圳继续当'试验田'和'排头兵';二是中央不再给特殊政策,深圳也就不要再提什么口号,老老实实地建设一个富裕小康的现代化城市。"必须承认,专家们的这些观点是有些影响的。但是,事实并非像这些专家所判断和预料的那样!

2005年3月25日,时任中共深圳市委书记李鸿忠在市委工作会议上坚定而又豪迈地指出,经济特区还要特。"特"字的文章是与时俱进,永远也不会写尽的。但"特区今日之'特'与昨日之'特'有很大的不同","今天,特区的基本内涵就是,特区是特别能改革、特别能开放和特别能创新的地区",我们要与时俱进,"以特别之为立特区之位"。"把特区的牌子擦得更亮,让特区这面旗帜更加鲜艳,更加光彩夺目。"李鸿忠的讲话让经济特区新老干部和广大群众精神为之一振,再次激扬起"敢为天下先"的豪情壮志,也在全国产生了很大反响,引起了广泛关注。但是,关于经济特区的争论并没有就此结束。

温家宝一锤定音

2005年8月25日,为纪念深圳经济特区成立25周年,"改革创新与特区新使命理论研讨会"在深圳召开,北京、上海、广州及五大经济特区和上海浦东新区的代表聚集深圳,再次讨论"经济特区还要不要特,该怎样特"的问题。当一些专家学者认同李鸿忠同志代表中共深圳市委提出的经济特区新内涵并进行具体阐述时,有的专家很不以为然地说:"经济特区还能不能特,经济特区的新内涵该怎样定,不是深圳自己说了

算，要由中央来定。"言外之意是，深圳市委对经济特区新内涵的界定只是说说而已，是不算数的。然而，时过不到20天，温家宝总理就到深圳视察，并充分肯定了深圳市委的发展思路。9月13日，温家宝总理视察深圳并召开经济特区工作座谈会。会上，他明确指出，经济特区既然要继续发挥作用，毫无疑义，经济特区还要特，还要保持它应有的特色。温总理的讲话一锤定音，为长期以来关于经济特区问题的争论，画上了一个不容置疑的句号。

温家宝总理高度肯定了深圳25年来所取得的巨大和惊人的成就，并明确指出，"经济特区不仅要继续办下去，还要办得更好"；"要把发展经济特区贯穿于社会主义现代化建设的全过程"；"深圳曾经做过改革的试验地、开放的窗口，曾发挥过示范、带动作用。今后深圳仍然可以作为新形势下改革的试验地、开放的窗口，继续发挥示范、带动作用。""以特别之为，立特区之位"；"把'特别能创新'作为特区之'特'的基本内涵"①。我们注意到，温总理在讲话中原封不动地引用了深圳市委提出的"以特别之为立特区之位"，"特别能创新"等表述方式。可见，党中央对新一届深圳市委关于新形势下经济特区定位和经济特区内涵的界定是充分肯定的。

特区是全国的特区，深圳是全国的深圳。党中央在新形势下对深圳经济特区赋予重任，寄予厚望，意义深远。一方面，我国改革开放和社会主义现代化建设任重道远，已经取得巨大成就、具有雄厚物质基础的深圳经济特区理所当然地要顺应新形势，担负新使命，要在经济建设和经济体制改革、政治建设和政治体制改革、文化建设和文化体制改革、和谐社会建设和社会管理改革等方面走在全国的前列。另一方面，我国的社会主义现代化建设客观形成了西部大开发、中部崛起、东北地区等老工业基地振兴、沿海开放地区加快发展、东西中互动的战略格局。在这个战略格局中，"深圳是精锐部队的尖刀连"，义不容辞地要当"排头

---

① 深圳市史志办公室编著：《深圳改革开放纪事 1978—2009》，海天出版社2009年版，第461～463页。

25 "三个不变"——中央重申创办经济特区的战略意图

兵",要走在最前面。这是党中央的殷切期望,也是深圳的使命所在、责任所在、荣耀所在。

沧海横流,方显英雄本色。在新的形势下,深圳经济特区锐气不减,雄风依旧。深圳一定不会辜负党中央的厚望,一定会努力做到"增创新优势,更上一层楼"。

26 "抛弃之问"
——并非多余的忧患意识

网文《深圳,你被谁抛弃?》是深圳在21世纪初转型发展的关键时期萌生忧患意识的集中体现,但"抛弃之说"并不准确。中央对深圳仍寄予厚望,深圳仍充满后劲和魅力。历史证明,深圳不可能被抛弃,也不会被抛弃。"抛弃"之问成为深圳发展史上一个颇有深意的插曲,也留下了一段市长与市民平等对话的佳话。

40年来,深圳披荆斩棘,屡经风雨,虽成就卓著,却从未放弃理性思考。古人云:"生于忧患,死于安乐。"深圳在赞扬和追捧中始终保持清醒,理性地认识现状,反思不足,显示出难能可贵的忧患意识。但深圳不是在忧患中沉沦,而是在忧患中奋起,激发出更高昂的改革创新精神,认清优势,瞄准短板,正视问题,锐意改革,一步一个脚印地攀登新的高峰。发生在2002年的一场关于"深圳,你被谁抛弃?"的大讨论,生动地例证了深圳在忧患中奋起的精神气概。

"我为伊狂"发网文:《深圳,你被谁抛弃?》

2002年11月16日,网名为"我为伊狂"的网友(实名呙中校)在人民网强国论坛和新华网发展论坛同时贴出了一篇名为《深圳,你被谁抛弃?》的文章。文章长达1.8万字,标题吸引眼球,内容振聋发聩,立即产生了轰动效应。不仅深圳人都在议论,而且全国相当多的人都在关

26 "抛弃之问"——并非多余的忧患意识

注,大家不约而同地聚焦一个根本问题:深圳到底怎么了?深圳还行不行?

作者从深圳四大著名企业(平安保险、招商银行、华为公司、中兴公司)总部外迁的传闻谈起,文章分为5个部分(历史的选择、时代的变迁、资本的兴衰、时空的轮回、迟到的觉醒),字里行间充满忧时感怀之情,发出了曾经一马当先的深圳在全国万马奔腾的竞争局面中可能落后的"盛世危言",显示出强烈的忧患意识。

《深圳,你被谁抛弃?》一文中有不少与众不同、发人深思的观点。作者认为:"1998年以来,深圳经济增长速度开始放缓,发展活力逐步下降。""深圳过去22年的发展更多是得益于政策倾斜和优惠,而没有建立起一个完善的市场经济体系,也没有确定一个可持续发展的城市发展战略。""如果说,前20年深圳在建设和发展方面处于领跑者的位置,那么,今天深圳面临的是群雄环伺、你追我赶的激烈竞争局面。""深圳不可能再有政策优势,地缘优势也有很大的弱化,生活指数、商务成本都比较高,因此必须进一步增强忧患意识和危机感。"

应该说,作者的这些观点有一定的思想深度,忧患意识也十分难能可贵,所以能够引起广泛的社会关注。但是,由于作者了解的情况有限,而且很多还是传闻,所以判断并不准确,"抛弃之说"更是与实际不符。这从他在文章中提出的10个方面的疑问与市里给出的解答相对照,就可以看出来。

1. 五大商业巨头为什么要"迁都"上海?(实际上,这些企业的总部并未外迁,根还是留在深圳。)
2. 人才吸引力为什么今非昔比?(深圳仍是海归首选城市之一。)
3. 为什么政府部门效率低下?(政府职能部门正在集中改革。)
4. 为什么停发新股付出代价?(深圳证券交易所年内就有新举措。)
5. 国有企业为什么改革迟缓?(国企改革要啃"硬骨头"。)
6. 为什么深圳有情香港无意?(深港合作前景喜人。)

7. 为什么深圳不再向上海看齐?(外商直接投资增幅下降。)

8. 深圳城市环境为什么盛名难副?(建立生态性现代城市是解决问题的希望。)

9. 深圳治安环境为什么日益恶劣?(事实是警察多了,案子少了。)

10. 为什么深圳人有"我的生活与你无关"的观念?(新移民没有归属感。)

上述这10个方面的疑问和答复,大致可以给我们一个比较全面的观感。

· 深圳市的地标建筑——深圳报业大厦(胡鹏摄)

26 "抛弃之问"——并非多余的忧患意识

于幼军积极回应：谁也抛弃不了深圳

网文《深圳，你被谁抛弃？》发表之时，正值中共深圳市委三届六次全会召开之际。时任中共广东省委常委、深圳市市长的于幼军在会议闭幕讲话中首次公开回应网文："只要深圳人自己不抛弃深圳，谁也抛弃不了深圳。"

于幼军坦诚地说："一段时期以来，对深圳的议论很多，深圳该向何处去？深圳的定位是什么？成为深圳人的一个热点话题。这说明大家对深圳的关心。""现在没有谁抛弃深圳，现在中央决心办好深圳特区，从江泽民主席在深圳特区成立20周年纪念大会上的讲话，到这次十六大报告，都充分肯定了深圳特区发展的历史地位和未来发展，没有说抛弃深圳的问题。同时，我还要说一句话，只要深圳人自己不抛弃深圳，谁也抛弃不了深圳。""这几年说要有忧患意识，不是说深圳已经落后了，深圳的成绩有目共睹，我们各项经济指标仍然保持健康的发展速度，在国内处于领先位置。深圳经济发展的后劲也很足。现在的危机感，源于我们原有的一些优势有所削弱，包括政策优势、地缘优势等。清楚地认识这一点，能使我们化压力为动力，增创新优势。""百上加斤易，千上加两难。前20年取得的成就是巨大的，我们强调忧患意识要把握好'度'，不怨天尤人，唱衰深圳，也不必妄自菲薄。"[①]

尤其值得称道的是，于幼军对网文作者充分肯定，并破例约见作者，进行面对面的对话。这不仅塑造了一个"亲民"的好形象，令作者十分感动，也在很大程度上化解了网文的负面效应。于幼军明确表示："我想作者完全是出于一种好意，如果他不是出于对深圳的爱护和关心，他是不会花这么多时间去认真分析，来写这篇文章的。""尽管文章有不够准

---

① 《于幼军：谁也抛弃不了深圳》，见搜狐网（http://news.sohu.com/96/77/news205537796.shtml）。

确之处,但这是条件所限,不必厚责。"①

面对社会的强烈反响和媒体的争相热议,于幼军直接约作者面谈,就网文本身与深圳的未来发展谈了整整两个半小时。"一位市长因为一篇网文与一个普通网友进行一场面对面的对话,畅谈一座城市的今天与未来,这在国内还是第一次。"在面谈中,于幼军首先肯定作者写这篇文章是对深圳"爱之深,责之切"的直接反应。作者表示,"我没想到深圳市委、市政府做出这么快、这么积极的回应。我感到欣慰和鼓舞"。他认为,市长讲话很到位,消除了他的许多疑惑,他对深圳未来充满信心。于幼军也十分坦诚地说:"这是一次平等、坦诚、民主的对话。""在深圳过去20年的发展中,每逢关键时刻都有议论。香三年,臭三年,不香不臭又三年,总之有各种议论,我认为很正常。大家都不愿意议论,那才真叫惨!""但我不同意'深圳被抛弃'这个观点。首先,党中央、国务院、省委、省政府没有抛弃深圳,并且对深圳提出了更高的要求。深圳过去是改革开放的窗口,现在要成为有中国特色社会主义的示范地区。""在市场经济条件下,企业有生也会有死,有进也会有出,不要大惊小怪,即使搬走一些也不奇怪。但有一条,要生多于死,进多于出。""总之,我认为,只要深圳人自己不抛弃深圳,谁也抛弃不了深圳。""这3年来,我们一直大声疾呼,要有忧患意识,要有危机感、紧迫感……这不是因为深圳或深圳经济发展遇到什么大的问题,而是因为我们正处于关键时期,我们面临着新的挑战。""缺乏忧患意识,老以为自己是第一,这不好!这样的队伍没有战斗力。所以我感谢你的文章,是再击一猛掌。"②

---

① 《于幼军:谁也抛弃不了深圳》,见搜狐网(http://news.sohu.com/96/77/news205537796.shtml)。
② 《〈深圳,你被谁抛弃?〉作者与深圳市长于幼军的对话》,见中国网(www.china.com.cn/zhuanti 2005/txt/2003-08/26/content_5392404.htm)。

26 "抛弃之问"——并非多余的忧患意识

市长与网文作者平等对话的积极影响

市长与网友的平等对话,产生了非常好的社会反响。除了作者表示"如果不努力,我倒可能被深圳抛弃"外,一些原先打算不来深圳改去别的地方的人才看到媒体报道后,毅然决然地选择来深圳发展。深圳市的干部群众通过这次大讨论,增强了忧患意识,确立了"继续卧薪尝胆,奋发有为,励精图治"的信心,激发出更加高昂的改革创新精神。国内民众通过媒体的报道,也对深圳有了更加全面的认识,看到了深圳发展的后劲,看到了党中央继续办好经济特区的决心,也看到了深圳干部群众的精神风貌。

"抛弃之问"并非深圳发展史上一个多余的插曲,由此而发生的市长与网友的平等对话也留下了一段广受赞誉的佳话。

27 "深圳学派"
——不无浪漫的学术追求

"深圳学派"是深圳学人不无浪漫的学术追求。呼唤"深圳学派"源自浪漫激情和理想情怀，是高度的文化自觉；建设"深圳学派"是推进学术文化发展，搭建城市文化的塔尖，需要扎扎实实的学术创新和学术积累。"深圳学派"建设正处于"现在进行时"。不久的将来，"深圳学派"必将成为深圳文化的又一个亮点。

2012年，深圳市召开"深入实施文化立市战略 建设文化强市工作会议"，提出深圳要大力繁荣发展哲学社会科学，打造"深圳学派"，形成具有全球视野、中国气派、深圳特色的研究群体。同年，深圳发布了《深圳市哲学社会科学"十二五"规划》。该规划指出，要在若干学科领域形成在全国有一定影响力的"深圳学派"，努力使深圳哲学社会科学发展水平与经济社会发展水平相适应，建设成为学术强市。这可以视为深圳高度重视学术文化发展的战略决策。其实，"深圳学派"这一概念早在20世纪90年代就有人提出，后来，围绕"深圳学派"建设的必要性和可行性，又经历了较长时间的讨论和争议，直至市委、市政府做出决策。这既在一定程度上反映出深圳学人不无浪漫的学术追求，也显示出深圳文化建设的理性和自觉。

27 "深圳学派"——不无浪漫的学术追求

"深圳学派"概念的提出

1996年，著名文化学者余秋雨先生应聘为深圳市特区文化研究中心名誉主任。他在深圳参加会议时，激发出关于深圳能否形成学派的文化畅想。在特区文化研究中心的座谈会上，余秋雨一下子谈出了深圳有可能形成学派的3点理由：第一，深圳具备最容易产生学派的条件，特别是人际关系的平等和单纯，能够促成学派发展所需要的民主讨论的气氛；第二，深圳文化是中国文化处于转型期的地域性亮点，能够避免内地文化发展所出现的黏滞状态，并能创造出新兴学派的充满活力的成长机制；第三，深圳文化发展的区位优势，使它有可能成为贯通内陆与海外的中华文化的"桥头堡"，而正是凭借"桥头堡"的集散功能，塑造学派的思想得到强劲有力的传播。余秋雨的观点被深圳学者称为"穿透深圳轻浮浮躁风气"的"空谷足音"。时过一年，即1997年，时任深圳市文化局局长的王京生在《深圳商报》的《文化广场》周刊上发表长篇文章《从百家争鸣到深圳学派》。这是深圳媒体首次出现主管领导谈"深圳学派"的观点。我们注意到，王京生当时谈"深圳学派"只是表达一种文化情怀和文化理想，他在文章中充满激情地写道："学派的吁求，体现出深圳文化发展到一定阶段要求自我认识、自我激励的学术自觉。""无论是就'深圳学派'的设想而言，还是就想象中的'深圳学派'而言，作为学术声音或学术群体，都暗示着问学求道的真谛。"

"深圳学派"跟传统学派有什么不同？

从理论上讲，传统学派的形成通常有一些突出的标志，可以简称为"五个有"：①有学术思想的核心代表人物，以及围绕这些代表人物而形成的学术思想群体；②学术群体有相似的学术精神，形成特色鲜明的学术风格；③学术群体的研究方法有一定的相似性，创新特征比较鲜明；

④有一批在相似的学术信仰和学术思想倾向上产生的学术成果；⑤学术群体有特定的依托空间和学术文化氛围。对照这些标志，"深圳学派"与传统学派有同有异。"同"在于都具有代表人物、学术群体、学术风格、学术成果这些基本要素，"异"则在于"深圳学派"更强调学术研究的时代精神和使命担当。

深圳官方文件将"深圳学派"定位在3个概念：全球视野、中国气派、深圳特色。这是在"深圳学派"完全形成之前给它的学术风格和文化特征做了一种预定，也可以说是对"深圳学派"文化形态的一种想象。其实质是告诉世人，"深圳学派"与传统学派有较大的不同，是一个放眼世界、立足中国、彰显深圳的现代文化学派。"深圳学派"对改革开放怀有深厚的感情，把理论创新和文化创新作为自己的神圣使命。

具体讲，"深圳学派"具有5个鲜明的特色。

（1）"深圳学派"不是一般意义上的学术流派，它在中国改革开放的历史进程中应运而生，客观担负着探索和总结研究改革发展的理论与实践的历史使命。它是以改革创新为核心的时代精神的表达者和激扬者。

（2）"深圳学派"的研究对象不局限于一国、一城、一地，而是在全球化背景下，密切关注国际学术前沿问题，并把中国尤其是深圳的改革发展置于人类社会变革和文化变迁的大背景下加以研究，具有宽广的国际视野和鲜明的民族特色。它的研究方向指向当下和未来，需要阐述和回答的是中国改革发展的现实问题。一句话，"深圳学派"要为中国改革开放的伟大实践立论、立言，要结合深圳改革创新发展的具体实际，对马克思主义中国化的最新成果做出新的富有特色的理论阐述。

（3）"深圳学派"在中国学术文化的大空间中，本质上是后来或后发者，它的努力方向是力争后来居上。它以理论创新为基本学术追求，以弘扬和表达时代精神为己任，有着明确的文化理念和价值追求。它不会局限于某一学科领域的考据和考证，而是要充分利用和发挥深圳多学科人才集聚的客观优势，打破学科分类的界限，综合应用各学科的理论和研究方法，多视角、多维度、全方位地研究改革发展中的现实问题。

（4）"深圳学派"不是一般地在学术研究方面标新立异，也不会跟在别人后面，重复别人的研究课题和学术话语，而是要以改革创新发展实践中的现实问题研究作为理论创新的立足点，做出特色鲜明的理论表述，发出与众不同的声音，充分展现特区学者的理论勇气和思想活力。

• "深圳学派"学术研讨会（龙余摄）

（5）"深圳学派"依托的是地处改革开放前沿的深圳经济特区，有着得天独厚的文化环境和文化氛围。改革创新、先行先试、敢为天下先是深圳这座先锋城市的基本文化氛围。深圳不仅彰显了突出的文化创新功能，而且已经初步形成了创新型、力量型、智慧型和包容型的新型文化。深圳学术文化发展虽然在整体上仍然相对滞后，但充满着发愤图强、蓄势待发的蓬勃朝气。许多学者正致力于重大现实问题的攻关研究，并已受到学界的关注。

为什么要呼唤建设"深圳学派"

首先,高品位文化城市建设呼唤"深圳学派"。学术文化是衡量一个城市文化品位高不高的重要标志,它体现的是人的生存环境、生存状态、价值观念、精神境界、理想追求的科学探索和科学表达,它是文化之塔的"塔尖"。一座城市如果没有高层次的学术文化,就没有资格跟国际上先进城市对话,也很难称得上是高品位的国际性文化城市。

其次,深圳文化结构的完善和更新,要求打造和形成"深圳学派"。从理论上讲,大众文化、精英文化、通俗文化、学术文化等各种文化元素综合在一起,组成一个文化的内在结构。其中,学术文化比重的大小体现出文化结构的优劣。有专家认为,"深圳客观存在的大众文化过于强势,精英文化不突出,学术文化相对滞后,商业气息过于浓厚,价值取向偏于务实等文化现象,反映出深圳的文化结构不够完善,文化生态有所失衡,文化的整体品位不高,韵味不足,必须切实尽快加以改变"。其中尤为突出的是,学术文化发展滞后的现象已经影响到深圳的整体文化形象,不能适应深圳的快速发展和所担负的历史使命。因此,必须努力完善和更新深圳的文化结构,花大力气加快学术文化发展,抓紧打造"深圳学派",使之成为深圳学术文化发展的着力点和鲜明标志。

"深圳学派"建设大有可为

所谓学派,形象的比喻,就是一只大老虎带着几十只小老虎围成一圈,大老虎是大师,是学术带头人,小老虎是中师、小师,是学术骨干,他们凝聚在一起,这就形成了学术群体。深圳不仅有"大老虎",而且有"小老虎"。例如,深圳大学几位教授的学术团队,就是鲜明的例证。陶一桃教授是很有影响力的经济学家,在她的身边围绕着一批人,形成了"'一带一路'和特区经济研究"这样的学术群体。黄卫平教授是搞中国政治研究的，在他的周围形成了"政治文化与政治体制改革研究"的群体。李凤亮教授是深圳大学文化产业研究院院长，在他的周围形成了一个"城市文化和文化产业研究"的学术群体。此外，在中共深圳市委党校和其他高校都有这样的学术群体。这说明，深圳不仅有一批杰出的学术带头人，而且围绕这些学者形成了一批能够成为将来学派发展基础的学术群体，这是非常可喜可贺的。这表明，呼唤建设"深圳学派"不是学术畅想，而是大有可为的。

需要指出的是，建设"深圳学派"不仅是深圳学人的向往和追求，更是打造中国学术发展的新亮点。文化深圳呼唤"深圳学派"，华夏大地期望"深圳学派"。谈论"深圳学派"既是对文化理想和文化追求的表达，也是对一种文化情怀的抒发。"深圳学派"不可急于求成，但应对"深圳学派"的建设充满信心。

28 文化讲堂
——慰藉市民的精神大餐[①]

"市民文化大讲堂"是深圳创造的一个文化品牌。它适应弘扬城市人文精神，提高市民整体素质的现实需要，为满足市民的精神文化需求，扩大公共文化服务的文化效应，探索出了一条公益文化社会化运作的新思路。

社会的全面进步和人的全面发展，是现代化的基本标志。深圳是经济特区，也是新兴城市，在社会主义现代化进程中迈开改革开放的步伐，任务繁重。既要加强社会建设，促进社会的文明进步，又要重视人的思想道德文化建设，提升市民的整体素质，培育与现代化城市相适应的市民群体。中共深圳市委、市政府高度重视人的文化建设，创办了"市民文化大讲堂"，为市民提供了一道丰富的精神大餐。

大讲堂广受欢迎

"市民文化大讲堂"创办于2005年，由中共深圳市委宣传部、市社科联、市文联共同主办。大讲堂刚一登场，就受到市民的广泛欢迎。自从2005年夏天开始，每到周六、周日开课时间，听众们纷纷涌进大课堂，享受文化盛宴。其中有干部、教师、学生、职员、离退休老人、下岗职

[①] 本文根据《光明日报》记者韩小蕙的专题报道改写，在此特向韩小蕙致谢。

工，还有外地到深出差、探亲的人员等。许多市民乐于放弃节假日的休息，赶到"市民文化大讲堂"去听课，他们形象地称之为"充电"。一位离休老干部这样评说"市民文化大讲堂"："主办者能举办如此规模的公益性文化活动，是文化为人民服务的实际行动，为学术文化走近市民大众迈出了具有远见的一步。"

笔者曾应邀在"市民文化大讲堂"做过两次专题讲座，第一次讲"让婚姻充满爱"，第二次讲"城市文化品位与深圳学派建设"，都产生了良好的文化传播效应。有一对濒临离婚的年轻夫妻听了"让婚姻充满爱"的讲座后，加深了对婚姻的认识，决定不离婚。一位对深圳文化现状抱有偏见的听众听了"城市文化品位与深圳学派建设"的讲座后，认识到深圳文化的现代观念和深远影响，增强了对深圳的文化认同感，决心在深圳干一番事业。

"市民文化大讲堂"开办以来，影响不断扩大，公众参与热情持续走高。据粗略统计，至今已办了1170多场，现场听众有20多万人，连不少深圳以外地区的听众都慕名专程前来。内蒙古鄂尔多斯市还把这种大讲堂的形式移植过去，在他们那儿办起了形式与内容大致接近的大讲堂，笔者还应邀去讲过一次。此外，深圳的各个行政区，受到市里创办"市民文化大讲堂"的影响，为了方便市民就近现场听讲，也依托各区图书馆，办起了区里的文化讲堂。如南山区的"博士讲堂"、福田区的"大家论坛"、龙岗区的"道德讲堂"、罗湖区的"女子学堂"等，很受当地市民的欢迎。笔者应邀去讲过几次，感觉气氛和效果不亚于"市民文化大讲堂"。

大讲堂内涵丰富

应邀到"市民文化大讲堂"讲课的专家来自全国各地不同行业，演讲内容涵盖诗词、戏剧、电影、雕塑、书法、绘画、音乐、陶瓷、集邮、茶文化、服饰文化、保健、养生、环保等多个方面。主讲人以外地专家为主，亦有少量深圳本地专家，大多具有教授、博士生导师资历。听众

只需花两个小时,就能分享到各行各业最新的研究成果,感受到文化教育和艺术欣赏的良好氛围。有的听众感慨地说:"我没有读过博士,但享受到了博士的待遇。"

到目前为止,王蒙、刘梦溪、白先勇、李欧梵、郑小瑛、严良堃、王玉珍、葛剑雄、莫言、易中天等名家都到深圳"市民文化大讲堂"做过讲座,受到市民的热情追捧。有的专家自豪地说:"国内有三大讲坛,一是中央电视台的'百家讲坛',二是凤凰卫视的'世纪大讲堂',三是深圳的'市民文化大讲堂'。我能应邀到'市民文化大讲堂'讲课,感到十分荣幸。"深圳"市民文化大讲堂"已逐渐成为深圳市的一个文化品牌。

大讲堂 "一菜五吃"

"市民文化大讲堂"文化含量高,仅用现场宣讲一种方式,受众面比较窄,既不能满足市民的需要,也在一定程度上浪费文化资源。主办方采用"一菜五吃"的方法,进一步扩大传播效应,收到了很好的效果。所谓"一菜五吃",就是现场宣讲、报纸报道、电视转播、移动媒体重播、互联网重播。错过机会或没有时间到现场听讲的人,可以看报纸的详细报道,也可以收看电视转播,甚至还可以在坐公共汽车、乘地铁时看移动媒体的重播,或者通过手机、电脑在互联网上观看。这样,大多数人都有机会接受大讲堂传播的文化信息。笔者曾应邀在"市民文化大讲堂"讲过两次,有一回坐公共汽车的时候,看到车上的移动电视正在播放笔者的讲座,而且同车的乘客还认出了笔者,顿时引起一阵热议。这表明,"一菜五吃"的效果非常好。

大讲堂意义深远

首先,大讲堂对提高市民的整体素质有着重要的现实意义。深圳作为一座新兴的移民城市,城市人口结构与市民整体素质与一般城市明显不同。一般城市的人口结构，大多是"两头尖中间粗"的"橄榄形"，即素质特别高和特别低的人占少数，中间状态的人占多数。而深圳的人口结构却是"二元对分型"，即学历高、受过良好教育的人约占市民总数的一半（主要是外地来深圳创业的大学毕业生和深圳引进的高层次人才），学历低、文化程度不高的人约占另一半（大多是外来务工人员和原来深圳农村的本地居民）。这就导致市民的文化素质参差不齐，迫切需要加强市民文化教育。除了通常的教育培训之外，"市民文化大讲堂"无疑是一种很好的形式，对提高市民的整体素质有着十分重要的现实意义。

其次，深圳文化客观存在着通俗文化流行、大众文化为先的文化现象。许多人由于生活节奏快、工作压力大，已习惯于闲暇时间在娱乐文化中放松自己，自觉或不自觉地淡化了对思想的思考和对精神的追求，从而导致人文修养的欠缺。因此，文化大讲堂无疑是加强人文教育、弘扬人文精神的有效形式。讲堂上传授的文学、历史、哲学、美学等各类学科的知识，在一定程度上改变了市民的思想观念和思维方式，提高了市民的审美修养，使市民的整体文化素质得到了较大的提升。从这个意义上说，文化大讲堂利在当下，功在千秋。它以一种特有的形式，赋予深圳这座城市高层次的文化元素和不可缺少的人文气息。

文化大讲堂由政府、专家、市民合力推动

为适应深圳城市文化建设的客观需要，深圳市委相关领导积极倡导，市宣传文化部门按照"深圳应成为因学习而受人尊重的城市"这一理念，经过精心策划，创立了"市民文化大讲堂"。市宣传文化发展基金拨出专款，为大讲堂提供资金保障，所有讲座均对市民免费开放。

大讲堂组委会确定"市民文化大讲堂"以"鉴赏·品位"为主题，讲座选题尽量适应公众需求，充分考虑市民的多样性和个性化的需求特点，从讲座题目到讲座时间，都通过发布公告、网上征集、街头发送问卷、电话征询、召开座谈会等渠道和方式，向全社会公开征集，使大讲

堂真正成为"市民需求、市民参与、市民享用"的精神殿堂。

在讲座的组织过程中，主办方要求专家的讲座内容尽量通俗易懂，重视演讲形式的趣味性，引导听众现场互动，培养市民欣赏高雅文化艺术的审美趣味和良好习惯。如钢琴教育家但昭义做讲座时，带来弟子为听众现场即兴演奏钢琴，作家柯蓝在讲座中邀请听众上台朗诵散文诗等，都产生了很好的效果。

文化大讲堂创出了深圳城市文化的新品牌，成功探索出了一条公益文化社会化运作的新路子，形成了3个方面的鲜明特色：第一，突破一般的社科普及范畴，讲座内容涉及大文化的各个领域，为市民提供了丰富的文化大餐；第二，传播方法"一菜五吃"，最大限度地扩大了传播面，充分调动了广大市民的参与热情；第三，社会文化机构广泛参与，达到了"社会文化社会办"的良好效果。

"市民文化大讲堂"为建构深圳的城市文化形象做出了特有的贡献，在深圳文化发展史上留下了精彩的一笔。

· 吴俊忠教授在深圳"市民文化大讲堂"演讲（晓峰摄）

29 "关爱行动"
——城市文明以爱见证

"关爱行动"是深圳推进城市文明建设、构建和谐社会的一个创举。它让深圳充满关爱和温暖,形成了奉献爱心、乐于助人的社会文明风尚,阐释了"送人玫瑰,手有余香"的价值观念,见证了深圳的现代城市文明。

·深圳关爱行动会标(胡鹏摄)

2003年,深圳创办了"关爱行动",每年开办一届,至今已连续开办了17届。17年来,深圳"关爱行动"持续推出了3万多项关爱活动,惠及社会弱势群体和广大市民,为化解社会矛盾、疏导心理压力、促进社会和谐,发挥了不可低估的积极作用,构建了深圳温暖有爱、让人感动的城市形象。

"关爱行动"的缘起与创办

2003年,党中央进一步明确和强调"立党为公,执政为民""建设和谐社会"的执政理念。深圳市委主管文化宣传的一位领导意识到应该在深圳组织一个大型公益活动,营造执政为民的社会氛围,把建设和谐社会落到实处。在他的授意下,经过媒体几位负责同志的商议,决定组织一年一度的"关爱行动",激发爱心,倡导奉献,让深圳这座特区城市充满温暖和爱。方略一定,立即着手创办。2003年12月18日,首届"关爱行动"在《让世界充满爱》的歌声中拉开序幕。市委领导的讲话以《我们这个城市没有寒冷》为题,激情洋溢,温暖感人,点明了"关爱行动"的主旨:"一个人拥有爱心,他是最美的;一个城市拥有爱的氛围,她是充满生机活力的。"为了加强"关爱行动"的组织领导,市委、市政府成立了"关爱行动"组委会,市委书记、市长担任组委会的主任、副主任,形成了"政府主导、媒体承办、全民参与"的运作模式。"关爱行动"确定了"用爱拥抱每一天,用心感动每个人"的推广语,设计了造型为心与手相互交联的会标,红色的心代表爱,金色的手代表行动,相互衬托,寓意清晰。

"关爱行动"的主题与项目

"关爱行动"一年一度,每一届都有明确的主题词。例如,第四届的主题词是"和谐深圳,爱心家园",目的是在全社会倡导关心人、爱护人、帮助人、理解人、崇尚和谐社会的价值理念;第十七届(2020年)的主题词是"爱在深圳,情暖鹏城",目的是在深圳经济特区建立40周年之际,倡导以爱心视角、爱心行动为深圳经济特区40周年献礼。

"关爱行动"的项目根据形势需要和活动开展的时间来设定,既体现关爱、慈善的本质特征,又具有年度特色。例如,第四届"关爱行动"

29 "关爱行动"——城市文明以爱见证

设定的活动有"募师支教""日行一善""义工节""献血日""慈善一日捐""关爱万里行"等;而第十七届"关爱活动"因为是在春节前后进行,所以特别增加了"温暖旅游人·千里返乡行""温暖深圳年""爱心年夜饭""团圆房"等活动项目,为外来务工人员送上春节的关爱和温暖。

为了确保这些活动行之有效、落到实处,组织者把所有行动分为几大板块,体现不同的内涵和要求,让社会各阶层各负其责。如政府部门开展的活动,体现的是"尽职责、送温暖";企事业单位开展的活动,体现的是"关爱员工,实现共赢";社会各界广泛开展的活动,体现的是"表真情,献爱心"。这样,"关爱行动"就把全社会的人都调动起来,温暖社会的各个阶层。

"关爱行动"中捐赠的资金,设立"爱心·深圳"专项账户,专款专用,接受媒体和社会各界的监督。

"关爱行动"的价值与影响

时任中共深圳市委常委、宣传部部长王京生在第二届"关爱行动"的开幕式致辞中讲道:"'关爱行动'体现了这座城市的气度和胸襟,这座城市因此而充满了感动,因此而增加了自己的厚度、质量,因此而更加赢得了可贵的尊严。"这可以视为对"关爱行动"的价值和意义的一种表述,其着眼的是"关爱行动"对丰富城市精神内涵、塑造城市形象的意义。

专家学者们对深圳"关爱行动"的价值和意义也有不少论述。清华大学李强教授在《深圳关爱行动调研报告》中写道,"'关爱行动'又一次向国人展示了深圳人勇于探索、敢为人先的形象","带来了深圳市民奉献意识和道德水准的提高"。关于"关爱行动"的社会意义,调研报告中列举了4个方面:①"关爱行动"是转型时期社会救助的创新模式,推动了公益事业的发展;②"关爱行动"对政府、媒体、企业及公益组织产生积极影响,有助于改变政府的施政理念,强化企业的社会责任,

塑造责任媒体的形象，为公益组织创造了更好的社会环境；③"关爱行动"是"构建和谐社会"理念的具体实践，是社会矛盾的解压阀和缓冲器；④"关爱行动"具有一定的推广价值和示范意义，在工作方式上可以推而广之，作为全国其他地区的示范。李强教授对"关爱行动"价值和意义的评价，是一种理性研究的结果，着眼的是社会救助、社会管理、社会责任、社会矛盾这样一些方面，很有说服力，但似乎少了一点情感的色彩。

作家杨黎光对"关爱行动"价值和意义的阐述，多了一种文学的抒情。他在《关爱行动：温暖了别人，也温暖了自己》一文中写道："在'关爱行动'中，我们学会了用心去体味别人的艰难，也学会了真诚地帮助他们战胜艰难。而且拉紧每一双手的时候，我们不是也被别人拉紧吗？我拉紧你，你拉紧他，就是众志成城，就是可以撬动一切艰难的支点。""在爱的传递中，我们只是用一根火把去点燃另一根火把，温暖别人也温暖了自己，让别人快乐起来的同时我们更加快乐。因为火把越来越多，阴暗也就越来越少，寒冷也越来越少，温度就是这样上升的。"

笔者认为，关爱行动的价值和意义，还需结合深圳社会的现实状况和市民的生存状态来加深认识。深圳是经济特区，也是移民城市，各路"好汉"汇集于此，社会高度竞争。崇尚英雄，佩服有为，是广大市民尤其是年轻人的基本价值取向。因此，在深圳有"不是猛龙不过江，过了江就必须当猛龙""深圳不相信眼泪"等说法。然而，竞争要有资源，竞争也会有强弱之分。这必然给社会弱势群体带来很大的压力，甚至会在一定程度上影响他们对深圳的心理认同。"关爱行动"让深圳各界人士清楚地认识到，竞争未必无情，有为还要有爱。强弱虽是客观存在，但只要这座城市充满爱，真正做到"用爱拥抱每一天，用心感动每个人"，相对弱势的人同样会感受到社会的温暖，激发出由弱变强的信心和勇气，产生回报社会、帮助他人的内在冲动。这样，这个社会就会越来越和谐。或许这是认识"关爱行动"价值和意义的另一个视角吧。

30 产业体系
——现代化经济体系的强力支撑

深圳现代产业体系以四大支柱产业、七大新兴产业和五大未来产业为主体,重点发展,协调推进,逐步形成了产业结构优化、创新驱动发展的经济发展模式,为建设现代化经济体系提供了强力支撑。

随着我国现代化进程的不断加快,"我国经济已由高速增长阶段转向高质量发展阶段,正处在转变发展方式、优化经济结构、转换增长动力的攻关期。建设现代化经济体系是跨越关口的迫切要求和我国发展的战略目标"[①]。深圳早在 20 世纪 90 年代就敏锐地察觉到这一点,率先转变经济发展方式,调整优化经济结构,努力建设现代产业体系,逐步形成了以四大支柱产业、七大战略性新兴产业和五大未来产业为主体的产业体系,为建设现代化经济体系打下了坚实的基础。

重点发展四大支柱产业

20 世纪 90 年代中后期至 21 世纪初,深圳开始在产业转型升级上下功夫。1995 年,深圳在低端产业效益尚好、"三来一补"(来料加工、来件装配、来样加工、补偿贸易)仍有市场的形势下,敏感地觉察到"未来产业竞争的优势必然是高新技术产业",决定实施新的发展理念,明确

---

① 《中国共产党第十九次全国代表大会文件汇编》,人民出版社 2017 年版,第 24 页。

"高新技术产业是深圳经济第一增长点"。此后,市委、市政府相继制定了《关于加快发展高新技术产业的决定》《深圳高新技术产业发展"九五"计划和2010年规划》等政策指导性文件,走出了一条以市场为导向、以企业为主体、以大专院校科研院所为依托、科技经济紧密结合的高新技术产业发展新路子。

深圳高新技术产业是全国的一面旗帜。现有国家级高新技术企业17000多家,总产值占深圳GDP的35%左右。建有深圳高新技术产业园、深圳软件产业基地、深圳天安云谷产业园、光明科学城等重要产业基地,形成了以电子信息产业为主导的高新技术产业群,成为全国高新技术成果产业化的重要基地。

在高新技术产业发展取得明显成效的基础上,深圳又进一步明确了重点发展四大支柱产业的战略方针,把高新技术产业、金融业、现代物流业和文化创意产业作为产业发展的重点,精心部署,科学推进。20世纪90年代以来,经过20多年的建设和发展,深圳四大支柱产业发展迅速,成为深圳现代产业体系的重要支撑。

高新技术产业一马当先,是深圳产业转型升级的鲜明标志,也是深圳现代产业体系的突出亮点和重要支柱。

金融业傲视群雄,是深圳优化产业结构的核心要素,也是贡献税收的大户(超过制造业),更是深圳现代产业体系的重要保障。

现代物流业星光灿烂,是深圳支柱产业的"外联部长",凸显深圳现代产业体系的亮丽形象(全国80%以上的供应链管理公司总部都聚集在深圳)。

文化创意产业锦上添花,彰显深圳现代产业体系的创新特色,成为全国文化产业发展的"领头羊"。

着力发展七大战略性新兴产业

近10多年来,为适应和引领经济发展新常态,深圳主动谋划抢占新一轮科技革命和产业变革制高点,决定瞄准高端高新向上突围,布局发展战略性新兴产业，努力构建现代产业体系，力争在建设现代化经济体系上率先突破。

2009年，深圳成立了新兴高技术产业发展领导小组，提出从新一代信息技术、高端装备制造、绿色低碳、生物医药、数字组织、新材料、海洋经济七大产业门类着力发展战略性新兴产业。目的在于通过这七大新兴产业的发展，推动深圳制造向深圳创造、深圳速度向深圳质量、深圳产品向深圳品牌转变，努力把深圳打造成为全球新技术、新产业、新业态、新模式的重要聚集区。

为实施战略性新兴产业跨越攀升，深圳制定实施《深圳市战略性新兴产业发展"十三五"规划》，以信息经济、生命经济、绿色经济、创意经济等为重点，不断提高创新能力，引领产业向高端化、规模化、集群化发展。经过10年左右的努力，深圳战略性新兴产业增加值占GDP的比重逐年提升，深圳成为国内战略性新兴产业规模最大、集聚性最强的城市。

2018年，深圳按照加快建设国际科技创新中心的要求，规划建设十大新兴产业集聚区，力争到2020年培育2～3个千亿级产业集群和若干个百亿级产业集群，形成新兴产业发展的重要载体，为现代化国际化创新型城市建设提供支撑。

部署发展五大未来产业

未来产业在很大程度上是新兴产业的扩展和延伸。深圳在转换经济发展方式、优化产业结构的过程中，敏锐地觉察到国际产业发展的新趋势，把视野投向未来，预测到某些产业在未来具有很大的发展空间，甚至会引领产业发展的潮流。于是，根据深圳现有的产业基础和人才优势，在2013年开始着手部署发展生命健康、可穿戴设备、机器人、智能装备、航空航天这五大未来产业。

未来社会，智慧城市建设是大势所趋，人的工作和日常生活高度智

能化。深圳部署的五大未来产业与社会发展趋势和人的生活方式的改变密切相关,具有很大的前瞻性。不仅抢占了未来产业发展的先机,而且把深圳的产业结构和现代产业体系提升到一个新的高度。

经过几年的努力,五大未来产业和七大新兴产业相辅相成,取得了可喜的成就。已建成国家超级计算深圳中心、大亚湾中微子实验室和基因库等一批开放式的重大科技设施。国内首个以诺贝尔奖得主命名的研究院——格拉布斯研究院落户深圳,此外,还新增了几所诺贝尔奖科学家实验室。所有这些都极大地提升了深圳的技术创新特质,使其从应用技术创新向基础技术、核心技术、前沿技术创新转变,从跟随模仿式创新向源头创新、引领式创新跃升,加快了深圳向全球科技创新高地迈进的进程。

深圳产业结构调整和现代产业体系建设,未雨绸缪,率先突破,敢于创新,面向高端,初步构建起"四个为主"的现代产业体系,即全市产业以高新技术、金融、现代物流、文化创意四大支柱产业为主,经济增量以新兴产业为主,工业以先进制造业为主,三产以现代服务业为主。深圳由此成为国内战略性新兴产业规模最大、集聚性最强的城市之一。其中,先进制造和高技术制造更是十分亮眼。目前,深圳正结合产业实际,围绕5G、新型显示、集成电路、机器人、增材制造、石墨烯、新能源汽车、航空航天设备、海洋工程装备、精准医疗等新兴产业领域,规划建设10个制造业创新中心,推进深圳制造向深圳创造转变。

三产比例是产业结构优化的重要标志。回望历史,深圳三次产业结构正从过去的第一、第二产业比重偏高,向第二、第三产业并重转型。2018年,三产比例调整为0.1∶39.6∶60.3,这意味着深圳产业结构更加合理。

我们注意到,从20世纪90年代后期至21世纪初确定发展四大支柱产业,到2009年决定着力发展七大新兴产业,再到2013年部署发展五大未来产业,深圳几乎每隔几年就会提出产业发展的新思路,称得上是持续用力,久久为功。早期产业结构单一、靠"三来一补"发展的深圳,

30 产业体系——现代化经济体系的强力支撑

抓住历次经济转型的机遇,已打造出支柱产业、新兴产业和未来产业交相组合的现代产业体系,为建设现代经济体系创造了必不可少的条件。

时间是无形的历史,产业是发展的证明。深圳不愧为现代化国际化创新型城市。

· 第 21 届中国国际高新技术成果交易会在深圳举办(胡鹏摄)

31 前海新区
——深圳的"曼哈顿"

前海是在滩涂上崛起的一座新城,既是深港现代服务业合作区,又是广东自由贸易试验区前海蛇口片区。它承载着"依托香港、服务内地、面向世界"的功能定位,担负着建设"高水平对外开放门户枢纽"的重任,被称为"特区中的特区""深圳的'曼哈顿'"。

• 深圳前海新区的前海石公园(胡鹏摄)

31 前海新区——深圳的"曼哈顿"

2010年8月26日，国务院批复同意《前海深港现代服务业合作区总体发展规划》，前海合作区正式成立。

2014年4月27日，广东自由贸易试验区前海蛇口片区正式挂牌成立。成立5年的前海合作区，在深港合作功能上叠加了自贸区功能，面积也扩大到包括整个蛇口工业区，被赋予了更多使命。前海成为海内外人士高度关注的地方。有人把前海称为"特区中的特区""深圳的'曼哈顿'"。

总书记对前海寄予厚望

2012年12月7日，习近平总书记在党的十八大后离京考察的第一站就是深圳，在深考察的第一站就选择了前海深港现代服务业合作区，并在这里发表重要讲话，发出了改革开放再出发的号召。

2018年10月24日，习近平总书记再次来到前海。总书记特意来到前海石公园，察看前海的发展变化。眺望四周，总书记深有感触地说："发展这么快，说明前海的模式是可行的，要研究出一批可复制可推广的经验，向全国推广。"[①]

总书记两次到前海考察，表明他对前海新区寄予厚望，期望前海"比特区还要特"，创造出更多改革开放的成功经验。

城市新中心呼之欲出

前海是全国唯一的未开始建设就获得批准的新兴园区。2010年国务院批复下达时，前海到处是烂泥塘，建筑设施几乎没有。据一直跟踪报道前海的记者介绍，前海原来就是一片海，是蛇口原居民打鱼的地方。后来经过填海，形成了15平方千米连片的宝贵土地。前海基础建设动土开工后，这里开始了一场造城的大会战。经过近10年的建设，城区的形

---

① 《深圳特区报》，2018年10月25日A1版。

象开始呈现。按照规划,前海将建设成为交通便捷、功能现代、设施完备、比肩曼哈顿的城市新中心。

前海的造城建设,按照习近平总书记在前海视察时的指示精神——"精耕细作,精雕细琢,画出最美最好的图画",在滩涂上精心打造浓缩的精华。建设速度超越"深圳速度",彰显"前海气魄"。目前已有180多栋建筑主体结构封顶,建成并交付使用的有100多栋。一座现代化新城已出现在珠江口东岸,城市新中心呼之欲出。如今走进前海,只见高楼大厦拔地而起,工地上机器轰鸣,呈现出蓬勃生长的新城气象。

前海"双区叠加"的功能定位

前海深港现代服务业合作区刚成立时,国家赋予的功能是"依托香港、服务内地、面向世界",希望前海不断创新,实现超越式发展,成为新一轮改革开放的"桥头堡"。

2015年,广东自由贸易试验区前海蛇口片区挂牌成立后,前海在深港合作功能上叠加了自贸区功能,被赋予更多使命。要求前海在全面扩大开放的新形势下,形成以制度创新为核心,实现高速度、高质量发展的区域开发开放新模式,打造"高水平对外开放门户枢纽",发挥示范引领作用。用前海蛇口自贸片区主任田夫的话说,前海要勇当尖兵,走在前列,努力做到"六个最""六个重",即要以"开放度最高、自由度最广、引领性最强、创新力最佳、辐射力最优、联动性最好"作为行动指南,以"重溯初心使命、重新顶层设计、重构发展空间、重振开放能级、重塑体制机制、重铸集聚效应"为实现路径,打造新时代改革开放的窗口、高质量发展的窗口、社会主义现代化强国城市范例的窗口。"在先行中示范,在示范中先行,助力深圳实现从经济特区向先行示范区提升,从走在全国前列向走在全球前列跃升,从现代化国际化城市向全球标杆

31　前海新区——深圳的"曼哈顿"

城市演变,创造出让世界刮目相看的新的更大奇迹。"① 由此可见,前海使命在肩、功能众多,令人振奋,也令人期待。

前海新区的综合创新

前海的使命是引领新一轮改革开放,创新是前海的根与魂。10年来,前海真正做到改革不停顿、开放不止步、创新跨大步,在制度创新、深港合作创新、营商环境创新等方面,锐意推进,成效显著。

(1) 贡献核心制度创新的"前海模式"。前海的制度创新对标国际最高水准、最好水平,大胆闯,大胆试,自主改,形成了以投资便利化、贸易便利化、金融开放创新、事中事后监管、法治创新、体制机制创新、人才管理改革七大板块为核心的制度创新"前海模式"。目前,前海累计推出400多项制度创新成果,相当一部分是全国首创或领先,有的被全国复制推广,有的被广东省复制推广。研究机构发布的创新指数显示,前海蛇口自贸片区制度创新总体排名全国第一。

前海的制度创新对接"港澳所需""湾区所向""前海所能",为把前海打造成为"高水平对外开放门户枢纽"创造条件。有效保障和推进了各个领域的改革创新,搭建了国际创新合作平台和高端科技服务平台,充分发挥了"金融改革试验田"作用,促进了国际科技创新的信息交流和创新合作,展现出欣欣向荣的蓬勃景象。

(2) 打造深港合作的新平台。前海原名"深港现代服务业合作区",又是粤港澳大湾区的城市中心,顾名思义,推进深港合作是其改革发展的重要任务和基本内涵。

10年来,前海利用毗邻香港的地理优势、深港合作的政策优势、自贸区创新优势,依托香港,学习香港,服务香港,为港企和青年创业者提供拓展的平台和空间。制定了"惠港万十百千工程"和优惠政策。

---

① 参见《深圳商报》2019年8月21日。

的土地定向拍卖给港企,吸引10万港人到前海,孵化1000家有发展潜力、创新和整合能力较强的香港企业,建立10个面向香港优势和特色产业的港企聚集基地。打通深港人才双向流动通道,香港的注册税务师、会计师、房屋经理等10多类专业人士可在前海直接执业。发行通信"前海卡"、深港两地交通"互通行"卡等,实现深港通信资费接轨,交通衔接高效便捷。目前,前海累计注册港资背景企业数以千计。前海已成为内地港资企业最密集、效益最好的地区。

前海作为深港合作的国家级战略平台,将深港青年合作纳入重要的工作内容,着力打造港澳台地区青年发展的理想平台,为港澳台地区青年融入大湾区、拓宽发展路径创造条件。2014年,前海设立深港青年梦工场,至今累计孵化创业团队388家,其中,港澳台地区及国际团队190家,累计融资总额超过15亿元。截至2019年,前海累计为香港大学生提供2700多个实习岗位。2019年8月,前海出台了支持香港青年在前海发展的36条措施及实施细则,每年提供2亿元资金支持香港青年在前海创业发展。

(3)营造市场化、国际化、法治化的营商环境。为了适应对外开放和深港合作的现实需要,前海把法治作为自己的核心集中力。坚持法治创新,构建与国际通行商业规则对接的制度规则体系,营造市场化、国际化、法治化营商环境。目前已有30家律师事务所相继揭牌。全国共有粤港澳联营律师事务所11家,其中7家设在前海。同时,前海还集合了公证、专业鉴定机构、知识产权、仲裁等服务形态,构建起较为完备的法律服务生态体系。这里有最高法院第一巡回法庭、深圳金融法庭、深圳知识产权法庭、前海法院、前海检察院、深圳国际仲裁院等一大批改革创新型法律机构。15平方千米的地方集中了这么多法律机构,其法治化营商环境可谓一流。

前海新区改革创新任重道远

2019年7月,深圳市出台了《支持自由贸易试验区深化改革创新若干措施工作方案》,发布39条举措,对前海蛇口自贸片区进一步深化改革创新做出指导与工作要求。这39条举措聚焦营造优良投资环境、提升便利化水平、推动金融创新服务实体经济、推进人力资源领域先行先试4个方面。其中多条举措强调吸引外资、扩大开放、减少限制。允许自贸试验区创新推出与国际接轨的税收服务举措;支持自贸试验区开展汽车平行进口试点;授予自贸试验区自由进出口技术合同登记管理权限;允许自贸试验区内银行业金融机构在依法合规、风险可控的前提下按相关规定为境外机构办理人民币衍生产品等业务;等等。

上述这些授权允许的改革创新举措,表明前海在粤港澳大湾区改革发展的大背景下,面临许多更开放、更有难度的改革创新任务。这既是前海新区的功能和使命所要求的,也是前海自身发展和提升的必然趋势。只有这样,前海才能真正成为"特区中的特区",成为"高水平对外开放门户枢纽"。这同时也表明,前海的改革创新任重道远,需要探索的方面很多,需要攀登的高峰不少,不能松懈,不能自满,始终是"现在进行时",永远在路上。我们期待前海随着城市设施建设的不断完善,在改革创新征途上走得更快、更远,让国人为之自豪,让世界刮目相看。

32 智慧城市
——深圳试点的前沿探索

智慧城市建设是当今世界城市竞争与城市发展的必要路径。深圳建设智慧城市具有科技创新领先、人口结构优化、创新人才集聚的客观优势，方向明确，路径清晰，措施扎实，目前正朝着国际一流新型智慧城市的目标迈进。

21世纪初以来，建设智慧城市成为城市发展的世界性大趋势。2014年8月29日，经国务院同意，国家发改委、工信部、科技部等八部委联合印发《关于促进智慧城市健康发展的指导意见》，对智慧城市建设和发展提出任务、要求和规范。相关数据统计显示，截至2017年年底，我国已有超过500个城市明确提出或正在建设智慧城市。

深圳是全国智慧城市建设的试点城市。2012年，我国首批国家智慧城市试点名单公布，深圳入选其中。2013年，国家公布智慧城市技术和标准双试点城市，深圳再次入选。此后，中国社会科学院信息化研究中心发布的《中国智慧城市发展水平评估报告》，认为深圳智慧城市建设处于全国领先水平，属于"领跑者"。因此，要读懂深圳，就有必要了解深圳智慧城市建设的现状与发展方向。

何谓"智慧城市"?

据相关资料介绍,"智慧城市(英语 Smart City)起源于传媒领域,是指利用各种信息技术或创新概念,将城市的系统和服务打通、集成,以提升资源运用的效率,优化城市管理服务,改善市民生活质量"。这说明,智慧城市与信息技术和数字化密切相关。

智慧城市的概念还有另一种解读:"智慧城市能够充分运用信息和通信技术手段,感测、分析、整合城市运行核心系统的各项关键信息,从而对包括民生、环保、公共安全、城市服务、工商业活动在内的各种需求,做出智能的响应,为人类创造更美好的生活。"这种解读与前一种大同小异,只是增加了对智慧城市功能的表述。

关于智慧城市比较权威的说法是:"智慧城市的概念,源于 2008 年 LBM 公司提出的'智慧地球'的理念,是数字城市与互联网相结合的产物,也是信息时代城市发展的方向、文明发展的趋势。其实质是运用现代信息技术推动城市运行系统的互联、高效和智能,从而为城市人创造更加美好的生活,使城市发展更加和谐、更具活力。"

简而言之,智慧城市建设是城市现代化的必要途径和必然趋势。不仅可以强化城市功能,而且能极大地提高市民的生活质量,如市民能轻松地找到最便捷的上下班路线,供水供电有保障,街道社区更安全,求医问药更方便等。

建设智慧城市的意义

建设智慧城市在实现城市可持续发展、引领信息技术应用、提升城市综合竞争力等方面具有重要意义。

从城市可持续发展的角度来看,智慧城市可以化解各种各样的"城市病"所导致的困局,减少资源消耗,解决交通拥堵问题,消除安全隐患，实现对城市的精细化、智能化管理。

从信息技术应用的角度看，智慧城市可把城市各领域的信息精确分类、精准管理，实现城市各类资源的集约化管理和利用。

从提高城市竞争力的角度来看，智慧城市建设可以带动物联网、互联网、人工智能等战略性新兴产业的发展，对医疗、交通、物流、金融等产业的发展也有明显的带动作用。

总之，建设智慧城市，可以转变城市发展方式，提升城市发展质量，促进物与物、物与人、人与人的互联互通，让城市发展更全面、更协调、更可持续，让市民提高全面感知和利用信息的能力，生活更健康、更和谐、更美好。

·深圳大学校园内的泰戈尔塑像（胡鹏摄）

深圳怎样建设智慧城市

深圳建设智慧城市，有4个显著的特点，那就是优势明显、目标明确、路径清晰、亮点突出。

首先，深圳客观上具有建设新型智慧城市的三大优势。

一是创新优势。研究表明，"有两种驱动力推动智慧城市的逐步形成，一是以物联网、云计算、移动互联网为代表的新一代信息技术，二是知识社会环境下逐步孕育的城市创新生态。前者是技术创新层面的技术因素，后者是社会创新层面的社会因素。创新在智慧城市发展中具有重要的驱动作用"。深圳是国家创新型城市，又是全国高新技术产业发展的一面旗帜。无论技术创新还是社会创新，深圳在全国都处于领先地位，具有智慧城市建设的必备条件和客观优势。

二是人口结构优势。深圳是一座年轻的城市，年轻人占了城市总人口的绝大多数，他们接受新事物的敏锐度高，能力强，敢于创新，善于体验。这是智慧城市建设最大的活力之源。

三是人才优势。深圳有一大批科技创新的领军人才，在智慧城市建设涉及的产业领域、技术领域、管理创新领域都有一批杰出人才，如马化腾、马明哲等。这些人才形成了深圳建设智慧城市不可多得的人才优势。

其次，深圳建设智慧城市有明确的目标。2018年4月，深圳召开了"智慧城市暨数字政府建设工作会议"，会议明确要把深圳打造成为国家新型智慧城市标杆市。这里需要说明，何谓"新型智慧城市"？据专家解读，所谓"新型智慧城市"是相对于"旧型"而言。新型智慧城市不再局限于信息技术的应用，而是回到了以人为本的核心，回到了城市的本质，回到了城市高质量可持续发展的要求上来。"新"就是回归与超越。具体说，就是方法新（科技创新）、理念新（以人为本）、体系新（保障体系）。据媒体报道，为了真正建成新型智慧城市标杆市，深圳确定了

"六个一"发展目标：

"一图全面感知"——建成全面感知城市安全、交通、环境、网络空间的感知网络体系，更好地用信息化手段感知物理空间和虚拟空间的社会运行态势。

"一号走遍深圳"——建成电子公共服务体系，个人通过身份证号＋生物识别、企业通过社会信用代码＋数字证书可以办理各类公共服务事项。

"一键可知全局"——建成基于大数据、信息共享和人工智能的决策辅助体系，在一个地方鼠标一点即可获取所需的来自全市各部门、各系统的所有数据，并能提供各类定制化决策支撑报告。

"一体运行联动"——在公共安全、城市运行管理的各领域，通过信息化手段建成反应快速、预测预判、综合协调的一体化城市运行管理体系，实现市区联动、部门联动、军地联动。

"一站创新创业"——通过数据开放平台和大数据交易平台，释放数据红利，打造成基于开源数据的创新创业服务平台，提升数字化产业经济活力。

"一屏智享生活"——融合政府、企业和社会组织提供的与市民生活相关的各类服务，建设一体化市民服务平台，市民通过手机等移动终端，可方便快捷地获得高品质生活服务。

此外，深圳建设新型智慧城市有清晰的实施路径。为了能尽快实现上述"六个一"发展目标，深圳重点推出十大工程，即高速宽带网络工程、全面感知体系工程、城市大数据工程、智慧城市运行管理工程、智慧公共安全体系工程、智慧城市治理优化工程、智慧公共服务提升工程、智慧产业发展工程、网络安全保障工程、标准规范保障工程。

十大工程紧紧围绕"六个一"发展目标，可视为"六个一"的实施方案，真正把目标、任务、要求落到了实处，增强了市民的获得感和体验感。

深圳建设新型智慧城市还有一个突出的亮点,那就是"数字政府"建设卓有成效。作为广东省"数字政府"综合改革试点城市之一,深圳通过改革和创新推动"数字政府"建设工作,建立以大数据驱动政务创新的政府信息化建设新模式,依托"数字政府"建设,深化"放管服"改革,大力推进简政放权,优化政务服务流程,实现审批更简、监管更强、服务更优。

综上所述,深圳新型智慧城市建设,把冷冰冰的工程变成了有温度、高质量的创新工程,既推动了城市现代化建设,又让市民真正获益,使生活更美好、更时尚。

33 学术天空
——群星闪耀，蔚为大观

深圳学术文化建设后起发力，快速发展。学者队伍群雄汇集，研究成果特色鲜明，"深圳学派"初具雏形，未来发展后劲充足，有望成为深圳文化的又一亮点。

深圳经济特区建立40年来，在创造经济奇迹的同时，也创造着文化奇迹。"如果说'经济特区'是物质文明的'中国样板'，那么'文化深圳'无疑就是精神文明的'中国样板'。"①

学术文化是深圳文化的重要组成部分，虽然一度曾有过相对滞后的现象，但很快奋起发力，加速发展，颇有后来居上之气势。学术机构不断发展壮大，学术人才不断聚集成长，涌现出一批有影响力的高校和研究机构，创办了一批有特色的学术刊物，汇集了一批高水平的专家学者，呈现出学术天空群星闪耀的景象。

学术机构是学者发展的重要平台

40年来，深圳的人文社科学术研究机构如雨后春笋般蓬勃发展，已有超过100个，主要分布在高校、社会科学院和一些综合性研究单位，还有一些民间学术机构。如深圳大学的中国经济特区研究中心、南方科技

---

① 《文化深圳》周刊编辑组：《文化力量续写深圳新的传奇》，载《人民日报》（海外版），2014年6月11日第7版。

大学的人文学院、中共深圳市委党校和深圳市社会科学院的各个研究所，以及民间学术机构——深圳当代社会观察研究所等。这些学术机构大多根据我国改革开放和深圳改革创新的现实需要而设置，为学者们提供了设定研究方向、开展学术创新的前提条件，成为他们学术发展的重要平台。其中，最典型、最有代表性的是深圳的两位广东省优秀社会科学家——陶一桃教授和李凤亮教授。

陶一桃教授是深圳大学教育部人文社科重点研究基地中国经济特区研究中心的主任，中心承担的研究任务让她的学术专长发挥到极致。她先后主持多个国家社会科学基金重大项目，研究成果被翻译介绍到国外，成为中国文化"走出去"的重要体现，产生了广泛的学术影响。她自己也成为国内外有影响力的著名学者。

李凤亮教授创建深圳大学文化产业研究院（简称"文产院"），并兼任院长（后调任南方科技大学党委副书记）。文产院在我国文化产业快速发展、文化科技创新日新月异的大背景下应运而生，研究课题贴近现实，服务社会，创新空间很大，很快发展成为"国家文化创新研究中心"、广东省人文社科重点研究基地。李凤亮作为首席专家，先后承担多项国家社科基金重大项目，研究成果应用于我国文化创新实践，产生了很大的社会影响。他本人也成为享有盛誉的高层次专业领军人才。

上述表明，处于改革开放前沿的深圳学术研究机构，具有鲜明的时代特色和明确的研究方向，不仅为研究探索中国特色社会主义道路的理论和实践做出了重要贡献，而且培养出一批特色鲜明的深圳学者。他们充满锐气，敢于创新，是我国人文社科研究的中坚力量。

学术刊物是学者发展的重要阵地

学术刊物是衡量一个城市或地区学术发展水平的重要标志。深圳的人文社会科学学术刊物主要有各大学的学报（人文社科版）、深圳市社会科学院和相关研究机构的综合性或专题研究刊物，累计有几十种。其中

影响比较大的是《深圳大学学报》（人文社科版）、《特区实践与理论》和《深圳社会科学》这3种。

《深圳大学学报》（人文社科版）（简称《深大学报》）是深圳大学主办的学术刊物，创办于1984年，曾进入全国高校优秀学报20强。目前是全国中文核心期刊、中文社会科学引文索引（CSSCL）来源期刊（简称"C刊"）、高校人文社会科学核心期刊、全国高校三十佳期刊。《深大学报》创办之初就确定了"领风气之先，创特色期刊"的办刊理念，明确了以学术水平和风格特色取胜的指导思想，刊物栏目设计与时俱进、不断调整。如《文明对话与文化比较》《特区研究》等栏目，在学界有较大影响，受到学者们的广泛关注。打开《深大学报》，可以清晰地感受到学术前沿的品位、经济特区大学的氛围、海外学界的信息、改革开放的新思想新观念。深圳大学和深圳本地乃至全国的专家学者，有不少人在《深大学报》发表过文章，有的文章被《新华文摘》、《高校学报文摘》、人大"复印报刊资料"转载，成就了不少学者。

《特区实践与理论》（原名《特区理论与实践》）是中共深圳市委党校主办的学术刊物，创办于1993年。目前是中国人文社会科学扩展期刊、中国期刊数据库（CLFU）来源期刊、人大"复印报刊资料"转载来源期刊、中国核心期刊（遴选）数据库来源期刊。《特区实践与理论》紧密结合我国改革开放和现代化建设的实际问题，利用经济特区的开放优势，设置了《党的建设》《先行示范区研究》《粤港澳大湾区研究》等一批与时俱进的栏目，所发文章及时反映我国改革开放和现代化建设中的实际问题和解决思路，成为党政干部理论学习的重要参考资料，也培养了一大批专家学者和理论骨干。

《深圳社会科学》是由深圳市政府主管、深圳市社会科学院主办的学术刊物，于2018年在内部刊物《南方论丛》的基础上创办。刊物以"全球视野、民族立场、时代精神、深圳表达"为办刊宗旨，以开放性、时代性、前瞻性、创新性为办刊特色，致力于构筑深圳学术高地，"聚焦习近平新时代中国特色社会主义思想，聚焦我国改革发展面临的一系列重大理论和现实问题，聚焦深圳当好'两个重要窗口'，在守正创新、博采众长中加强理论创新"，努力反映新时代人文社会科学的新思想、新理念、新成果。应该说，创办《深圳社会科学》是深圳社科理论界期盼已久、共同努力的结果，寄托着深圳学者的学术希望。我们相信，这份新创刊的以城市名称冠名的学术刊物一定能在凝聚深圳学人、建设"深圳学派"、推动理论创新等方面，发挥重大的促进作用。

上述 3 种深圳最有代表性的学术刊物，反映出深圳学术文化发展具有前沿引领、与时俱进、贴近现实、注重人文的鲜明特色，为深圳学人的学术研究搭建了高端平台，体现了"为改革开放立言、为中国特色社会主义探路"的学术志向，是"深圳学派"建设和深圳学人学术发展不可或缺的外在条件。

"深圳学派" 是深圳学者的群体亮相

前文讲到，建设"深圳学派"是深圳学人不无浪漫的学术追求，反映出深圳发展学术文化、提升文化品位的理想和决心。换个角度看，"深圳学派"也是深圳学者的群体亮相。学界有一个不成文的说法：看一个地方的学术水平高不高，就看这个地方有多少能够与国内外一流学者平等对话的专家学者。从这个意义上讲，深圳能够与国内外一流学者平等对话的专家学者不在少数。他们是"深圳学派"赖以形成的基础，也是深圳学术文化发展的人才资源。从数量上看，这类杰出的人文社科学者，在深圳有 50 多人，可谓群星闪耀，蔚为大观。限于篇幅，笔者仅在此列举 20 位能够代表深圳学术水平、被国内学界公认、具有较大影响的深圳学者，方便读者了解深圳学人的概况。

1. 文艺美学学科创始人胡经之教授，著作等身，享誉国际，被誉为"中国文艺美学的教父"。

2. 美学研究专家彭立勋教授，在西方美学和美学理论研究方面有很

深的造诣，著述众多，学界仰慕。

3. 中国古典文学研究专家章必功教授，在《诗经》研究、《红楼梦》研究等方面独树一帜，研究方法别开生面，研究成果别具一格，学界公认，影响广泛。

4. 犹太文化研究专家刘洪一教授，对犹太文化和中西文化比较有深入研究。专著《两界书》成为当代学术经典，其英文版享誉国际。

5. 印度学研究专家郁龙余教授，对印度文化和中印文化交流有深入研究。专著《梵典与华章》得到国家领导人的称赞；专著《季羡林评传》被翻译成3种外文，享有国际声誉。获得印度总统亲自颁发的"杰出印度学家"奖。

6. 国学研究专家景海峰教授，主攻"新儒学"研究，研究成果在国内外广为传播，成就卓著，学界公认。

7. 新加坡研究专家吕元礼教授，专著《新加坡为什么能》获得国家领导人的赞赏，新加坡总理李显龙亲自为其作序，成为中共中央组织部指定的党员干部培训教材，在学界有较大影响力。

8. 经济特区与"一带一路"研究专家陶一桃教授，承担多个国家重大研究课题，研究成果被译成外文传播国外，受到经济特区和"一带一路"国家高度关注，是学界公认的领军学者。

9. 文化产业与文化科技创新研究专家李凤亮教授，创建深圳大学文化产业研究院，领衔"国家文化创新研究中心"，主持国家社科基金重大项目，研究成果服务于文化创新实践，广受欢迎，是学界公认的领军学者。

10. 国际政治研究专家姜安教授，在毛主席"三个世界"理论、中国古代政治智慧、当代国际政治走向等方面有深入研究，在国家一级学术刊物《中国社会科学》发表多篇文章，应邀在央视《百家讲坛》当主讲嘉宾，是学界公认的中青年杰出学者。

11. 文化研究专家王京生先生，对当代新型文化和文化理论创新有独到的研究，创新文化流动理论，提出"文化驱动创新""国家文化主权""实现文化权利"等新观点，在学界广受关注，影响较大。

12. 美学与文艺学研究专家高建平教授，研究对象涉及美学、文学、艺术学等多个领域，研究成果在国内外学术界有较大影响力，并被收入东京大学、华沙大学、斯德哥尔摩大学等国外名校的学术文集，享誉国际。

13. 比较文学研究专家陈跃红教授，对比较诗学、比较文学理论有深入研究，研究成果在学界有广泛影响，是学界公认的杰出专家。

14. 比较文学与诗歌研究专家张晓红教授，师从比较文学泰斗佛克玛，长期从事比较文学与比较文化以及女性诗歌研究，研究成果在学界广受好评，有的以英文在国外发表，影响较大，是学界公认的中青年杰出专家。

15. 中国古典文学研究专家沈金浩教授，对明清小说、古典诗词等均有深入研究，研究成果学理深刻，富有诗意，深受广大学子欢迎，在学界广受好评。

16. 美学与传播学研究专家吴予敏教授，研究对象涉及西方美学、中国古代美学、传播学等多个领域，主持完成国家社科基金重大项目，研究成果具有理论创新和贴近现实的鲜明特色，在学界广受好评，是学界公认的领军学者。

17. 党建与当代中国政治研究专家袁晓江教授，长期从事中国特色社会主义理论与深圳改革开放研究，研究成果贴近现实，与时俱进，有很强的实践指导意义，为学界所公认。

18. 文化研究专家王为理研究员，长期从事文化产业和城市文化研究，研究成果对文化产业发展与城市文化建设有很强的理论指导意义，在学界广受好评。

19. 法学研究专家邹平学教授，研究对象涉及法学理论、宪法、港澳基本法等多个领域，是我国港澳基本法研究的前沿专家，为港澳实施"一国两制"、保持长期繁荣稳定做出了重要的贡献。

20. 翻译家何道宽教授，长期从事传播学经典翻译和跨文化研究，

共有著作和译作90余种,创造了我国学界的"高产奇迹",被学生称为"百万教授",为我国传播学的学科发展做出了重要的贡献。研究论文《论美国文化的显著特征》被学界广泛引用。是学界公认的资深学者和著名翻译家。

上述表明,深圳虽是一个新兴城市,但学术文化建设已颇具规模。学者队伍群雄汇集,学术研究锐意创新,研究成果既引领前沿,又贴近现实,产生了理论指导实践、实践丰富理论的双向效应。"深圳学派"已初具雏形,未来前景不可估量。我们期待并希望深圳创造出更多新的奇迹。

· 著名学者胡经之教授参观深圳人才公园(胡鹏摄)

34 国学之光
——传统文化的当下传承

当今中国的"国学热",在20世纪80年代的深圳就已看到端倪。国学承载的是中华传统文化。深圳研究国学,弘扬中华优秀传统文化,体现出城市文化建设的高度文化自觉。国学之光在深圳闪耀,是深圳文化的一大亮色。

国学是相对于"西学"而言的"中国学",承载的是中华传统文化。习近平同志明确指出:"中华传统文化是我们最深厚的软实力。""要加强对中华优秀传统文化的挖掘和阐发,努力实现中华传统美德的创造性转化,创新性发展。"

深圳是对外开放的前沿,创办之初就承担着"杀出一条血路来"的历史使命,在这里谈国学,谈传统文化,看似有点奢侈,其实不然。早在20世纪80年代,深圳大学刚创办时就成立了国学研究所,前几年还办起了"国学精英班"。深圳市也高度重视传统文化的当下传承,组织创作了弘扬优秀传统文化的交响乐《人文颂》。可见,国学之光在深圳一直闪耀,传统文化在深圳依然很有影响,并成为深圳创新型文化的重要因素。

创办国学研究所

据原深圳《晶报》记者刘敬文报道,早在1984年,深圳大学才成立不到一年,中文系刚刚成立,就成立了深圳大学国学研究所,首任所长

是著名的国学大师汤一介先生。在20世纪80年代，如果向国内国学研究的学者提起深圳大学国学研究所，几乎无人不知，无人不晓，总会得到赞赏的回答。时任深大校长罗征启在接受记者采访时说："按照老清华的传统，中文系就是要配一个国学研究所。"深圳大学要筹建中文系，老罗心中有了个大胆的想法，要跟老清华一样，也配上一个国学研究所，请北京大学的著名学者乐黛云和汤一介夫妇来深大，乐黛云做中文系主任，汤一介主持国学研究所。乐黛云对老罗大胆的想法有点吃惊，但他们夫妻俩还是同意了。就这样，深圳大学国学研究所就由汤一介挂帅建起来了。

国学研究所虽然建在当时刚刚创办的深大，但汤一介先生手下的几个人都是年轻的博士和硕士，团队实力很强。现在的深大教授、原人文学院院长景海峰，就是当时几位年轻人中的一位。汤一介先生跟几位年轻人说，深圳邻近香港地区，这些年国内学术界跟国外的交流极少，我们就是要借助地缘的优势，建立一座学术交流的桥梁，把海外的学术引进来，让我们的学术走出去。另外，更重要的是，要为学界、为国学研究寻找一个突破口。几位年轻人听得热血沸腾，心里暗暗鼓劲。景海峰说，当时对未来充满了憧憬，觉得自己能为国学研究做出点贡献。

研究所成立后的学术活动很快就在国内国学研究界产生了影响。1985年4月，国学研究所举办了全国第一次中西方文化比较研究协调会。这个时候的国内学术界，随着改革开放的进行，关于西化和传统文化的争论又逐渐浮出水面。在这样的背景下，汤一介先生邀请了全国顶尖的文化学者到深圳开会，有点各路英雄齐聚深圳论剑的味道。这次会议后来被国内学术界认为对20世纪80年代后期全国的"文化大讨论"起了重要的鼓动作用。我们看看与会者的名单就知道会议的层次：上海的王元化、北京的庞朴、杭州的沈善洪、武汉的萧萐父、西安的陈俊民、广州的袁伟时，全是国学研究大家。最为难得的是，哈佛大学教授杜维明和加州大学伯克利分校教授魏斐德也来参加会议，这应该是改革开放后首次有国外学者参加的国内学术会议。

深大国学研究所另一件开时代之先的事情是创办《国学集刊》。汤一介先生准备办一本高水准的国学研究刊物,由于刊号很难申请下来,汤先生决定用"以书代刊"的方式,把收集的论文拿到出版社定期出版,定期出版的书就有点像学术杂志的味道。这种出版方式也是开国内学术期刊的先河,后来的《学人》《原道》等学术杂志也是采取这种形式。

由于当时国内还没有人敢用"国学"这个称呼,出版社也不敢用这个称谓,最后刊物名字改为《中国文化与中国哲学》,这是刊物第一篇文章的名字,作者是国学大师张岱年。

从1986年到1989年,刊物共出了4期,在刊物发表文章的作者有张岱年、李泽厚、任继愈、牟宗三、饶宗颐、杜维明等一长串现在看来十分响亮的名字。20世纪80年代,很多人就是在深大国学研究所的这本没有刊号的刊物上知道了牟宗三,看到了饶宗颐,认识了杜维明,由此可见当时国学研究所的影响有多大。

后来,由于种种原因,国学研究所的工作停顿了几年,汤一介夫妇也回北大去了。景海峰考虑到国学研究所已经建立起跟港台地区乃至海外的学术联系,放弃很可惜,而且深大图书馆拥有在20世纪80年代独步国内高校的港台地区藏书,这对国学研究意义重大。经过几年的努力,景海峰把国学研究所的牌子重新挂了出来,开启了深圳大学国学研究的新阶段。在他的谋划下,研究所参加了由北京大学主持的《儒藏》编撰的大型工程,举办了"西方学术背景与当代中国哲学研究"学术研讨会,与会者也都是大名鼎鼎的人物:北大的陈来、武大的郭齐勇、中大的刘小枫。更有意义的是,当年的创办者汤一介先生也来庆贺。景海峰教授还为此编了一本纪念文集,起了一个意味深长的名字——《传薪集》,取要把老国学研究所的薪火代代相传之意。

创办 "国学精英班"

21世纪初以来,我国掀起了国学研究和国学传播的热潮。中央电视台《百家讲坛》讲《论语》,举办"诗词大会";中小学生开始读《弟子

规》；书店里国学著作摆满书架，十分醒目。作为深圳大学人文学院院长的景海峰，在这样的文化氛围下，按照深大创办"实验班"的教改精神，决定利用人文学院和国学研究所的师资优势，创办"国学精英班"。在得到学校的支持后，2012年11月，国学精英班开始筹办，2013年春季正式开班。

国学精英班立足精英教育，培养具有扎实的传统国学基础与现代学科视野、广博的知识储备与深厚的人文素养、良好的研究能力与实践能力的高素质文科人才。课程设计打破传统学科界限，以国学统摄文、史、哲三大学科，突出对"国学经典"的修习。同时，要求学生选修格律诗词写作，掌握琴棋书画等传统国艺。

国学精英班不是高考统招，而是在校内面向各专业新生进行"二次招生"，通过笔试和面试，择优录取。每年招生不超过25人。学生录取后，采取小班教学（20～25人）的方式，实行"师徒"式的全程导师制，每3～5名学生配一名导师，一、二年级为"学术导师"，三、四年级为"专业导师"，分别进行基础学习和专业研究指导。

为了扩大国学精英班学生的学术视野，深圳大学与台港地区和内地著名高校、研究机构建立留学、访学机制，并专设基金给予资助。此外，还邀请国内外专家学者来校做专题学术讲座，组织学生参加导师的课题研究，利用假期组织文化考察或田野调研等活动。

经过几年的尝试，国学精英班取得了很好的办学效果。学生都是因为对国学有浓厚兴趣而放弃原来专业报名参加学习的，并且经过了严格的考试和选拔，所以，学生素质好，学习热情高，有钻研精神，进步很快。再加上实行导师制，教师责任心强，有成就感。教学相长，互为激励，进一步增强了教学效果。

国内学界和文化界对深圳大学举办国学精英班给予高度评价，认为这是传承传统文化非常有创意的形式，不仅建立了一支面向未来、充满朝气的国学研究队伍，有利于促进优秀传统文化的代代相传，而且给深圳经济特区增添了浓郁的传统文化气息，增加了深圳文化的厚重感和历史感，让中华文化与时俱进，生生不息。

创作原创大型交响乐《人文颂》

深圳实施"文化立市"战略，文化创新持续不断。为了更好地弘扬中华优秀传统文化，让中国文化走出去，深圳市委主管宣传文化工作的领导同志萌发了用音乐形式阐述中国传统文化的想法。经过一段时间的酝酿和筹备，深圳艺术家们创作了原创大型交响乐《人文颂》。这部交响乐所表达的是儒家文化"仁义礼智信"的核心价值观，以及"以和为贵"、追求人的权利和尊严等核心理念，与联合国教科文组织倡导的文化多样性、国际文化合作等主张相融相通。

据媒体报道，深圳交响乐团应邀到法国联合国教科文组织总部演奏《人文颂》。联合国教科文组织文化助理总干事班德林在看完《人文颂》演出后表示，"这是一场向新人文主义和创意文化精神致敬的音乐会。我们非常感谢《人文颂》对世界和平文化做出的贡献"。

台湾地区有关方面知道《人文颂》演出的消息后，邀请深圳交响乐团到台湾地区演出。孔子第79代嫡孙孔垂长，在台湾听完《人文颂》音乐会后激动地说："我们可以期许，当《人文颂》的旋律在世界各个角落奏响，当仁义礼智信的普适价值观被不同文化背景的人理解接受之时，天下为公的大同世界也就不远了。"

实践证明，《人文颂》用交响乐的形式表达中华传统文化主流价值观，已成为推动中华文化走出去、阐述伟大中国梦的有效载体，成为"讲好中国故事，传播好中国声音"的创新之举。深圳做了一个有意义的探索，使之成为深圳文化的一大亮点。

• 2014年8月23日,深圳交响乐团在保加利亚古罗马剧场奏响儒家文化交响乐《人文颂》(曲岸摄)

由上述可见,深圳虽然是一个现代化新兴城市,但对弘扬和传承中华优秀传统文化有着高度的文化自觉。在这座城市里,传统文化与现代文化融为一体,成为不可分割的价值观念体系。这是深圳文化创新的特色所在,也是深圳对中国特色社会主义先进文化建设的一大贡献。

35 主题公园
——华侨城的一个神话

深圳的"锦绣中华""世界之窗"等主题公园,是华侨城的一个神话。它们使人造景区成为促进旅游业发展的一个重要途径,并进而形成一种模式,在全国推广。已故的马志民先生是这个神话的初创者。他以这个神话生动地诠释了创新意识和敬业精神。

凡是到过深圳旅游观光的人,一定会对深圳华侨城的"锦绣中华""民俗文化村""世界之窗"等主题公园留下深刻的印象。可是,这些主题公园的创意因何而来,当年是怎样建起来的,许多人并不知道。中共深圳市委党校的周笑冰教授曾写过一篇文章,详细介绍华侨城的缘起和发展。如今,我们借鉴周教授提供的有关资料,对华侨城主题公园重新考察一下,顿感华侨城实际是创造了一个主题公园神话,对深圳发展旅游业、塑造城市文化形象,起了十分重要的作用。

"锦绣中华" 创意源自欧洲考察

20世纪80年代初,中央提出建设深圳经济特区华侨城的设想,决定从沙河工业区划出4.8平方千米的土地,由香港中旅集团负责经营开发,建设成具有工业、商业贸易、旅游、房地产、文化艺术设施的外向型开发区,作为新时期侨务工作的窗口和基地。

1985年,经国务院批准,香港中旅集团开赴深圳经济特区建设华侨

城，但华侨城怎么建，心里没有底。时任香港中旅集团总经理兼华侨城指挥部主任的马志民决定去欧洲考察一番，学习他们的先进经验，看看能否受到一些启发。

1985年5月，欧洲考察顺利成行。考察团来到荷兰，参观了著名的"小人国"主题公园。小人国的全名为"马德罗丹微型城"，这里集合了所有荷兰的人文及自然风光，不过都是以1∶25的比例制成的。虽然模型都很小，但与原物丝毫不差，有些甚至连建筑物内的装潢都模仿得极为逼真。这里就是一个微缩的国家，水路、公路、铁路、船舶、汽车、火车、飞机一样都不少，居民区、商业街、村庄、牛群样样齐全，"国家"里的每一个"人"都被雕刻得栩栩如生。整个公园走下来，不禁要叹服工匠们的巧夺天工。更主要的是微缩景观将荷兰名胜尽揽园中，使游客在短时间内就可一饱眼福。这一创意让马志民深受启发，他立刻就想到：为什么我们不能建这样一个主题公园，浓缩中华5000年文明，让游客在一个景点就可以游览众多的旅游资源，领略到中华文化的博大精深呢？考察回来后，马志民一直在思考：虽说深圳的旅游空间十分有限，但这里毗邻港澳地区，处于交通要道，区域经济发达，流动人口多，旅游需求量大；同时，背倚内地，拥有丰富的文化、历史、民族背景，完全可以建造一个高质量、有特色的旅游景区。因此，他大胆地提出要建一个关于"锦绣中华"的主题公园。可是，"主题公园"在当时的中国还是闻所未闻的新鲜事儿，"文化旅游"的概念在中国人的脑海中更是一片空白。马志民雄心勃勃地要在深圳湾畔的荒芜海滩上建一个主题公园，将中华5000年文明浓缩为"锦绣中华"，在人们看来有点像"天方夜谭"。一时间反对声四起，但所有的异议都无法阻挡马志民的脚步，他信心十足，觉得可行。

马志民果断拍板

马志民是一个敢作敢为的人。作为深圳最早的"拓荒牛"之一，他说干就干，毫不犹豫。就这样，中国第一个主题公园——"锦绣中华"

在一片反对声中开工了。他先后请了全国 100 多位美术界及园林、古建筑等方面的专家前来进行论证,得到一致肯定。其中参与最多的专家有两位,一位是中央美术学院原副院长侯一民教授,另一位是该院的周令钊教授。这两位可以说是权威中的权威。侯一民是人民币的设计者之一,是绘画大师徐悲鸿的入室弟子;周令钊教授则是第二套人民币的总体设计者。这两位大师发了话,一是把反对的声音压了下去,二是给了华侨城建设者建设"锦绣中华"更大的信心。

"锦绣中华"是中国各地景点的缩小版,园中的近 100 个景点均按中国版图位置分布,全园犹如一幅巨大的中国地图,让人能在几十步的范围内,从感受肃穆庄严的明十三陵到畅游如诗似画的漓江山水,将祖国的大江南北在几个小时之内尽收眼底,方便快捷。

1987 年动工的"锦绣中华"两年完工,开业后轰动海内外。1989 年 9 月,"锦绣中华"正式对外开放,当天入园人数就超过 3000 人。那年国庆期间,每天都有 3 万多人涌入园中。深南大道不得不封闭一半用来停靠车辆。"锦绣中华"开业头几年的国庆期间,深圳冲印店中 80% 的照片背景都是锦绣中华的景观。

马志民一举成功,万众瞩目。

科学规划,精心建设

马志民的过人之处不仅是他在大多数国人还不知旅游为何物时就大胆地提出修建"锦绣中华"主题公园的构想,更在于他后来对华侨城主题公园的科学规划和精心建设。他始终坚持旅游为主的方针,坚持规划先行的原则。这两点正是后来人对马志民最敬佩的,也奠定了今日华侨城的基本格局。

马志民认为,建华侨城要先磨刀再砍柴,坚持规划先行,宁肯放慢前期节奏,也不匆匆开工建设,这是他的又一个过人之处。在创造"深圳速度"的地方,百米高楼数月内即拔地而起。可是华侨城获批准开发

之后,却半年不见动静,这在建设比速度抢时间的氛围里,显得那么不合时宜。于是,有领导批评说华侨城的建设太慢了,也有人说风凉话——"华侨城建了半年,只种了几根草",甚至有人提出易帅之动议。但马志民不为所动,为了不造成永久的遗憾,宁可在规划上花时间,顶住压力,也不追求表面上的轰轰烈烈,不追求热火朝天的场面和高楼林立的景象。

马志民有一个可贵的理念——"规划就是财富"。在20世纪80年代,大多数中国人的生活水平还相当低的时候,马志民就以11万美元的年薪重金聘请了新加坡著名华人建筑师孟大强先生担任常年规划顾问,主持制定华侨城的总体规划。很多人对此非常不满,更何况11万美元的代价,只是让孟先生每月来深圳两天。现如今,看到华侨城与自然和谐相处的大气和辉煌,当年那些反对者们也认为马志民的确具有远见卓识,这些钱花得太值了。

大规划确定之后,马志民不但强调对自然生态的尊重和景区文化内涵的注入,而且追求完美、追求精品,"锦绣中华"微缩景区的用料竟然用的都是原材质,这也被传为业内佳话。在《可比性研究:马志民的荒原足迹》一文中有这样一段描述:

"锦绣中华"原来的海上小岛,专门开会论证是否保留,一部分人的意见是要把千手观音建到小岛上去,但为了它本身的形态和岛上的红树,硬是把它留了下来。华侨城中学的选址处有一块天然成就的大石头。为了保留它,一定要设计单位更改设计。民俗村的锦绣阁,为了一棵天生的大榕树改变设计。荔枝园住宅区,为了保留一棵荔枝树改变设计。杜鹃山公园,保留原来天成的山体。原来的冲沟建成湖泊。

"锦绣中华"的每一个景点不仅仅是按原景观的某种比例的缩小,还可以说是一种再创造,建设者们对每一个景点的建设都是虔诚的。以"万里长城"为例,它蜿蜒起伏在景区内几个山岭上,长为1000多米,镶嵌在长城上的小砖严格按照长城真砖1∶10的比例仿制而成，共有650多万块。如果说古长城是古代劳动人民的血汗筑成的，那么，这座小城又凝结着多少长城专家的心血？

马志民强调建筑设计一定要服从环境设计的同时，始终坚持景区建设的高品质、高品位。原建筑用什么材料，他们就用什么材料。原建筑用汉白玉，他们就用汉白玉；原建筑用真金箔，他们就用真金箔。建长城时，他们摒弃了用水泥做干墙面勾缝的简易做法，而是烧了650万块小砖将其建成，达到惟妙惟肖的效果。这就保证了每座景区的总体品质。

建构主题公园相互映衬的配套格局

"锦绣中华"取得巨大成功，1个亿的投资当年就全部收回。在资金不缺的前提下，马志民开始考虑主题公园的格局问题。在深圳湾畔这块狭长的土地上，仅有一个"锦绣中华"似乎还不够，应该充分利用土地资源，再建几个主题相关的公园，形成主题公园的配套格局。思考成熟后，决定用滚动收入开发"中国民俗文化村"，兴建"世界之窗"和"欢乐谷"。

"民俗文化村"于1991年10月开业，一年半后就收回了1.1亿元的投资，再度取得成功。

"世界之窗"投资58亿元兴建，1994年6月开业，又创辉煌，投资在3年内全部收回。

1998年成功推出"欢乐谷"，受到了年轻人的广泛推崇。其中，玛雅水公园于1998年在美国佛罗里达奥兰多召开的世界水上公园协会年会上，获"行业创新奖"。2002年又推出"欢乐谷"二期，使中国参与型、高技术娱乐型主题乐园进一步完善。

华侨城的四大主题公园人造景区全部取得成功，每年接待的游客人数和旅游收入占深圳旅游业的60%以上，居全国第一。

著名作家余秋雨说："马志民不仅是一位专家、一位学者，更是一位

实践家。"还有人这样评价马志民，没有上过一天设计院的马志民先生是华侨城的总设计师，没有马志民，就没有今天的华侨城。

2006年6月3日，马志民因病去世时，有人送了这样一副挽联："二十载中旅十年侨城圆万众梦想，堪称主题公园第一行者；一身正气两袖清风创千秋功业，唯留无私奉献不二法门。"这副挽联可看作对马志民人生精华的一个缩写。

马志民去世后，后人又在深圳东部兴建了一个"东部华侨城"，同样取得成功。

主题公园的文化内涵与模式推广

"锦绣中华"最初建立的目的就是要向世人展示中华传统文化与民族文化，而"中国民俗文化村"更是将我国少数民族的各种风俗习惯介绍给观众，让游客在短时间内，在一个主题公园里就可以概况性地了解中国悠久的历史文化和丰富的旅游资源。这种形式不仅对外国游客具有强烈的感染力和吸引力，对国内游客同样有着巨大的吸引力。"世界之窗"把世界几大洲的代表性建筑和特色景点移植过来，展现丰富多彩的西方建筑艺术和文化内涵，让人有来到国外、身临其境之感。

主题公园的文化影响还延伸到太空。1991年3月26日，在深圳举行了"锦绣中华星"命名大会。国际编号3088的小行星是紫金山天文台1981年10月24日发现的。中国科学院紫金山天文台台长张和淇教授在命名仪式上说，用"锦绣中华"来命名3088号小行星，是因为"锦绣中华"是中华民族智慧的结晶，并以它灿烂的艺术的美丽和独特风姿，吸引着世界各地游客。这样一个对人类艺术宝库做出贡献的景区，是完全有理由享受这一荣誉的。

2007年6月12日《中国民族报》上的一篇文章——《深圳锦绣中华·民俗村》是这样介绍民俗村的：

35 主题公园——华侨城的一个神话

中国民俗文化村占地20多万平方米,是中国第一个荟萃各民族民间艺术、民俗风情和民居建筑于一园的大型文化旅游景区,内含22个民族的25个村寨。中国民俗文化村以"源于生活,高于生活,荟萃精华,有所取舍"作为建村的指导原则,多角度、多侧面地展示出我国各民族原汁原味、丰富多彩的民风民情和民俗文化,让游客充分感受中华民族的灵魂和魅力。中国民俗文化村以"二十五个村寨,五十六族风情"的丰厚意蕴赢得了"中国民俗博物馆"的美誉。

华侨城主题公园的模式,在深圳取得成功后,随即在全国推广,分别在昆明、西安、武汉、天津、上海、北京、泰州、成都等城市推广兴建。截至2018年,全国有华侨城土地布局的城市已达到28个,华侨城神话的影响也越来越大。这也算是深圳文化的一种对外辐射吧。

• "中国民俗文化村"主题公园(胡鹏摄)

36 文化菜单
——公共文化服务的特色品牌

城市文化菜单是深圳公共文化服务体系的一个亮点,也是深圳城市文化建设的一个品牌。它对提升城市文化形象、增强城市文化竞争力和影响力,具有不可低估的创新意义。

2016年发布的《深圳文化创新发展2020(实施方案)》在谈及构建文化品牌体系时明确指出:"建立'城市文化菜单',形成'月月有主题,全年都精彩'的文化新局面。"此后,从2017年起,深圳每年都发布文化菜单。菜单项目与时俱进,每年更新,展现出"文化活动早知道,市民参与可选择"的新气象。

文化菜单的创意与形成

时任中共深圳市委宣传部副部长吴忠在接受记者采访时谈到,确定城市文化菜单是市委常委宣传部部长李小甘同志的创意,后被写进《深圳文化创新发展2020(实施方案)》。

吴忠认为,深圳经济特区建立以来,文化建设取得了很大的成就,"文化沙漠"的帽子早已被甩掉,展现在人民面前的是郁郁葱葱的"文化绿洲"。但与建设国际化创新型城市的要求相比,深圳的品牌文化节庆和高端体育赛事不多,城市文化形象和国际影响力还有待进一步提升。推出城市文化菜单,是希望将深圳重大文化活动进行整合和提升,努力做到活动数量和活动质量的双提升,真正形成"月月有主题,全年都精彩"的文化生活新局面。

笔者以为,确定城市文化菜单,既是文化与城市定位相匹配的需要,也是创新文化品牌、提升文化形象的需要,更是市民生活的需要。城市文化菜单的创意不管源自何人,其实质是认识深圳文化现状和发展趋势的高度自觉,是创新城市文化品牌的高度自觉。正是因为有这份自觉,所以只经过一年多的征集和准备,就于2017年推出了首批文化菜单,把创意变成了现实。这表明,在深圳,只要敢想敢试,就可以推陈出新,心想事成。

文化菜单的内涵与特色

城市文化菜单是年度文化活动的集中展现,代表着深圳这座城市的文化品位和文化意蕴,必须内涵丰富、特色鲜明。从目前已经发布的2017—2019年这3年的文化菜单来看,称得上是对标国际一流城市的文化品牌,是精心打造送给市民的"文化民生大礼包",内容丰富多彩,深圳特色鲜明。为了让读者有一个直观印象,笔者在此把2018年的文化菜单所列出的项目分月梳理如下:

2018年深圳城市文化菜单一览(共31项)

1月(共2项)
 1. 新春关爱行动
 2. WTA深圳国际女子网球公开赛

2月(共2项)
 1. 联合国教科文组织创意城市网络深圳创意设计新锐奖
 2. 深圳国际魔术节

3月(共3项)
 1. 深圳"一带一路"国际音乐季

2. 深圳国际水墨画双年展

3. 深圳时装周

4月（共3项）

1. 深圳设计周暨深圳环球设计大奖

2. 中国（深圳）国际水彩画双年展

3. 深圳湾飓风——流行音乐节暨"音乐风云榜"年度盛典

5月（共3项）

1. 中国版画展

2. 中国（深圳）国际文化产业博览交易会

3. 2018年国际乒联世界巡回赛白金系列赛：中国公开赛（深圳站）

6月（共1项）

深圳国际摄影大展

7月（共3项）

1. 世界杯国际标准舞世界公开赛

2. 深圳舞蹈月

3. 深圳动漫节

8月（共1项）

中国图片大赛

9月（共5项）

1. 深圳（国际）科技影视周

2. ATP深圳国际男子网球公开赛

3. 深圳大剧院艺术节

4. 大芬国际油画双年展

5. 世界无人机锦标赛

10月（共2项）

1. 深圳国际创客周

2. 中国杯帆船赛

11月（共3项）

1. 中国国际高新技术成果交易会
2. 深圳读书月
3. 中国国际新媒体短片节

12月（共3项）

1. 创意十二月
2. 中国设计大展
3. 深圳国际马拉松

浏览以上菜单，你会看到，深圳的文化活动项目国际化程度高，既有中国风格、深圳特色，又有世界色彩、国际范儿，许多活动与创新创意有关，是可以代表深圳国际化城市形象的"文化大餐"。

· 深圳文博会国际馆的土耳其展室（胡鹏摄）

文化菜单的实施与影响

深圳城市文化菜单项目先向文化企业和有关方面征集，经过研究讨论确定以后，项目申办方有主办能力的，就由申办方具体负责，申办方能力和条件不足的，则政府统一协调。项目经费由市宣传文化基金或文化创意产业基金资助。每项活动的时间跨度从几天到一个多月不等。有的活动免费开放，部分展览和演出政府适当补贴票价，让文化菜单真正惠及全体市民。

文化菜单自实施以来，市民交口称赞，外界好评不断。老百姓说："这些菜单让我们人人有选择，月月有选择，就像到餐馆点菜一样，想看啥就点啥。"新华网、人民网、中国文明网等国内媒体都及时转发消息，赞扬深圳"创新公共文化服务形式，创造了新的文化品牌"。有的港澳同胞也闻讯前来参观展览或观赏一些高档次的文艺演出。文化菜单的文化影响可见一斑。

尤其值得一提的是，深圳市一些行政区也参照市里的组织形式，发布所在区的年度文化菜单。如宝安区就在2018年发布了区内的第一份文化菜单，既有区域特色，内容也同样丰富多彩，深受当地市民的欢迎。

37 深港双城
——彼此依存的"核心引擎"

深圳有"鹏城"之称,寓意大鹏展翅,前程无量;香港有"东方之珠"之誉,比喻闪耀东方,魅力无限。深港双城,相互促进,合作共赢,是时代的需要,也是深圳先行示范的必然之举。

· 香港的金紫荆广场(胡鹏摄)

深圳与香港只有一河之隔。深圳是经济特区,香港是特别行政区。两个相互毗邻又都带有"特"字的城市,势必有割不断的联系。

改革开放前的深圳人"逃港现象",是深港关系的一个历史投影,留给人们的是沉重的历史反思。

改革开放初期的买港货、买电器,反映出当时深港经济发展水平的差异,激发出深圳改革创新、发愤图强的决心和豪情。

改革开放后,香港人到深圳办厂、买房,甚至到深圳找对象,展现出深港关系的另一种风景。

1997年香港回归祖国后的深港深度交流与合作,体现出"一国两制"的优势与潜力。

假如没有香港,深圳的改革开放可能会缺少一位老师,多走一点弯路。

假如没有深圳,香港对内地改革开放的认知就缺少一个生动例证,香港的长期繁荣稳定也会少了一分依托。

深圳与香港彼此依存,共同发展。

开放初期: 文化流动促进彼此了解

深圳与香港虽然相距很近,但改革开放前"老死不相往来",彼此的认知有很多的误区。深圳建经济特区后对外开放,深港之间的交流和往来多了起来,两地的文化流动以多种形式呈现出来,在很大程度上促进了彼此的了解。

深圳离香港很近,又相对开放,深圳市民不用加"鱼骨天线",就能随意收看收听香港的电视和广播。电视和电台中传来的文化信息和生活方式、价值观念,不可避免地会对深圳人产生影响。深圳人仿佛打开了一扇窗户,看到了外面以往自己不知道的多彩世界。无论是有别于内地风格的香港电影、电视(包括国外的影视),还是香港人的生活方式和行为方式,都让深圳人感到耳目一新。香港文化和其他外来文化对深圳的影响就这样在潜移默化中自然产生了。深圳后来出现的一系列新思想、新观念,都与此有一定的关系。

37 深港双城——彼此依存的"核心引擎"

深港之间的文化流动除了电视广播这种形式外,两地的人员来往也是重要途径。港商到深圳做生意,深圳人到香港观光购物,来来往往,交流不断。从传播学的角度来看,当时深圳人的文化心态一度处于"受众状态",文化观念接受的多,输出的少,后来逐步增强自信,有所改变。在交往中,深港两地的人彼此加深了认识和了解。深圳人觉得香港人的市场意识和经商理念、管理经验都可以学习借鉴,香港人佩服深圳人的创新意识和敢闯敢试精神。随着对彼此了解的加深,深港两地的人也能够正确地看待对方。深圳人看香港人,理性客观,已不再仰视;香港人看深圳人,新奇审视,也不再俯视。深圳改革开放的强势和日新月异的变化,让香港人对深圳和深圳人高看一眼。深圳与香港就在这种彼此加深认知的过程中越走越近。

前店后厂:深港合作的初级阶段

改革开放初期,深圳相对廉价的土地和劳动力吸引许多香港商人斥资来深圳办工厂,然后把产品拿到香港或国际市场去销售,形成了"前店后厂"的经济模式。港商利用海外贸易窗口优势,承接海外订单,在深圳制造和开发新产品,然后进行市场推广和对外销售,扮演"店"的角色;深圳则利用土地、自然资源和劳动力优势,进行产品的加工制造和装配,扮演"厂"的角色。"店"与"厂"紧密合作,各取所需。港商在深圳赚了钱,同时也促进了深圳的经济发展。据有关资料反映,当时深圳引进的外资中,港资占了70%左右,举足轻重,不可或缺。

与"前店后厂"经济模式密切相关的是"三来一补"企业。从经济特区创建至20世纪90年代初,深圳的"三来一补"企业占有相当大的比重。现在看来,"三来一补"虽是低端产业,那时却是深圳制造业的主体,甚至可以说,深圳是靠引进外资和"三来一补"企业起家的。

如今,站在新时代的高度上看当时的深港关系,可以说"前店后厂"是深港合作的初级阶段。这个初级阶段是一个重要的起点,正是因为有

了这个初级阶段,港商和深圳企业家之间的彼此了解才得以增进,港人对深圳改革开放的文化认同才得以增强,今天的深港密切合作才得以存在。

彼此依存:从学习香港到深港合作

1997年香港回归祖国后,在"一国两制"的大背景下,深港关系有了明显提升。一方面,深圳通过10多年的改革发展,取得了巨大成就,已形成了以高新技术产业为龙头的全新产业结构,"三来一补"企业逐渐被淘汰,深圳的国际化程度逐步提高,对香港的依赖越来越少,而且在一些方面被香港所倚重。另一方面,香港也逐渐看清了深圳市场扩展和产业更新的发展势头,在高新技术等领域主动寻求与深圳合作。因此,深港关系的态势由以前的"深圳学习香港",发展到"深圳与香港合作",互帮互学,彼此促进。这一时期,有五大事件充分反映出深港关系的新态势。

一是1997年波及香港的亚洲金融危机。在那场金融风暴中,国际金融炒家移师国际金融中心香港,矛头直指香港联系汇率制,企图把香港当作"超级提款机"。面对国际金融炒家的猛烈进攻,香港特别行政区政府依靠祖国的坚强后盾,重申不会改变现行汇率制度,保持了金融市场的稳定,恒生指数迅速上扬。国际金融炒家的意图未能得逞。这一事件使香港对国家力量有了充分的认识,对作为改革开放前沿的经济特区深圳也加深了了解,更加高看一眼。

二是《内地与香港关于建立更紧密经贸关系的安排》(CEPA)的签署。CEPA是由国家商务部与香港特别行政区财政司于2003年6月29日签署并开始实施的。后期又相继签署了补充协议及其他相关协议。目的是促进内地与香港的共同繁荣和发展,加强双方与其他国家和地区的经贸联系。这虽然是国家层面与香港的协商安排,但深圳和香港受益最大。它促进了深港之间的贸易自由化和便利化,有利于香港实施产业升级和适度多元化,明确了金融和旅游领域的合作内容,鼓励和推动专业人员的资格互认。有一个例子最典型。CEPA 实施以后，有深圳户籍的人可以持证到香港"自由行"，每月往返多次。这对香港的零售业来说，绝对是个福音，每天那么多的人去香港，大包小包地买回来，香港商家的营业额必定直线上升。

三是香港大学和香港科技大学进驻深圳虚拟大学园。这些大学的专家和深圳乃至内地高校的专家合作开展科学研究，既能了解科技前沿信息，实现资源共享，又能使研究成果尽快转化，产生经济效益。深圳为他们搭建了一个科研平台，让他们能够大显身手，创造佳绩。可以想象，香港这两所大学的科学家将是何种感受，将会怎样看待深圳。

四是举办深港城市建筑双年展。2005 年，首届深港城市建筑双年展（以下简称"双年展"）在深圳开幕，以后每两年举行一次。双年展以深港双城的"城市或城市化"作为固定主题，每一届另有一个特定主题。如第一届的主题是"城市开门"，第二届是"城市再生"，第三届是"城市动员"，第四届是"城市创造"……双年展展出中国和世界最知名的建筑师和规划师的作品，构建了一个国际艺术交流的平台，用视觉文化的方式，观察、发现、探讨当下的城市问题，集聚与城市相关的思想和智慧，为解决城市问题贡献创意和方案。这对深圳和香港的建筑师和艺术家们来说，无疑是难得的学习和交流机会，也在很大程度上推进了深圳与香港的交流与合作。

五是深港共建"前海深港现代服务业合作区"。如前所述，2010 年国务院批准建立"深圳前海深港现代服务业合作区"（以下简称"合作区"）。合作区的功能定位是"依托香港、服务内地、面向世界"，目的是希望通过前海的创新，带动深圳和香港的合作发展。合作区打造了深港合作的新平台，为港企和青年创业者提供拓展的空间，吸引了 10 多万港人到前海创业，尤其是前海设立的"深港青年梦工场"，为香港孵化了许多青年创业团队，并为香港大学生提供实习岗位，真正把深港合作落到了实处。

同为引擎：开创深港合作新阶段

《粤港澳大湾区发展规划纲要》（以下简称《纲要》）明确规定："以香港、澳门、广州、深圳四大中心城市作为区域发展的核心引擎，继续发挥比较优势做优做强，增强对周边区域发展的辐射带动作用。""优化提升深圳前海深港现代服务业合作区功能"，"联动香港构建开放型、创新性产业体系，加快迈向全球价值链高端"。这些规定表明，在中国特色社会主义新时代，深圳、香港同为粤港澳大湾区的"核心引擎"，都担负着推动形成全面开放新格局、推动"一国两制"事业新发展的历史使命，深港合作已进入一个新的历史阶段。

媒体把新时代的深港合作形象地称为"东西对应"的新格局。"东"是指正在开发建设的位于福田河套地区的"深港科技创新合作区"，"西"是指"前海深港现代服务业合作区"（以下简称"前海合作区"）。东西对应，相得益彰。

深港科技创新合作区是深港两地政府合力开发的新兴科技园区，目的是进一步发挥河套地区深港接壤的地缘优势，支持港澳地区融入国家发展大局，全面推进深港之间互利合作，充分发挥深圳科技创新产业优势与香港国际前沿的基础研究实力优势，形成科技创新产业优势互补，强强联合。

2017年，深港两地政府签署了《关于港深推进落马洲河套地区共同发展的合作备忘录》。

2018年，按照深圳市委市政府及国资委的决策部署，成立了深圳深港科技创新合作区发展有限公司，负责实施深方园区的规划设计、开发建设、资源导入和运营管理。

2019年，《深港科技创新合作区（深方区域）统筹规划实施方案》通过专家评审，吸引含8家香港团队在内的43家境内外机构参加建筑设计国际竞赛，评出5家入围机构参与投标，确保园区内每栋建筑都是精品。

2019年11月22日,按照中央提出的"三年见到大成效,形成大面积开工态势"的要求,深港科技创新合作区深圳园区举行集中开工仪式,开启全面建设的新篇章,打造深港科技创新的"未来之城"。香港那边也已开始进行土地平整等基础工作。

目前,深港科技创新合作区深方园区虽然还在建设中,但已确定70个优质项目入驻。其中包括香港科技大学七大科研团队实验室、中国科学院香港创新研究院、香港生产力促进局深圳创新及技术中心等香港科研机构落户。

深港科技创新合作区是粤港澳大湾区唯一一个以科技创新为主题的特色平台,担负着建设国际科技创新中心和综合性国家科学中心的光荣使命,是深港合作的高层次体现。深圳市市长陈如桂明确表示:"深港科技创新合作区将探索实施特殊的科技创新管理制度和国际科技合作机制,努力在科研人员出入境、科研物资通关、科研资金流动、新技术应用等方面先行先试。"市长的话表明,未来深港科技创新合作区将充分发挥"离岸、跨境、国际化"等优势,推动实施人员、资金、物资、税收、信息等领域先行先试政策,打造深港合作协同开发的新模式,为建设国际科技创新中心、建设中国特色社会主义先行示范区注入强大动力。

前文谈到,前海合作区与前海蛇口自贸片区是"双区并存",但合作区的功能并未削弱。《中共中央 国务院关于支持深圳建设中国特色社会主义先行示范区的意见》(以下简称《意见》)中明确指出:"进一步深化前海深港现代服务业合作区改革开放,以制度创新为核心,不断提升对港澳开放水平。"因此,在新形势下,前海合作区在以往改革创新的基础上,坚持高标准高质量,加速开发,扩大开放,把深港合作提升到一个新的水平。

为了深入贯彻落实《纲要》和《意见》对合作区发展的新部署和新要求,深圳市政府进一步完善政策法规体系,组织制定和实施《深圳经济特区前海深港现代服务业合作区条例(修正草案)》,从治理结构、开

发建设、产业发展、投资促进、社会治理、法治环境等方面，对前海合作区做出新的规定。要求前海合作区以深港合作为主题，注重合作区内部开发建设和现代服务业开放创新。并从以下几个方面强化对前海合作区的支持力度：

一、提供资金保障，确保财力支持。

二、打造前海国际金融城，深化深港金融合作。

三、探索建设新型综合保税区，做到功能完善、运行高效、法治健全，具有国际竞争力。

四、完善法定机构运作，密切与香港的合作。

五、提供税收激励政策，促进人才集聚。

六、构建优质均衡的公共服务体系，为境外人员在前海合作区的工作和生活提供便利。

上述这些规定和支持，必将对前海合作区的建设和发展产生根本性的促进作用，也为新时代的深港合作提供了政策和法治保障。

综上所述，粤港澳大湾区规划发展和深圳建设中国特色社会主义先行示范区的"双区驱动"，使深港双城的"核心引擎"地位显得更为重要，深港合作也达到了前所未有的新高度。就深圳而言，要通过强化深港合作，把"一国两制"的制度差异转化为制度优势，更好地发挥先行先试和先行示范功能，为促进香港的繁荣稳定做出新的贡献；就香港而言，要抓住"双区驱动"的历史机遇，更好更快地融入祖国发展大局，发挥原有优势，激发创新活力，让"东方之珠"焕发出新的光彩。

深港双城，携手共进，交相辉映，必将成为南国大地一道亮丽的风景线。

38 深圳三赋
——文学视野中的深圳巨变

以赋的形式书写深圳，是改革创新的激情所致，也是深圳创新发展的文学回声。出自3位"资深市民"的深圳三赋，为深圳改革喝彩，替深圳文坛增光。深圳改革发展史和深圳文学史应将其记录在册。

深圳经济特区成立以来，文学创作繁荣发展，涌现出不少全国知名的作家和诗人。笔者这里所写的不是深圳著名作家的小说或诗歌对深圳的赞美，而是已经退休的老干部、老报人和老学者怎样以赋这种文学形式，展现出深圳改革开放的历史画卷，抒发出歌颂改革开放、赞誉深圳腾飞的满腔豪情。

赋是我国古代的一种文体，讲究文采、韵律，兼具诗歌和散文的性质。其特点是文采优美，体物写志，侧重于借景抒情。用赋的形式来描写歌颂深圳，既有文采之美，又有庄重典雅之感，别开生面，令人耳目一新。

厉有为是一位思想解放、理论修养较好的老干部，曾任中共深圳市委书记。他写的《深圳赋》，四字词组连贯表述，韵律之美跃然纸上，大气磅礴，别具一格。现在，让我们一起来欣赏他的《深圳赋——献给改革开放40周年》。

深圳赋
——献给改革开放 40 周年[①]

厉有为

日出东方,大地炎凉。三皇五帝,夏禹商汤。
秦皇汉武,长河泱泱。民族复兴,伟业一桩。
南海汹涌,砲舰帆樯。焚烧鸦片,林公栋梁。
屈辱条约,割让香港。从此宝安,元气大伤。

七一篷船,八一南昌。延安灯塔,抗日驱狼。
战略谋划,工农武装。三山推倒,九域解缰。
东江纵队,英雄铭榜。拯救名流,风险担当。
互助合作,农村渐旺。人民公社,大伙食堂。
超英赶美,"跃进"炼钢。三年困难,万众饥肠。
逃港成风,丢下爹娘。十室九空,寥寂街坊。
阶级斗争,六月冰霜。地富反坏,右派成行。
计划经济,布票口粮。荔枝丰收,同价一筐。

一圈画定,打开门窗。特区探路,步调铿锵。
蛇口浪涌,砲震山岗。时间金钱,实干兴邦。
渔村试验,一改模样。高楼林立,城市辉煌。
发展规划,设想奔狂。东江引水,气度豪爽。
十二口岸,张开臂膀。西部通道,展翅凤凰。
深港合作,兵强马壮。资金引入,携手共商。

土地拍卖,一槌敲响。闯出新路,打破旧框。
先行先试,证券市场。风起云涌,敢冲敢闯。

---

① 原载《深圳特区报》2018 年 9 月 27 日。

深圳速度，举世无双。一夜之城，四射光芒。
产业升级，科技领航。人才云集，风投帮忙。
高新产业，大力弘扬。职工持股，红利共襄。

高交大会，领衔中央。创造发明，与众分享。
华为中兴，越海跨洋。无人飞机，名闻大疆。
腾讯崛起，时代沧桑。华大基因，未来方向。
隐形材料，光启垂囊。网络金融，大胆品尝。
股份合作，富裕山乡。政企分开，坦途康庄。
简政放权，箭镞难挡。有限政府，服务头羊。
同富工程，制定大纲。特区内外，力争同强。

市场经济，何止西方。试验成功，全国推广。
姓资姓社，吵吵嚷嚷。难分难解，邓公开腔。
中心不变，特区表彰。改革开放，继续前往。
建立体制，法律保障。十大体系，纲举目张。
五大机制，合力共夯。内有动力，外有法章。
一个中心，两点明亮。民主道路，核心有党。
特区不特，九大罪状。是非曲直，实践检量。
共同富裕，又扶又帮。同心同德，齐奔小康。

青山碧海，杜鹃香樟，生态和谐，美丽超常。
文博盛会，百花齐放。大师出彩，新秀亮相。
深圳精神，集体原创。开拓创新，群牛垦荒。
香港回归，耻辱扫光。举国振奋，全民欢畅。
部队入港，气势高昂。冒雨欢送，全城空巷。
大鹏雄飞，龙凤呈祥。梅兰吐蕊，万里飘香。
自贸新港，湾区领罡。航程已定，奋力划桨。

英雄辈出，榜样甘棠。三山五岳，黄河长江。
世界潮流，浩浩荡荡。华夏筑梦，锦绣千嶂。
一带一路，鹏城走廊。连通四海，五洲共觞。
伟哉深圳，兴我家邦。壮哉南粤，天下名扬。

读完厉有为的《深圳赋——献给改革开放40周年》，我们仿佛面对的不是一位年过古稀的老干部，而是一个豪情奔放的诗人。在他的笔下，中华民族受尽屈辱的近代史赫然在目，随后，中国共产党带领中华民族的优秀儿女"抗日驱狼"，推倒三座大山，建立了伟大的中华人民共和国。然而，"大跃进""以阶级斗争为纲""文化大革命"等历史错误，让新中国走了弯路，留下了深刻教训。改革开放的新浪潮席卷全国，"打开门窗，特区探路"，翻开了历史的新篇章。深圳经济特区观念更新，"时间金钱，实干兴邦"，一系列改革举措领先全国，"闯出新路，打破旧框"，"先行先试，敢冲敢闯"，创造了世界奇迹。无论是"产业升级，科技领航"，还是"市场经济，试验有方"，都书写了经济特区改革创新的壮丽篇章。诗人豪迈地宣告："伟哉深圳，兴我家邦。壮哉南粤，天下名扬。"

读这样的赋，仿佛是跟着作者在历史的长廊中巡游，有悲壮，有激昂，有欢欣，有忧伤，更有万丈豪情。我们深深地感到，深圳从历史中走来，在历史中定位，在历史中飞扬。昨天的深圳，只是一个边陲小镇；今天的深圳，已把"中国奇迹""世界奇迹"开创；明天的深圳，必将更加辉煌。

黄扬略是一位具有深厚古典文学修养的老报人，曾任深圳报业集团总经理。他写的《深圳赋》在形式和内容上都与厉有为的不一样，可谓"诗情更浓，史迹较少"。现在，让我们一起来欣赏他的《深圳赋》。

深圳赋[①]

黄扬略

鹏徙南溟,击水三千,乃有鹏城。处江海交汇,踞中外要津。经几度沧海桑田,雄风蕴乎草泽;证几多民族荣辱,云翼伏于荒丘。侧耳伶仃洋,文天祥哀山河破碎,留取丹心,《正气歌》回肠荡气;引首虎门隘,林则徐怒强虏慢侮,挺身攘臂,民族节烁古励今。送香江汩汩南流,眺彼歌舞繁华地,辄抚膺而太息;临城门深深闭锁,怀我强国富民梦,长北望而延伫。

伟哉邓公!顺天时,秉民意,鼓东风于帷幄,圈特区于边隅。当是时也,四海英才争荟萃,八方豪客竞风流。披肝沥胆,誓创不世之业;围城奔突,甘为问路之石。灯旗岭,风正霾清,北斗星垂,露润南疆千年翠;大鹏湾,百川水暖,月明沙细,珠映齐州九点烟。廿七春秋,撚指而过,几许青丝蓦成雪;华夏之窗,倏挥而就,世人惊呼"一夜城":

君不见,昔时黄芦苦竹行吟处,千幢高楼平地起。舸舰迷津,五洲货如潮至;摩肩接踵,三江贾似云来。聚寰宇科技之英,花开千树;纳天下才隽之士,孔雀南飞。农家子,揾慈母泪,步履匆匆,足踏异土犹吾土;东邻女,相逢一笑,河梁携手,身处他乡即故乡。至若六龙入海,银花耀空,香车如过江之鲫,仕女若七彩之霓。深南道旁不夜店,珠光宝气,辉映繁星;罗湖桥头金光道,曼舞轻歌,恍如仙境。当今繁华都会,鲜出其右焉。

君不见,昔时晋晋蚝桩渔人村,书香扑面惹人醉。钢琴之城、图书馆城、设计之都,定文化绿洲之位;文博之城、关爱之城、创新之都,掘人文教化之泉。君不见,弄潮儿向潮头立,手把红旗旗不湿。径抛柱楛倡新声,赤县儿郎皆瞩目。近者悦兮远者来,东风尽绿神州树。

掌声如潮逐影来,台榭笙歌,堪堪熏人醉。中军帐内人不寐,拍岸涛声,阵阵催酒醒:前贤匹马著先鞭,如今万骑竞驰骋。肩负千钧,岂

[①] 原载《光明日报》2007年6月25日。

甘一城谋富足？宜将剩勇，为构和谐闯新路！鹏城将士好儿女，闻罢豪情万丈起：破彼硬约束，壮我软实力；更铸创新魂，再迈拓荒步！气干牛斗，风云为之壮色；势吞江汉，南海顿作滔滔。鹏喜而起，振翼欲飞，将负青天而扶摇九万。乃作歌曰：逢盛世兮把流芳，展宏图兮辉且煌。民为本兮福祉，文载道兮雄起。功德无量兮大和谐，来吾导夫先路！

读完黄扬略的《深圳赋》，我们仿佛听到一位老夫子在向我们讲述深圳的故事，娓娓道来，引人入胜。

深圳之所以被称为"鹏城"，是因为有大鹏南徙击水成城的传闻。伶仃洋畔的深圳，天空回响着文天祥的《正气歌》，耳畔犹闻林则徐虎门销烟的呼声，中华民族的"强国富民梦"在此犹有史迹可寻。

邓小平在这里画了一个圈，深圳经济特区破空而出，引来"四海英才争荟萃，八方豪客竞风流"。深圳"甘为问路之石""誓创不世之业"，在深圳湾畔崛起了一座"不夜城"。"千幢高楼平地起""货如潮至，贾似云来"，好一派欣欣向荣的特区景象。各方移民来到深圳，"身处他乡即吾乡"，"来了就是深圳人"，丝毫没有隔膜疏离之感。

深圳以现代化国际化创新型城市的雄姿屹立在南国大地，城市形象不断提升，"钢琴之城""图书馆之城""设计之都""文博之城""关爱之城""创新之都"等一系列称号，让世人对深圳刮目相看，羡慕不已。

新时代深圳迈开新征程。肩负先行示范使命，胸怀再创奇迹雄心。"不甘一城谋富足"，改革开放再出发。不负重托齐奋起，大展宏图向未来。

深圳故事大气磅礴、慷慨激昂，让我们感动，让我们神往。一个声音在我们心中回响：这就是深圳，这就是书写传奇的地方。一篇《深圳赋》能产生如此感人的效果，作者无憾，深圳无憾！

陈聚仁是深圳的老移民、老学者，笔名沙雁，曾任《万丰文讯》主编，文字老辣，颇有学者气。他写的《深圳赋》，虽同厉有为一样，也是循史叙事，但史实着笔不多，更重当下抒情。下面我们一起来欣赏他的《深圳赋》。

深圳赋[①]

陈聚仁

深圳其源先秦，昭昭百代相承。凤融中原文化，深连华夏之根。宋明之世，成海上贸易枢纽；南头古城，已扬重镇之名。又深圳之号鹏城，缘地理之肖形：枕珠江而倚畴野，趋南海而展翼翮。然则悠悠往昔，奈何萧索寂暗。仅为边陲墟镇，南疆寥落渔村。或曰沧溟之浩瀚，诚无边之苦海焉；人固辛勤，而衣食粗陋；群居亚热，而其景荒寒。瑟瑟苇塘，哀唳穷秋之栖雁；昏昏灯火，老守僻壤之寮间。野田羸叟，话难穷人间苦厄；涌港敝舟，网不尽岁月悲酸。盖天时既乖舛，地利变成塞。夷寇侵凌接踵，江山破碎何堪。伶仃洋频连烽火，惶恐滩不绝硝烟。回首百年耻辱，清廷怯懦苟安。以致望洋兴叹摇尾乞怜而已矣。

然青史代有俊彦，南粤亦不乏精英。或戍土虎贲，或邦国干城，或卫民烈士，或社稷忠魂。血染沙场而同仇敌忾；心系华夏谒黄胄赤忱。到民国创立，卓然功业。而军阀混战，复荼毒生灵。实难酬海晏河清也矣。

或云沧桑正道，诚哉斯言。终见神州再造，直地覆天翻。金鸡鸣赤晓，旭日跃东天。新中国百废俱兴，古岭南一改旧颜。却又如江河出谷，几经危峡险滩。及荏苒光阴卅载，赖中央正本清源。举世咸歌，战略决策之转换；普天皆颂，拨正中华建设大船。遂令十亿神州，绘恢宏之画卷；新元南国，掀汹涌之春澜。仰邓公卓识超凡，毅然指点江山。一夜之城崛起，自兹骏业宏开。偕百族同胞，共创辉煌于盛世；看三春深圳，欣书斑斓绮丽之华笺。

唯今日之深圳，方显大鹏之雄风。昂首征程万里，振翮直上九重。罗湖福田，堆金积玉；南山盐田，姹紫嫣红。宝安如宝珠焕彩，龙岗若龙遨苍穹。赞特区鼎盛，欣满目繁荣。曾记否？其建设之速，令全球刮目；黄裔壮志，旋赢来物阜民丰。览此日之鹏城，通衢似罟，芳菲沁人。

[①] 原载《万丰文讯》2003年第1期。

靓居栉比,广厦摩云。邻港澳,纷至五洲宾客;张魅力,隽才辐辏如林。紫气氤氲,彰文化信息优势;龙光闪晔,矗金融商贸中心。物流基地,力强基固。"三高创汇",高效频仍。岭澳核电,名播海外;高新技术,硕果丰盈。而科教文卫,骥骐并驾;深水港湾,吞吐巨轮。满目繁华景,更裹净畅宁。梧桐翠岭,出岫之云霞袅娜;莲花青黛,伟人之笑貌长存。美也欤,"东方之香榭里",锦簇花团;陆路客运货运,荣列世界之冠。高交会所,膺"奥林匹克"之美誉;花园城市,跻向国际名都之间。赞义工善行,弘民族优良德范;拥天人相谐,赏春园莺燕翩跹。壮也哉!小平理论,伟大实践;轰轰烈烈,亘古无前,青春之城春长驻,如火如荼勤杜鹃。力建经济中心城市,矢志现代化之率先。正奋千军鼙鼓,高扬四季管弦。噫兮!廿五春秋,八域高歌歌胜日;万千气象,万家欢乐乐于阗。诚也哉,人共炎黄肝胆,敞我海岳胸怀。虔颂热土之神奇,永创辉煌之大业,更瞻深圳之明日,再写光华璀璨之新篇。

读着陈聚仁的《深圳赋》,我们仿佛进入了一个地方志博物馆,历史遗迹和当下景象尽显眼前,令我们流连忘返,融入其中。

深圳的历史可以追溯到先秦,和中原文化融为一体,与华夏之根密切相连。宋明之时,就已经是海上贸易枢纽,南头古城曾是南粤重镇。然而,当年的深圳毕竟只是一个"边陲墟镇"和"寥落渔村",老百姓历尽"人间苦厄",遍尝"岁月悲酸"。虽南国不乏精英,亦曾有"血染沙场而同仇敌忾"之壮举,但终"难酬海晏河清"之志。

新中国成立后,天翻地覆,"神州再造",百废待兴,"一改旧颜"。改革开放,邓公指点江山,深圳崛起"一夜城","共创辉煌于盛世"。今日之深圳,大鹏雄风尽显,征程万里,前途无量。"高新技术,硕果丰盈""物流基地,力强基固",金融商贸,国际扬名。发展速度之快,令全球刮目相看。

看到这些,我们有理由相信,深圳的明天一定会"再写光华璀璨之新篇"。

38 深圳三赋——文学视野中的深圳巨变

上述深圳三赋出自3位不同身份的人之手,而他们对深圳的描述和赞美却是同一个基调,那就是感叹深圳之巨变,歌颂深圳之成就,展望深圳之未来。文风虽各不相同,情感却同样饱满,正所谓"诗为事而作,歌为情而吟"。深圳改革发展的伟业成就了作家、诗人,反之,优秀的文学作品也把深圳展现得多姿多彩。三赋歌颂深圳,但影响必然超越深圳。也许,这就是文学作品的永恒魅力所在吧。

· 深圳蛇口的《女娲补天》雕塑(胡鹏摄)

39 文化愿景
——建构彰显现代文明的"理想城"

深圳学者提出城市文化"十大愿景",富有想象力地描绘了一幅城市文化发展的宏伟蓝图,构筑了一座彰显现代文明的"理想城"。"文化愿景"既是向往和追求的理想,也是奋斗和发展的目标,它反映出深圳引领时代、对标高端的文化发展理念,驱动着深圳努力成为现代化强国的城市范例。

深圳文化建设与城市发展始终有着丰富的想象力,既有着眼当下的具体设计(如"两城一都"),又有展望未来的文化想象(如"十大愿景")。深圳的文化想象力是城市文化自觉和文化自信的充分表现,更是在构筑一座文化的"理想城"。它表明,深圳这座城市志存高远,不满足于一般意义上的"试验"和"示范",而是要以惊世骇俗的创新理念和创新举措,创造出令世人刮目相看的奇迹。"文化愿景"理念可以看作一个生动例证。

王京生提出城市文化 "十大愿景"

2015年,深圳本土学者王京生出版了他的新著《城市文化"十大愿景"》,提出了处于我国文化研究学术前沿的理论观点,构建了着眼未来的文化"理想城",引起了学界的广泛关注。他提出的城市文化愿景,包括以下10个方面。

39 文化愿景——建构彰显现代文明的"理想城"

一、让"深圳观念"成为时代精神的领航者（关键词：观念）

二、让城市包容温暖每一个人（关键词：包容）

三、让媒体成为社会正能量的守护者和代言人（关键词：舆论）

四、让每个市民感受到文化就在身边（关键词：权利）

五、强大的文化产业保证先进文化的前进方向（关键词：产业）

六、用法治阳光照耀文明成长（关键词：法治）

七、以弘扬国家文化主权拓展国家利益和城市利益（关键词：主权）

八、为文人造个海（关键词：人才）

九、城市文化要给学术以神圣地位（关键词：学派）

十、让创新型、智慧型、包容型、力量型城市文化助力中华文化复兴（关键词：目标）

从上述这"十大愿景"可以看出，王京生依据深圳这座新兴城市文化快速发展的成功范例，对城市文化的发展趋向与发展前景进行了创造性的科学设计，勾画出一幅城市文化发展的理想蓝图。

"十大愿景"的科学性在于它的内在结构和文化内涵。从结构上看，它涉及精神文化、物质文化、制度文化等多个层面；从内涵上看，它包含文化观念、文化主权、文化生态、文化产业、文化传播、文化人才、文化形态等众多方面，可以称得上是一幅城市文化的"全景图"。

"十大愿景"的文化内涵

王京生明确指出："'愿景'，顾名思义，就是所向往的前景，它是一种意愿的表达，集中概括了未来目标、任务使命及核心价值。"这表明，"十大愿景"不仅预设了城市文化的发展目标，而且承担和确定了城市文化建设与发展所担负的历史使命与核心价值。我们可以用"十大愿景"的第一条为例来加以说明。"让'深圳观念'成为时代精神的领航者"，"使深圳成为时代观念的策源地和时代精神的原产地"，从文字表述就可看出,作者谈"深圳观念"是由此及彼,着重的是深圳在"时代观念"和"时代精神"传播方面的先导作用,是深圳与国家文化建设密不可分的内在关系。作者在著作中谈及"深圳观念"时就明确指出:"'深圳观念'与国家、民族同呼吸、共命运,在诞生和发展中绽放异彩、凝聚人心、辐射全国。""'深圳观念'是世界看中国的一个重要指标,具有广泛的国际影响力。深圳是当代中国发展的一面旗帜。而关注深圳就要关注'深圳观念'。因为'深圳观念'不仅代表了深圳市民的共识,而且代表了中国的城市意向和未来。"

· 王京生先生的理论新著《城市文化"十大愿景"》(胡鹏摄)

让"深圳观念"成为时代精神的领航者,尤其体现在社会主义核心价值观的建构过程中。"'深圳观念'反映了与核心价值观相一致、相协调、相匹配的价值立场、价值追求","是核心价值观建构过程中的城市实践和城市样本"。"深圳观念"的表达方式使社会主义核心价值观变得生动活泼,易于接受和实践,对于各地各市加强社会主义核心价值观建设,具有形象生动的启示和引导意义。"让'深圳观念'成为时代精神的领航者",是因为"'深圳观念'不仅属于深圳,更属于改革开放的伟大时代","是时代留存的共同精神财富,也是改革开放时代我们整个民族的共同记忆"。

"十大愿景"与国家文化发展的关联与契合,除了"深圳观念"之外,还涉及网上舆论环境、新媒体建设、文化产业发展、市民文化权利等多个方面。其核心理念是,把深圳文化发展提升到弘扬国家文化主权、助力中华文化复兴的高度,突出深圳文化发展在中国文化发展进程中的"城市实践"和"城市示范"意义,从而使"十大愿景"的理论思考和实践意义超越深圳,为促进我国社会主义文化大发展大繁荣做出新的贡献。

"十大愿景" 构建一座文化 "理想城"

城市文化发展的"十大愿景"绝不是仅仅为了阐释和弘扬深圳文化快速发展的经验,而是旨在阐明深圳文化发展在中国文化发展大格局中的"城市实践"和"城市示范"意义。综览《城市文化"十大愿景"》,我们看到"十大愿景"虽定位于深圳文化发展,但关注的是全国文化发展的核心问题,其基本理论指向包括两个方面,即国家文化主权和市民文化权利。从这个意义上可以说,"十大愿景"是国家文化发展前景的"城市展望"和"深圳表达"。

"十大愿景"给我们全面地描绘了一座文化的"理想城"。在这座城里,市民享有充分的文化权利,可以尽情地参与文化创造,享受文化成果;城市的舆论环境充满法治氛围,公开、公平、良知、担当成为各类媒体的共识;各类文化精英集聚在这里,锐意创新,大展雄才;市民之

间彼此尊重，相互包容，和谐相处；文化产业蓬勃发展，文化市场生机盎然；学术文化位居城市文化的顶峰，形成了特色鲜明的文化学派；城市的主流文化充满改革创新的时代精神，呈现出以创新、智慧、力量、包容为主要特征的全新形态；各地的人们纷纷到这里学习取经，接受、传播这里的新思想、新观念，使之在全国开花结果。

"十大愿景"所显示的城市文化发展目标，就是把深圳建设成为具有"全球视野、中国气派、区域特色"的现代化国际化创新型城市。而这座城市的历史使命和核心价值，就是要"在中国文化乃至世界文化的版图上寻求自己的一席之地，为建设文化强国、实现中华文化伟大复兴提供示范借鉴"。

"十大愿景"是在文化自觉意识激发下理性思考的结果，也是深圳在创造文化奇迹后主动承担新使命、再上新台阶的具体体现。"十大愿景"作为城市文化发展的宏伟蓝图，并不是忽有灵感、偶然生成的，而是具有明显的理论必然性。如果说，当年深圳提出建设"两城一都"是为了给"文化立市"战略打下实践基础，形成城市文化的"名片效应"，那么，如今提出城市文化"十大愿景"，就是对城市文化发展前景和城市发展目标的一种新的阐发和新的提升。

"十大愿景"的现实体现与文化影响

"十大愿景"是构想，是蓝图，但不是空想的乌托邦。它依据深圳，论及全国，具有切实的实践可行性和广泛的文化影响力。

"十大愿景"的文化思想不仅在深圳已有较好的实践基础，而且与全国文化发展的战略思想相契合。无论是深圳的城市文化建设，还是对全国的辐射与影响，都在逐步地向"十大愿景"迈进。"让'深圳观念'成为时代精神的领航者"，已开始呈现出生动的现实例证。反映深圳十大观念的《观念的力量》已成为畅销书，影响遍及全国。"让城市包容温暖每一个人"已是深圳移民文化建设的基本理念，正对全国的城市文化建设产生积极影响,催生出"多样化生长的健康文化生态环境"。"让媒体成为社会正能量的守护者和代言人",构建良好的网上舆论环境,与党中央关于"健全坚持正确舆论导向的体制机制,形成正面引导和依法管理相结合的网络舆论工作格局"的战略思想完全契合,符合我国新媒体建设的发展趋向。"让每个市民感受到文化就在身边",充分实现市民的文化权利,在深圳已通过完善公共文化服务体系建设,有了较高程度的体现,不仅极大地提高了群众的文化满意度,而且契合中央关于"推动文化惠民项目与群众文化需求有效对接"的指导思想。让"强大的文化产业保证先进文化的前进方向",在深圳已成为文化发展的亮点。无论是文化产业发展的创新模式,还是文化产业占 GDP 总量的比重,都位于国内前列,深圳在一定程度上已成为中国文化产业发展的"领头羊"。

"十大愿景"是令人鼓舞的城市文化发展前景,也是浓缩的国家文化发展前景。"十大愿景"提出于深圳文化快速发展的新阶段,与深圳建设文化强市的战略目标相契合,与促进我国社会主义文化大发展大繁荣的历史任务相呼应,立足深圳、放眼全国、面向世界,既展现出城市文化发展的新理念、新思路,也显示出对国家文化发展的"全景思考"。我们有理由相信,"十大愿景"的感召力不仅将推进深圳建设成为"文化形象日新月异,文化魅力不断增强,文化实力日益提升,文化权利广泛实现"的现代化国际化创新型文化强市,而且必将对我国的城市文化发展和社会主义先进文化建设产生深远的影响。

40 先行示范
——社会主义现代化强国的城市范例

深圳建设中国特色社会主义先行示范区,是党中央在新时代赋予深圳的新使命,要求深圳在更高起点、更高层次、更高目标上全面深化改革开放,率先突破,示范引领。根本目标是建设成为社会主义现代化强国的城市范例,"以一城服务全局",形成更多可复制、可推广的经验,为新时代改革开放再出发探出新路。

· 澳门一景(胡鹏摄)

40　先行示范——社会主义现代化强国的城市范例

2019年7月24日，习近平总书记主持召开的中央全面深化改革委员会第九次会议审议通过了《中共中央　国务院关于支持深圳建设中国特色社会主义先行示范区的意见》（以下简称《意见》），指明了深圳在新时代全面深化改革开放的重点方向和重大任务，深圳的改革发展进入了一个新的历史阶段。

深圳建设中国特色社会主义先行示范区，有4个问题必须要回答：①深圳凭什么能示范？②为什么要示范？③示范什么？④怎样示范？《意见》和专家们的解读，很好地回答了这4个问题。

从先行先试到先行示范　（回答　"凭什么能示范？"）

深圳是我国第一个经济特区，先行先试是其从创办之日起就承担的历史使命。当年的先行先试有着特定的历史内涵。"先行"是"突围"，是"杀出一条血路来"，率先开启对外开放的大门；"先试"是"试验"，是改革创新，探索一条符合我国国情的中国特色社会主义道路。综合起来，"先行先试"就是成为我国改革开放的排头兵、窗口和试验场，带动全国的改革开放。如今的先行示范，更有与时俱进的时代要求。"先行"是围绕新一轮改革开放需要突破的重点难点敢闯敢试，探索一条新路子；"示范"是形成更多可复制、可推广的经验，发挥引领带动作用。40年来的改革发展实践证明，"深圳经济特区不辱使命、不负重托，谱写了勇立潮头、开拓进取的壮丽篇章，成为实施改革开放最早、影响最大、建设最好的经济特区，为探索中国特色社会主义道路作出了重大贡献"[①]，具备了由"先行先试"向"先行示范"提升的条件。这表明，深圳承担先行示范的新使命，凭倚的是40年来的发展成就。

支持深圳建设中国特色社会主义先行示范区，是以习近平同志为核心的党中央立足新时代中国特色社会主义建设大局而做出的重大决策。

[①] 何立峰：《支持深圳建设中国社会主义先行示范区，努力成为社会主义现代化强国的城市范例》，载《人民日报》2019年9月19日第6版。

党的十八大以来,习近平总书记先后两次视察深圳,对深圳在新时代的改革发展做出了重要指示和批示。这次中央颁布的《意见》,既体现了党中央对深圳改革开放取得成就的充分肯定,又饱含着对深圳在新时代继续深化改革开放的殷切期望,"为深圳量身打造了一幅引领未来发展的宏伟蓝图",是深圳未来发展的强大动力和根本遵循。这进一步表明,深圳能够承担"先行示范"的新使命,凭靠的是党中央的大力支持。

从"先行先试"到"先行示范",不是简单的概念转换,而是对深圳提出了新的更高的要求,意味着深圳要在更高起点、更高层次、更高目标上深化改革开放,形成全面深化改革、全面扩大开放的新格局,为新时代改革开放再出发探索新路。

先行示范区的重大意义 （回答 "为什么要示范?"）

学习领会习近平总书记关于深圳的重要讲话和指示批示精神,对照《意见》的相关表述,可以感受到中央支持深圳建设中国特色社会主义先行示范区的重大历史意义和现实意义。主要表现为3个"有利于"。

一是有利于在更高起点、更高层次、更高目标上推进改革开放,形成全面深化改革、全面扩大开放的新格局。

"当前,我国的改革开放又到了一个新的历史关头,推进改革开放的复杂程度和艰巨程度不亚于四十年前。"从国际上看,遭遇百年未遇之大变局,竞争和合作并存;从国内看,深化改革要啃"硬骨头",挑战和机遇同在。新时代需要新标兵、新范例,以提供经验,激发精神。党中央支持深圳建设中国特色社会主义先行示范区,就是希望深圳继续当好改革开放尖兵,为新时代改革开放探出新路径,创造新经验,成为新范例,更好地发挥创新引领作用。

二是有利于更好地实施粤港澳大湾区战略,丰富"一国两制"事业发展新实践。2019年2月18日,中共中央、国务院印发了《粤港澳大湾区发展规划纲要》(以下简称《纲要》)。《纲要》指出,"建设粤港澳大湾区，既是新时代推动形成全面开放新格局的新尝试，也是推动'一国两制'事业发展的新实践"，要"以香港、澳门、广州、深圳四大中心城市作为区域发展的核心引擎"，深圳要"发挥作为经济特区、全国性经济中心城市和国家创新型城市的引领作用，加快建成现代化国际化城市，努力成为具有世界影响力的创新创意之都"。

《意见》是在《纲要》发布半年之后颁布的，与《纲要》有着内在的统一性。中央支持深圳建设中国特色社会主义先行示范区，就是要求深圳在粤港澳大湾区建设全面推进的关键阶段，增强核心引擎功能，将粤港澳三地的制度差异转化为互补优势，支持香港、澳门融入国家发展大局，保持长期繁荣稳定。这是毗邻香港的深圳经济特区所特有的优势，也是深圳大有用武之地、应该大有作为的关键所在。

三是有利于率先探索全面建设社会主义现代化强国新路径，为实现中华民族伟大复兴的中国梦提供有力支撑。

全面建成社会主义现代化强国，实现中华民族伟大复兴的中国梦，是当今中国在新时代的根本主题。把伟大的中国梦变成光辉灿烂的"中国现实"，是前无古人的开创性事业，需要大胆探索、不断创新。深圳是当今中国的一个亮点、一面旗帜。赋予深圳在新时代先行示范的使命，是历史的必然，符合我国社会主义现代化建设以创新驱动发展的客观规律。党中央支持深圳建设中国特色社会主义先行示范区，就是要求深圳以创建社会主义现代化强国城市范例为目标，用别开生面的精彩实践，展现中国特色社会主义的强大生命力，对全国新一轮改革开放发挥辐射带动作用，让世界刮目相看。

先行示范区建设的重大任务（回答"示范什么？"）

《意见》对深圳先行示范区建设明确了5个方面的战略定位：高质量发展高地、法治城市示范、城市文明典范、民生幸福标杆、可持续发展先锋。并确定了深圳在2025年、2035年、21世纪中叶这3个时段所要达

到的发展目标,与党的十九大确定的我国新时代社会主义现代化建设的发展目标,在时段划分上完全一致,但对深圳的要求更高、更具体。2025年,深圳经济实力、发展质量要跻身全球城市前列;2035年,要建设成为社会主义现代化强国的城市范例;21世纪中叶,要建设成为竞争力、创新力、影响力卓著的全球标杆城市。那么,怎样才能实现和达到这些高标准的战略定位和发展目标?深圳应完成哪些重大任务?《意见》要求做到"五个率先":率先建设体现高质量发展要求的现代化经济体系;率先营造彰显公平正义的民主法治环境;率先塑造展现社会主义文化繁荣兴盛的现代城市文明;率先形成共建共治共享共同富裕的民生发展格局;率先打造人与自然和谐共生的美丽中国典范。这"五个率先"具有丰富的内涵和具体的任务要求。它表明,深圳先行示范是全过程全方位的整体示范,必须政治、经济、文化、生活、生态五位一体,高标准、高质量地协调推进,才能真正发挥"以一城服务全局"的示范效应,才能不辜负中央的厚望和人民的期待。

先行示范区建设的重点方向和具体举措（回答"怎样示范？"）

中央支持深圳建设中国特色社会主义先行示范区,确定了明确的方向和路径。何立峰同志在《人民日报》发表的文章中,把中央确定的重点方向归纳为"四个根本":准确把握创建社会主义现代化强国城市范例这一根本目标;贯彻落实先行示范这一根本要求;着力增强深化改革开放这一根本动力;全面加强党的领导和党的建设这一根本保障。这"四个根本"把目标、要求、动力、保障都详列出来,解答了"怎样示范"的问题,给深圳指了路,给全国交了底。它表明,深圳的"先行示范"不是兴致所来,任意发挥,而是有章法、有规矩、有要求、有目标、有保障,是在党中央的直接指导下再探新路。

中共深圳市委、市政府深入学习领会习近平总书记关于深圳的讲话和指示批示精神,深入理解《意见》明确的总体要求、战略定位和重大任务，深刻认识到，建设中国特色社会主义先行示范区，首先要在贯彻落实习近平新时代中国特色社会主义思想上先行示范，要按照中央确定的新发展理念，着力建设创新发展与创新文化先行示范区、绿色发展先行示范区、共享发展先行示范区、全面深化改革先行示范区、全面扩大开放先行示范区、大都市治理现代化先行示范区。具体按照 10 条路径予以推进：

在加强党的领导和党的建设上先行示范。

在推动高质量发展上先行示范。

在实施创新驱动发展战略上先行示范。

在全面深化改革上先行示范。

在全面扩大开放上先行示范。

在践行以人民为中心的发展思想上先行示范。

在民主法治建设上先行示范。

在践行社会主义核心价值体系上先行示范。

在生态文明建设上先行示范。

在加强和创新社会治理上先行示范。

由上述可见，深圳建设中国特色社会主义先行示范区，凭的是建立经济特区 40 年来改革发展所取得的巨大成就，靠的是党和国家的大力支持，为的是建设成为社会主义现代化强国的城市范例。示范的根本要求是在新一轮改革开放中发挥"以一城服务全国"的示范引领作用，形成可复制、可推广的经验，影响和带动全国。

先行诚可贵，示范更难能。相信深圳一定能不负使命，奋力担当，把先行落到实处，把示范发挥到极致，"再创发展新路径，再造管理新模式，再兴文明新典范，再创民生新标杆，再塑现代化城市可持续发展新辉煌"，展现出一个高质量发展、高水平引领的社会主义现代化强国的城市范例。

参考文献

[1] 邓小平. 邓小平文选：第3卷［M］. 北京：人民出版社，1993.

[2] 谷牧. 谷牧回忆录［M］. 北京：中央文献出版社，2009.

[3] 李岚清. 突围：国门初开的岁月［M］. 北京：中央文献出版社，2008.

[4] 深圳市史志办公室. 李灏深圳特区访谈录［M］. 深圳：海天出版社，2010.

[5] 深圳市史志办公室. 深圳改革开放纪事 1978—2009［M］. 深圳：海天出版社，2009.

[6] 陶一桃，鲁志国，等. 经济特区与中国道路［M］. 北京：社会科学文献出版社，2017.

[7] 王京生. 观念的力量［M］. 北京：人民出版社，2012.

[8] 王京生. 文化是流动的［M］. 北京：人民出版社，2013.

[9] 王京生. 城市文化"十大愿景"［M］. 北京：中国人民大学出版社，2015.

[10] 李小甘. 深圳文化创新之路［M］. 北京：中国社会科学出版社，2018.

[11] 梁英平，谢春红，等. 深圳十大观念解读：历史背景·文化内涵·时代价值［M］. 广州：中山大学出版社，2012.

[12] 申志华，王磊，朱宏兰. 深圳，你被谁抛弃？［M］. 乌鲁木齐：新疆人民出版社，2003.

[13] 吴俊忠. 深圳文化三十年：民间视野中的深圳文化读本［M］. 北京：商务印书馆，2010.

附 录

1992年邓小平"南方谈话"（摘录）[①]

一九八四年我来过广东。当时，农村改革搞了几年，城市改革刚开始，经济特区才起步。八年过去了，这次来看，深圳、珠海特区和其他一些地方，发展得这么快，我没有想到。看了以后，信心增加了。

要坚持党的十一届三中全会以来的路线、方针、政策，关键是坚持"一个中心、两个基本点"。不坚持社会主义，不改革开放，不发展经济，不改善人民生活，只能是死路一条。基本路线要管一百年，动摇不得。只有坚持这条路线，人民才会相信你，拥护你。谁要改变三中全会以来的路线、方针、政策，老百姓不答应，谁就会被打倒。这一点，我讲过几次。

改革开放胆子要大一些，敢于试验，不能像小脚女人一样。看准了的，就大胆地试，大胆地闯。深圳的重要经验就是敢闯。没有一点闯的精神，没有一点"冒"的精神，没有一股气呀、劲呀，就走不出一条好路，走不出一条新路，就干不出新的事业。不冒点风险，办什么事情都有百分之百的把握，万无一失，谁敢说这样的话？一开始就自以为是，认为百分之百正确，没那么回事，我就从来没有那么认为。

---

① 摘自邓小平《邓小平文选》第3卷，人民出版社1993年版，第370～383页。

改革开放迈不开步子，不敢闯，说来说去就是怕资本主义的东西多了，走了资本主义道路。要害是姓"资"还是姓"社"的问题。判断的标准，应该主要看是否有利于发展社会主义社会的生产力，是否有利于增强社会主义国家的综合国力，是否有利于提高人民的生活水平。对办特区，从一开始就有不同意见，担心是不是搞资本主义。深圳的建设成就，明确回答了那些有这样那样担心的人。特区姓"社"不姓"资"。从深圳的情况看，公有制是主体，外商投资只占四分之一，就是外资部分，我们还可以从税收、劳务等方面得到益处嘛！多搞点"三资"企业，不要怕。只要我们头脑清醒，就不怕。

我国的经济发展，总要力争隔几年上一个台阶。当然，不是鼓励不切实际的高速度，还是要扎扎实实，讲求效益，稳步协调地发展。比如广东，要上几个台阶，力争用二十年的时间赶上亚洲"四小龙"。

广东二十年赶上亚洲"四小龙"，不仅经济要上去，社会秩序、社会风气也要搞好，两个文明建设都要超过他们，这才是有中国特色的社会主义。

我们搞社会主义才几十年，还处在初级阶段。巩固和发展社会主义制度，还需要一个很长的历史阶段，需要我们几代人、十几代人，甚至几十代人坚持不懈地努力奋斗，决不能掉以轻心。

我们要在建设有中国特色的社会主义道路上继续前进。资本主义发展几百年了，我们干社会主义才多长时间！何况我们自己还耽误了二十年。如果从建国起，用一百年时间把我国建设成中等水平的发达国家，那就很了不起！从现在起到下世纪中叶，将是很要紧的时期，我们要埋头苦干。我们肩膀上的担子重，责任大啊！

附 录

江泽民在深圳经济特区建立二十周年庆祝大会上的讲话[①]

（2000 年 11 月 14 日）

同志们、朋友们：

今天，我们在这里隆重集会，庆祝我国兴办经济特区二十周年。我代表党中央、国务院，向所有为经济特区建设作出贡献的同志们，向经济特区的广大建设者们，致以热烈的祝贺和诚挚的问候！向在座的各位来宾，向关心支持经济特区建设的港澳同胞、台湾同胞、海外侨胞和各国朋友，表示热烈的欢迎和衷心的感谢！

兴办经济特区，是我们党和国家为推进社会主义改革开放和现代化建设作出的重大决策。一九七八年十二月，党的十一届三中全会决定，把全党工作的重点转移到社会主义现代化建设上来，实行改革开放，动员全党和全国各族人民为把我国建设成为社会主义的现代化强国而进行新的长征。这是新中国成立以来我党历史上具有深远意义的伟大转折。

改革开放的总设计师邓小平同志，率领全党同志解放思想、实事求是，全面观察当今时代特征和国际形势，总结国际国内社会主义建设的历史和现实经验，进行了艰苦的探索，在建设有中国特色社会主义的理论和实践上都取得了重大成就。为了推进改革开放和现代化建设，邓小平同志创造性地提出建立经济特区。根据他的倡议，党中央、国务院经过认真的考察和权衡，决定兴办深圳、珠海、汕头、厦门四个经济特区，实行特殊政策和灵活措施，发挥它们对全国改革开放和现代化建设的重

---

① 参见《深圳特区报》2000 年 11 月 15 日。

要窗口和示范作用。八十年代中期到九十年代初,党中央、国务院又先后决定开放十四个沿海城市以及沿海经济开放区和沿边沿江地区,加快内陆省、自治区对外开放步伐,兴办海南经济特区,开发开放上海浦东新区,逐步在全国形成多层次、多渠道、全方位对外开放的新格局。实践证明,兴办经济特区这个具有远见卓识的创举,对推动我国改革开放和现代化建设的进程,丰富我们对建设有中国特色社会主义的认识,具有重要而深远的理论和实践意义。

二十多年来,在党中央、国务院的领导和全国的支持下,经济特区在全国的改革和建设中发挥了十分重要的作用。在坚持社会主义基本制度的前提下,经济特区率先进行改革,为探索有中国特色社会主义的现代化建设道路,积累了新鲜经验。经济特区,在由过去的计划经济向社会主义市场经济转变的历史进程中发挥了重要的试验场作用,在实行对外开放的历史进程中发挥了重要的窗口和基地作用,在我国各地区共同发展的历史进程中发挥了重要的示范、辐射和带动作用,在完成祖国统一大业的历史进程中对香港、澳门的顺利回归并保持繁荣稳定发挥了重要的促进作用。

一九八〇年,我来深圳就筹建经济特区进行考察时,深圳还是一个边陲小镇。二十年弹指一挥间,现在的深圳已成为一座美丽的现代化城市。深圳和其他经济特区、浦东新区的发展,是改革开放以来我国实现历史性变革和取得伟大成就的一个精彩缩影与生动反映,也是对党的正确领导和社会主义制度优越性的一个有力印证。

经济特区创立发展的二十年,是沿着有中国特色社会主义道路开拓前进的二十年,是认真贯彻党的十一届三中全会以来的路线方针政策不断发展的二十年,是经济特区广大干部群众解放思想、实事求是、敢于实践、大胆创新的二十年。经济特区的实践,向世界展示了社会主义中国的勃勃生机和光明前景。

改革开放以来,我国社会生产力不断发展,综合国力大大增强,人民生活显著改善,国际地位日益提高。我国的面貌发生了巨大变化。这充分说明,坚持党的"一个中心、两个基本点"的基本路线和建设有中国特色社会主义的伟大道路,是中国实现现代化、中华民族实现伟大复兴的必由之路。

人类即将迈入新的世纪,我国将进入全面建设小康社会、加快推进社会主义现代化的新的发展阶段。世界政治多极化、经济全球化和科技进步的继续发展,为我们的现代化建设提供了必须紧紧抓住的难得机遇,也给我们带来了必须认真应对的严峻挑战。在世界范围的激烈竞争面前,不进则退。全党同志和全国人民首先是各级领导干部应该居安思危,增强发展的紧迫感,继续坚定不移地贯彻党的基本理论和基本路线,向着社会主义现代化建设的第三步战略目标前进。

在新的历史条件下,经济特区要认真总结成功经验,抓紧解决存在的问题,继续"增创新优势,更上一层楼",努力创造新的业绩,率先基本实现现代化。发展经济特区,是建设有中国特色社会主义事业的重要组成部分,将贯穿我国改革开放和现代化建设的全过程。发展是硬道理。经济特区要继续当好改革开放和现代化建设的排头兵,继续争当建设有中国特色社会主义的示范地区,继续充分发挥技术的窗口、管理的窗口、知识的窗口和对外政策的窗口的作用,努力形成和发展经济特区的中国特色、中国风格、中国气派。这是历史赋予经济特区的光荣使命。

社会实践在不断发展,我们的思想认识也必须不断前进,不断根据实践的要求进行创新。这样我们的事业才能永葆生机和活力。面对国际国内的新情况、新问题,我们必须坚持学习和努力实践马列主义、毛泽东思想、邓小平理论,坚持党的解放思想,实事求是,一切从实际出发的思想路线,紧跟时代发展的潮流,在建设有中国特色社会主义的历史进程中,不断研究新情况,解决新问题,形成新认识,开辟新境界。经济特区要在邓小平理论和党的基本路线、基本纲领的指引下,继续积极研究、探索、解决改革和发展中面临的理论与实践问题,把各项事业更好地推向前进。

经济特区要带头加快体制创新,率先为全国建立比较完善的社会主

义市场经济体制积极探索和实践。进行体制创新的重要目的，就是要克服生产关系和上层建筑中妨碍生产力发展的因素，不断解放和发展生产力。要坚持公有制为主体、多种所有制经济共同发展的基本经济制度，继续推进国有企业改革，鼓励、支持、引导个体和私营企业健康发展，加强市场体系建设，加快政府职能转变，实行依法行政，深化分配制度改革和完善社会保障制度，同时深入研究当代经济科技发展提出的新要求，加快建立和完善发展社会主义市场经济所必需的一整套制度和机制。要适应我国加入世界贸易组织的新形势，把"引进来"和"走出去"紧密结合起来，不失时机地实施"走出去"战略，更好地利用国内外"两种资源、两个市场"，在更大范围内进行专业化、集约化和规模化的跨国经营，努力形成我们参与国际市场竞争的新优势和占据有利地位。全国各地都应努力这样做，经济特区更应走在前面。

经济特区要带头大力推进科技创新，在加快结构调整和产业优化升级、实现经济增长方式的根本转变上创造新鲜经验。科技的进步和创新已成为推动经济社会发展的重要决定性因素。要全面实施科教兴国战略，密切跟踪世界科学技术发展的最新成果，大力增强核心技术和重要应用技术的创新能力，努力开拓科技创新的新领域，实现技术跨越式发展。要继续探索科技与经济紧密结合的新路子，加强以企业为主体的技术创新体系建设，建立和完善能够优化配置国内外科技资源的技术开发体制，强化知识、信息、资源、人才的聚集效应。抓紧建立风险投资机制，发展资本市场，支持高新技术产业化。通过科技创新和经济结构的战略性调整，形成新的经济、产业、技术优势，抢占高新技术及其产业化的制高点，努力把经济特区建设成为重要的高新技术研究开发基地、成果转化基地、产品出口加工基地和成果交易中心。

经济特区要带头增强服务全国的大局意识，加强与内地的经济技术交流与合作，积极支持实施西部大开发战略。党中央决定实施西部大开发战略，与兴办经济特区一样，都是为推进全国改革开放和现代化建设而作出的重大战略决策。经济特区的发展，始终离不开全国人民的支持。

要充分发挥经济特区在资金、技术、人才、信息、管理等方面的优势,按照市场经济的客观规律,支持企业到西部投资,实现资源优势互补。继续加强对西部欠发达地区的对口扶持,做好扶贫帮困工作,为逐步实现全国人民的共同富裕多作贡献。

经济特区要带头始终不渝地坚持"两手抓,两手都要硬"的方针,大力加强社会主义精神文明建设,交好物质文明建设和精神文明建设两份答卷。经济特区处于改革开放的前沿,搞好社会主义精神文明建设尤为重要。要做到既善于学习和借鉴人类文明的一切优秀成果,又善于继承和发扬中华民族一切优秀的思想、道德、文化传统,有效抵御各种消极腐朽思想文化的侵蚀,始终保持社会主义的精神风貌。要坚持进行"致富思源、富而思进"教育,把广大干部群众的力量凝聚到率先基本实现社会主义现代化上来。要坚持贯彻执行党和国家的各项方针政策,坚持依法治国、依法办事、依法治理,下大力气创造良好的民主法制环境,保持社会安定团结。

经济特区要带头按照"三个代表"的要求全面加强党的建设,不断提高党组织的战斗力和凝聚力,增强拒腐防变的能力。搞好党的建设,是我们实现社会主义现代化的根本保证。要紧密结合实际,不断探索新的历史条件下加强和改进党的思想、组织、作风建设的新路子。要坚持党要管党和从严治党的方针,搞好党风廉政建设和反腐败斗争。大力培养和锻炼一支特别能吃苦耐劳、特别能开拓前进、特别能尽职尽责的党员和干部队伍,领导干部尤其要模范地遵循党的宗旨,全心全意为人民服务,自觉做到廉洁自律,坚决抵制各种腐朽思想的侵蚀和金钱美色的诱惑,努力在实践"三个代表"方面发挥表率作用。

同志们、朋友们,在二十世纪的百年间,中华民族历经沧桑,中国人民在中国共产党的领导下奋起斗争,取得了举世瞩目的伟大成就,中华民族的命运发生了历史性的巨变。展望新的世纪,中国人民将继续坚定不移地沿着邓小平同志开创的建设有中国特色社会主义道路奋勇前进,我国经济特区也必将迎来更加美好的未来。

胡锦涛在深圳特区建立30周年庆祝大会上的讲话[①]

（2010年9月6日）

今天，我们在这里隆重集会，庆祝深圳经济特区建立30周年。首先，我代表党中央、国务院，向经济特区广大建设者，向所有为经济特区建设作出贡献的同志们，致以热烈的祝贺和诚挚的问候！向在座各位来宾，向关心和支持经济特区建设的香港同胞、澳门同胞、台湾同胞、海外侨胞和各国朋友，表示衷心的感谢！

兴办经济特区是党和国家为推进我国改革开放和社会主义现代化作出的一项重大决策，是中国共产党人和中国人民在探索中国特色社会主义道路上进行的一个伟大创举。1978年，党的十一届三中全会作出把党和国家工作中心转移到经济建设上来、实行改革开放的历史性决策。中国共产党团结带领全国各族人民解放思想、实事求是、与时俱进，积极探索和奋力开辟新的历史条件下我国社会主义事业发展新道路。在邓小平同志亲自关怀下，党中央、国务院决定兴办深圳、珠海、汕头、厦门经济特区，随后又兴办海南经济特区，实行特殊政策和灵活措施，发挥它们对全国改革开放和社会主义现代化建设的重要窗口和示范带动作用。

1980年8月，深圳经济特区正式建立。30年来，在党中央、国务院坚强领导和全国大力支持下，深圳经济特区坚持锐意改革、敢闯敢试、敢为天下先，勇于突破传统经济体制束缚，率先进行市场取向的经济体制改革，在我国实现从高度集中的计划经济体制到充满活力的社会主义

[①] 参见人民出版社2010年9月出版的单行本。

市场经济体制的历史进程中发挥了重要作用;坚持发展第一要务,大力解放和发展社会生产力,积极推进自主创新,提高经济发展质量和效益,改善人民生活,创造了"深圳速度",探索和积累了实现快速发展、走向富裕的成功经验;坚持对外开放,有效实行"引进来"和"走出去",积极利用国际国内两个市场、两种资源,成功运用国外境外资金、技术、人才和管理经验,为我国实现从封闭半封闭到全方位开放进行了开拓性探索;坚持服务国家发展大局,全国支持经济特区发展,经济特区回馈全国,促进东中西部协调发展,对全国发展起到重要辐射和带动作用;坚持"一国两制"方针,加强同香港、澳门、台湾地区的多领域交流合作,为推动香港、澳门回归祖国并保持繁荣稳定和促进祖国和平统一大业发挥了桥梁和纽带作用。经过30年的不懈努力,深圳迅速从一个边陲小镇发展成为一座现代化大城市,综合经济实力跃居全国大中城市前列,创造了世界工业化、现代化、城市化发展史上的奇迹。深圳经济特区广大干部群众以蓬勃的进取精神和创新实践,为我国改革开放和社会主义现代化建设作出了重要贡献。

深圳等经济特区的发展成就,是邓小平理论和"三个代表"重要思想以及科学发展观的实践成果,是改革开放以来我国实现历史性变革和取得伟大成就的生动缩影,是我国社会主义制度优越性的有力印证。兴办经济特区,丰富了我们对改革开放和社会主义现代化建设规律的认识,坚定了全国各族人民坚持改革开放、走中国特色社会主义道路的信心,向世界展示了社会主义中国的勃勃生机和光明前景。

深圳等经济特区的成功实践雄辩地证明,党的十一届三中全会以来形成的党的基本理论、基本路线、基本纲领、基本经验是完全正确的,中央作出兴办经济特区的决策是完全正确的;改革开放是决定当代中国命运的关键抉择,符合党心民心、顺应时代潮流,只有改革开放才能发展中国、发展社会主义、发展马克思主义,中国特色社会主义道路是实现中华民族伟大复兴的必由之路、成功之路!

此时此刻,我们更加深切地缅怀邓小平同志等老一辈革命家。正是

因为以邓小平同志为核心的党的第二代中央领导集体团结带领全党全国各族人民毅然踏上并推进改革开放的伟大征程，我们才胜利进入了改革开放历史新时期，成功开辟了中国特色社会主义道路，迎来了我国繁荣发展的崭新局面。我们要向以江泽民同志为核心的党的第三代中央领导集体致以崇高的敬意，他们团结带领全党全国各族人民锐意推进改革开放，继承和发展中国特色社会主义伟大事业，推动经济特区增创新优势、更上一层楼。

同志们、朋友们！

经过改革开放30多年来的不懈奋斗，我们胜利实现了现代化建设"三步走"战略的前两步目标，正在向第三步目标阔步前进。未来几十年，是我们实现第三步目标的重要时期。到2020年，我们将全面建成惠及十几亿人口的更高水平的小康社会；到新中国成立100年时，我们将基本实现现代化，建成富强民主文明和谐的社会主义现代化国家。面对错综复杂的国际形势，面对艰巨繁重的改革发展稳定任务，我们要胜利实现既定战略目标，必须坚定不移坚持中国特色社会主义道路，坚定不移坚持中国特色社会主义理论体系，勇于变革、勇于创新，永不僵化、永不停滞，不为任何风险所惧，不被任何干扰所惑，继续奋勇推进改革开放和社会主义现代化建设的伟大事业。

在全面建设小康社会、加快推进社会主义现代化的进程中，经济特区不仅应该继续办下去，而且应该办得更好。中央将一如既往支持经济特区大胆探索、先行先试、发挥作用。经济特区要适应国内外形势新变化、按照国家发展新要求、顺应人民新期待，面向现代化、面向世界、面向未来，继续解放思想，坚持改革开放，努力当好推动科学发展、促进社会和谐的排头兵，在改革开放和社会主义现代化建设中取得新进展、实现新突破、迈上新台阶。

第一，继续加快转变经济发展方式，努力为推动科学发展探索新路。加快转变经济发展方式是关系我国经济社会发展全局的重大战略任务，经济特区要带头加快转变经济发展方式，坚决打好这场硬仗。要坚持自主创新、重点跨越、支撑发展、引领未来的方针,加快构建以企业为主体、市场为导向、产学研相结合的技术创新体系,提升核心技术自主创新能力,推动经济发展从要素驱动向创新驱动转变。要加快经济结构战略性调整,扩大消费特别是居民消费,抢占战略性新兴产业制高点,发展先进制造业和高端服务业,构建现代产业体系。要加大统筹城乡发展力度,把新农村建设与城镇化结合起来,发挥城市对农村的辐射带动作用,发展现代农业,多渠道增加农民收入。要坚定不移实施人才强国战略,建设宏大的创新型人才队伍。要加强能源资源节约和生态环境保护,推广低碳技术,发展绿色经济,倡导绿色生活,率先建成资源节约型、环境友好型社会。

第二,继续深化改革开放,努力为推动科学发展提供制度保障和动力源泉。要坚定不移深化改革,提高改革决策的科学性,增强改革措施的协调性,全面推进经济体制、政治体制、文化体制、社会体制改革,努力在重要领域和关键环节改革上取得突破。要坚持社会主义市场经济的改革方向,抓住制约科学发展的体制症结,推进财税体制、金融体制、投资体制、收入分配制度改革,尽快建立反映市场供求关系、资源稀缺程度、环境损害成本的生产要素和资源价格形成机制,从制度上更好发挥市场在资源配置中的基础性作用,加快构建充满活力、富有效率、更加开放、有利于科学发展的体制机制。要坚持中国特色社会主义政治发展道路,加强社会主义政治文明建设,不断推进社会主义政治制度自我完善和发展,保证人民当家作主,增强党和国家活力,调动人民积极性。要扩大社会主义民主,加快建设社会主义法治国家,依法实行民主选举、民主决策、民主管理、民主监督,保障人民的知情权、参与权、表达权、监督权。要推进行政管理体制改革,进一步转变政府职能,建设服务型政府。要全面提升开放型经济水平,把"引进来"和"走出去"更好结合起来,扩大开放领域,提高开放质量,创新外贸增长方式、优化进出口结构,创新利用外资方式、优化利用外资结构,创新对外投资和合作

方式、加大实施"走出去"战略力度,形成经济全球化条件下参与国际经济合作和竞争新优势。

第三,继续加强社会主义精神文明建设,努力为推动科学发展提供良好文化条件。要坚持"两手抓,两手都要硬"的方针,坚持社会主义先进文化前进方向,促进人的全面发展,交好物质文明建设和精神文明建设两份答卷。要深入推进社会主义核心价值体系建设,坚定中国特色社会主义理想信念,弘扬爱国主义、集体主义、社会主义思想,深入进行中华民族传统美德教育和民主法制教育,加强社会公德、职业道德、家庭美德、个人品德建设,高度重视青少年思想道德教育,培育文明风尚。要深化文化体制改革,发展公益性文化事业,构建公共文化服务体系,加快发展文化产业,满足人民群众多样化的精神文化需求。要坚持一手抓繁荣、一手抓管理,健全文化市场监管机制,努力营造健康向上的社会文化环境。要继承和发扬中华优秀文化,吸收和借鉴世界有益文化,有效抵御各种消极腐朽思想文化侵蚀,使广大人民群众始终保持昂扬向上的精神风貌。

第四,继续促进社会和谐,努力为推动科学发展营造良好社会环境。要按照推动经济社会协调发展的要求,加快以改善民生为重点的社会建设,调整国民收入分配结构,增加城乡居民收入,加强和改善公共服务,加快构建覆盖全体居民的终身教育体系、就业服务体系、社会保障体系、医疗保障体系、住房保障体系,努力满足人民群众在教育、劳动就业、社会保障、医药卫生、住房等方面的基本需求,促进社会公平正义。要全面提高社会管理水平,推进社会管理创新,形成科学有效的利益协调机制、诉求表达机制、矛盾调处机制、权益保障机制,统筹协调各方面利益关系,妥善处理人民内部矛盾,维护群众合法权益。要完善社会治安防控体系,加强社会治安综合治理,依法打击各类违法犯罪活动,增强人民群众安全感。要探索形成企业和职工利益共享机制,做好外来务工人员服务和管理工作,建立和谐劳动关系。要开展多种形式的和谐企业、和谐家庭、和谐社区创建活动，调动一切积极因素，努力形成社会和谐人人有责、和谐社会人人共享的生动局面。

第五，继续推进党的建设，努力为推动科学发展、促进社会和谐提供坚强保证。要深入贯彻落实党的十七大和十七届四中全会精神，坚持党要管党、从严治党，以改革创新精神全面推进党的思想建设、组织建设、作风建设、制度建设和反腐倡廉建设，着力加强党的执政能力建设和先进性建设，增强党组织的创造力、凝聚力、战斗力，不断提高党的建设科学化水平。要加强领导班子思想政治建设和能力培养，使各级领导班子不断提高理论政策水平，增强推动科学发展、促进社会和谐能力。要加强干部队伍建设，按照建设学习型党组织的要求，加强理论武装，强化实践锻炼，帮助广大干部坚定理想信念、更新知识观念、掌握过硬本领，更好适应新形势新任务的需要。要加强抓基层打基础工作，全面推进各领域党的基层组织建设，深入开展创先争优活动，创新活动方式，强化组织功能，扩大基层党内民主，尊重党员主体地位，保障党员民主权利，使基层党组织真正成为推动发展、服务群众、凝聚人心、促进和谐的坚强堡垒，使广大党员真正成为坚定信念、牢记宗旨、爱岗敬业、勇于进取的先锋模范。要加强党风廉政建设，大兴密切联系群众之风、求真务实之风、艰苦奋斗之风、批评和自我批评之风，坚决惩治和有效防止腐败，教育引导广大党员、干部牢固树立宗旨意识和群众观点，始终做到为民、务实、清廉。

经济特区是在全国人民支持下发展起来的，要进一步增强服务全国的大局意识，发挥自身优势，积极开展区域合作，积极支持和参与西部大开发、东北地区等老工业基地振兴、中部地区崛起等区域发展战略实施，加大对口支援和帮扶工作力度。要加强同香港、澳门、台湾地区的交流合作，为保持香港和澳门长期繁荣稳定、推动两岸关系和平发展发挥更大作用。

同志们、朋友们！

"大鹏一日同风起，抟摇直上九万里。"我们坚信，只要全党全国各族人民团结一心、开拓进取，坚定不移走中国特色社会主义道路，坚定不移推进改革开放，经济特区的明天一定会更加美好，我们国家的明天一定会更加美好，全国各族人民的明天一定会更加美好！

附 录

习近平关于深圳的重要讲话和指示批示

深圳的发展是中国改革的一个代表作，是一个中国奇迹，也是一个世界奇迹。

——2012年视察深圳经济特区时的讲话①

党的十八大后我考察调研的第一站就是深圳，改革开放40周年之际再来这里，就是要向世界宣示中国改革不停顿、开放不止步，中国一定会有让世界刮目相看的新的更大奇迹。我们要不忘改革开放初心，认真总结改革开放40年成功经验，提升改革开放质量和水平。要坚持以人民为中心，把为人民谋幸福作为检验改革成效的标准，让改革开放成果更好惠及广大人民群众。广东要弘扬敢闯敢试、敢为人先的改革精神，立足自身优势，创造更多经验，把改革开放的旗帜举得更高更稳。

——2018年10月22—25日在广东考察时的讲话②

实践证明，改革开放道路是正确的，必须一以贯之、锲而不舍、再接再厉。深圳要扎实推进前海建设，拿出更多务实创新的改革举措，探索更多可复制可推广的经验，深化深港合作，相互借助、相得益彰，在共建"一带一路"、推进粤港澳大湾区建设、高水平参与国际合作方面发挥更大作用。

——2018年10月22—25日在广东考察时的讲话③

---

① 参见《深圳特区报》2014年3月10日第A3版。
② 参见《光明日报》2018年10月26日第1版。
③ 参见《光明日报》2018年10月26日第1版。

广东是改革开放的排头兵、先行地、实验区,改革开放以来党中央始终鼓励广东大胆探索、大胆实践。广东40年发展历程充分证明,改革开放是党和人民大踏步赶上时代的重要法宝,是坚持和发展中国特色社会主义的必由之路,是决定当代中国命运的关键一招,也是决定实现"两个一百年"奋斗目标、实现中华民族伟大复兴的关键一招。

——2018年10月22—25日在广东考察时的讲话①

今年是改革开放40周年,深圳经济特区作为我国改革开放的重要窗口,各项事业发展取得显著成绩。深圳市委、市政府要牢记党中央创办经济特区的战略意图,认真总结改革开放40年成功经验,坚持和加强党的全面领导,坚持全面深化改革,坚持全面扩大开放,坚持以人民为中心,践行高质量发展要求,深入实施创新驱动发展战略,抓住粤港澳大湾区建设重大机遇,增强核心引擎功能,朝着建设中国特色社会主义先行示范区的方向前行,努力创建社会主义现代化强国的城市范例。

希望深圳市广大干部群众继续解放思想、真抓实干,改革开放再出发,不断推动深圳工作开创新局面、再创新优势、铸就新辉煌,在新时代走在前列、新征程勇当尖兵。

——2018年12月26日对深圳工作的批示②

---

① 参见《光明日报》2018年10月26日第1版。
② 参见《深圳特区报》2019年1月6日第A01版。

中共中央　国务院关于支持深圳建设中国特色社会主义先行示范区的意见[①]

（二〇一九年八月九日）

党和国家作出兴办经济特区重大战略部署以来，深圳经济特区作为我国改革开放的重要窗口，各项事业取得显著成绩，已成为一座充满魅力、动力、活力、创新力的国际化创新型城市。当前，中国特色社会主义进入新时代，支持深圳高举新时代改革开放旗帜、建设中国特色社会主义先行示范区，有利于在更高起点、更高层次、更高目标上推进改革开放，形成全面深化改革、全面扩大开放新格局；有利于更好实施粤港澳大湾区战略，丰富"一国两制"事业发展新实践；有利于率先探索全面建设社会主义现代化强国新路径，为实现中华民族伟大复兴的中国梦提供有力支撑。为全面贯彻落实习近平新时代中国特色社会主义思想和习近平总书记关于深圳工作的重要讲话和指示批示精神，现就支持深圳建设中国特色社会主义先行示范区提出如下意见。

一、总体要求

（一）指导思想。以习近平新时代中国特色社会主义思想为指导，全面贯彻党的十九大和十九届二中、三中全会精神，紧紧围绕统筹推进"五位一体"总体布局和协调推进"四个全面"战略布局，坚持和加强党的全面领导，坚持新发展理念，坚持以供给侧结构性改革为主线，坚持全面深化改革，坚持全面扩大开放，坚持以人民为中心，践行高质量发展要求，深入实施创新驱动发展战略，抓住粤港澳大湾区建设重要机遇，

[①] 参见2019年8月人民出版社出版的单行本。

增强核心引擎功能,朝着建设中国特色社会主义先行示范区的方向前行,努力创建社会主义现代化强国的城市范例。

(二)战略定位

——高质量发展高地。深化供给侧结构性改革,实施创新驱动发展战略,建设现代化经济体系,在构建高质量发展的体制机制上走在全国前列。

——法治城市示范。全面提升法治建设水平,用法治规范政府和市场边界,营造稳定公平透明、可预期的国际一流法治化营商环境。

——城市文明典范。践行社会主义核心价值观,构建高水平的公共文化服务体系和现代文化产业体系,成为新时代举旗帜、聚民心、育新人、兴文化、展形象的引领者。

——民生幸福标杆。构建优质均衡的公共服务体系,建成全覆盖可持续的社会保障体系,实现幼有善育、学有优教、劳有厚得、病有良医、老有颐养、住有宜居、弱有众扶。

——可持续发展先锋。牢固树立和践行绿水青山就是金山银山的理念,打造安全高效的生产空间、舒适宜居的生活空间、碧水蓝天的生态空间,在美丽湾区建设中走在前列,为落实联合国2030年可持续发展议程提供中国经验。

(三)发展目标。到2025年,深圳经济实力、发展质量跻身全球城市前列,研发投入强度、产业创新能力世界一流,文化软实力大幅提升,公共服务水平和生态环境质量达到国际先进水平,建成现代化国际化创新型城市。到2035年,深圳高质量发展成为全国典范,城市综合经济竞争力世界领先,建成具有全球影响力的创新创业创意之都,成为我国建设社会主义现代化强国的城市范例。到本世纪中叶,深圳以更加昂扬的姿态屹立于世界先进城市之林,成为竞争力、创新力、影响力卓著的全球标杆城市。

二、率先建设体现高质量发展要求的现代化经济体系

（四）加快实施创新驱动发展战略。支持深圳强化产学研深度融合的创新优势，以深圳为主阵地建设综合性国家科学中心，在粤港澳大湾区国际科技创新中心建设中发挥关键作用。支持深圳建设5G、人工智能、网络空间科学与技术、生命信息与生物医药实验室等重大创新载体，探索建设国际科技信息中心和全新机制的医学科学院。加强基础研究和应用基础研究，实施关键核心技术攻坚行动，夯实产业安全基础。探索知识产权证券化，规范有序建设知识产权和科技成果产权交易中心。支持深圳具备条件的各类单位、机构和企业在境外设立科研机构，推动建立全球创新领先城市科技合作组织和平台。支持深圳实行更加开放便利的境外人才引进和出入境管理制度，允许取得永久居留资格的国际人才在深圳创办科技型企业、担任科研机构法人代表。

（五）加快构建现代产业体系。大力发展战略性新兴产业，在未来通信高端器件、高性能医疗器械等领域创建制造业创新中心。开展市场准入和监管体制机制改革试点，建立更具弹性的审慎包容监管制度，积极发展智能经济、健康产业等新产业新业态，打造数字经济创新发展试验区。提高金融服务实体经济能力，研究完善创业板发行上市、再融资和并购重组制度，创造条件推动注册制改革。支持在深圳开展数字货币研究与移动支付等创新应用。促进与港澳金融市场互联互通和金融（基金）产品互认。在推进人民币国际化上先行先试，探索创新跨境金融监管。

（六）加快形成全面深化改革开放新格局。坚持社会主义市场经济改革方向，探索完善产权制度，依法有效保护各种所有制经济组织和公民财产权。支持深圳开展区域性国资国企综合改革试验。高标准高质量建设自由贸易试验区，加快构建与国际接轨的开放型经济新体制。支持深圳试点深化外汇管理改革。推动更多国际组织和机构落户深圳。支持深圳举办国际大型体育赛事和文化交流活动，建设国家队训练基地，承办重大主场外交活动。支持深圳加快建设全球海洋中心城市，按程序组建海洋大学和国家深海科考中心，探索设立国际海洋开发银行。

（七）助推粤港澳大湾区建设。进一步深化前海深港现代服务业合作区改革开放，以制度创新为核心，不断提升对港澳开放水平。加快深港科技创新合作区建设，探索协同开发模式，创新科技管理机制，促进人员、资金、技术和信息等要素高效便捷流动。推进深莞惠联动发展，促进珠江口东西两岸融合互动，创新完善、探索推广深汕特别合作区管理体制机制。

三、率先营造彰显公平正义的民主法治环境

（八）全面提升民主法治建设水平。在党的领导下扩大人民有序政治参与，坚持和完善人民代表大会制度，加强社会主义协商民主制度建设。用足用好经济特区立法权，在遵循宪法和法律、行政法规基本原则前提下，允许深圳立足改革创新实践需要，根据授权对法律、行政法规、地方性法规作变通规定。加强法治政府建设，完善重大行政决策程序制度，提升政府依法行政能力。加大全面普法力度，营造尊法学法守法用法的社会风尚。

（九）优化政府管理和服务。健全政企沟通机制，加快构建亲清政商关系，进一步激发和弘扬优秀企业家精神，完善企业破产制度，打造法治化营商环境。深化"放管服"改革，全面推行权力清单、责任清单、负面清单制度，推进"数字政府"改革建设，实现主动、精准、整体式、智能化的政府管理和服务。改革完善公平竞争审查和公正监管制度，推进"双随机、一公开"监管，推行信用监管改革，促进各类市场主体守法诚信经营。

（十）促进社会治理现代化。综合应用大数据、云计算、人工智能等技术，提高社会治理智能化专业化水平。加强社会信用体系建设，率先构建统一的社会信用平台。加快建设智慧城市，支持深圳建设粤港澳大湾区大数据中心。探索完善数据产权和隐私保护机制，强化网络信息安全保障。加强基层治理，改革创新群团组织、社会力量参与社会治理模式。

四、率先塑造展现社会主义文化繁荣兴盛的现代城市文明

（十一）全面推进城市精神文明建设。进一步弘扬开放多元、兼容并蓄的城市文化和敢闯敢试、敢为人先、埋头苦干的特区精神，大力弘扬粤港澳大湾区人文精神，把社会主义核心价值观融入社会发展各方面，加快建设区域文化中心城市和彰显国家文化软实力的现代文明之城。推进公共文化服务创新发展，率先建成普惠性、高质量、可持续的城市公共文化服务体系。支持深圳规划建设一批重大公共文化设施，鼓励国家级博物馆在深圳设立分馆，研究将深圳列为城市社区运动场地设施建设试点城市。鼓励深圳与香港、澳门联合举办多种形式的文化艺术活动，开展跨界重大文化遗产保护，涵养同宗同源的文化底蕴，不断增强港澳同胞的认同感和凝聚力。

（十二）发展更具竞争力的文化产业和旅游业。支持深圳大力发展数字文化产业和创意文化产业，加强粤港澳数字创意产业合作。支持深圳建设创新创意设计学院，引进世界高端创意设计资源，设立面向全球的创意设计大奖，打造一批国际性的中国文化品牌。用好香港、澳门会展资源和行业优势，组织举办大型文创展览。推动文化和旅游融合发展，丰富中外文化交流内容。有序推动国际邮轮港建设，进一步增加国际班轮航线，探索研究简化邮轮、游艇及旅客出入境手续。

五、率先形成共建共治共享共同富裕的民生发展格局

（十三）提升教育医疗事业发展水平。支持深圳在教育体制改革方面先行先试，高标准办好学前教育，扩大中小学教育规模，高质量普及高中阶段教育。充分落实高等学校办学自主权，加快创建一流大学和一流学科。建立健全适应"双元"育人职业教育的体制机制，打造现代职业教育体系。加快构建国际一流的整合型优质医疗服务体系和以促进健康为导向的创新型医保制度。扩大优质医疗卫生资源供给，鼓励社会力量发展高水平医疗机构，为港资澳资医疗机构发展提供便利。探索建立与国际接轨的医学人才培养、医院评审认证标准体系，放宽境外医师到内地执业限制，先行先试国际前沿医疗技术。

（十四）完善社会保障体系。实施科学合理、积极有效的人口政策，逐步实现常住人口基本公共服务均等化。健全多层次养老保险制度体系，构建高水平养老和家政服务体系。推动统一的社会保险公共服务平台率先落地，形成以社会保险卡为载体的"一卡通"服务管理模式。推进在深圳工作和生活的港澳居民民生方面享有"市民待遇"。建立和完善房地产市场平稳健康发展长效机制，加快完善保障性住房与人才住房制度。

六、率先打造人与自然和谐共生的美丽中国典范

（十五）完善生态文明制度。落实生态环境保护"党政同责、一岗双责"，实行最严格的生态环境保护制度，加强生态环境监管执法，对违法行为"零容忍"。构建以绿色发展为导向的生态文明评价考核体系，探索实施生态系统服务价值核算制度。完善环境信用评价、信息强制性披露等生态环境保护政策，健全环境公益诉讼制度。深化自然资源管理制度改革，创新高度城市化地区耕地和永久基本农田保护利用模式。

（十六）构建城市绿色发展新格局。坚持生态优先，加强陆海统筹，严守生态红线，保护自然岸线。实施重要生态系统保护和修复重大工程，强化区域生态环境联防共治，推进重点海域污染物排海总量控制试点。提升城市灾害防御能力，加强粤港澳大湾区应急管理合作。加快建立绿色低碳循环发展的经济体系，构建以市场为导向的绿色技术创新体系，大力发展绿色产业，促进绿色消费，发展绿色金融。继续实施能源消耗总量和强度双控行动，率先建成节水型城市。

七、保障措施

（十七）全面加强党的领导和党的建设。落实新时代党的建设总要求，坚持把党的政治建设摆在首位，增强"四个意识"，坚定"四个自信"，做到"两个维护"。贯彻落实新时代党的组织路线，激励特区干部新时代新担当新作为。坚定不移推动全面从严治党向纵深发展，持之以恒正风肃纪反腐。

（十八）强化法治政策保障。本意见提出的各项改革政策措施，凡涉及调整现行法律的，由有关方面按法定程序向全国人大或其常委会提出相关议案,经授权或者决定后实施;涉及调整现行行政法规的,由有关方面按法定程序经国务院授权或者决定后实施。在中央改革顶层设计和战略部署下,支持深圳实施综合授权改革试点,以清单式批量申请授权方式,在要素市场化配置、营商环境优化、城市空间统筹利用等重点领域深化改革、先行先试。

（十九）完善实施机制。在粤港澳大湾区建设领导小组领导下,中央和国家机关有关部门要加强指导协调,及时研究解决深圳建设中国特色社会主义先行示范区工作推进中遇到的重大问题,重大事项按程序向党中央、国务院请示报告。广东省要积极创造条件、全力做好各项指导支持工作。深圳市要落实主体责任,继续解放思想、真抓实干,改革开放再出发,在新时代走在前列、新征程勇当尖兵。

后　记

2010年，深圳经济特区成立30周年时，我主编了一本《深圳文化三十年——民间视野中的深圳文化读本》，纳入"纪念中国经济特区成立30周年丛书"。转瞬间10年过去了。在深圳经济特区成立40周年即将来临之际，我内心又有一种冲动，总想做点什么。有一天在翻阅报纸时，忽然看到一本名为《读懂中国》的书很受欢迎。我顿时产生联想，作为一位在深圳工作生活了30多年、对深圳感受很深的老市民和老学者，应该编写一本读懂深圳的书，把深圳40年来各个领域的改革创新全面梳理一下，给年轻人和来深圳稍晚的人提供一本全面了解深圳的文化读本。于是，我利用春节以来宅家抗击新冠疫情的时间，突击编写了这本《读懂深圳——四十年四十个视点》。

在本书的编著过程中，借鉴和引用了一些相关著作和报刊文章中的资料，以及百度检索等资料信息源，在此特向有关方面和相关著作及文章的作者致谢。

为了使本书能赶在今年8月深圳经济特区成立40周年纪念日之前出版，向深圳40周年献礼，本书的编写过程略显匆忙。如有错误和不当之处，敬请专家学者和读者朋友们批评指正。

感谢深圳大学党委书记、饶宗颐文化研究院院长刘洪一教授在百忙之中为本书作序，给予我肯定和鼓励。

感谢中山大学出版社的王天琪社长和嵇春霞副总编辑的精心策划和大力支持，使本书得以及时出版。

后 记

  古人云：人生七十古来稀。我能在古稀之年出一本了却自己晚年心愿的书，为深圳经济特区的建设和发展再发一点光和热，感到十分荣幸。此生无憾矣！

吴俊忠
2020 年 4 月 18 日于"偷闲居"